やわらかアカデミズム
〈わかる〉シリーズ

よくわかる
インクルーシブ教育

湯浅恭正／新井英靖／吉田茂孝
[編著]

ミネルヴァ書房

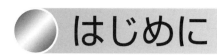

■よくわかるインクルーシブ教育

　共生社会の実現をめざす「ソーシャル・インクルージョン」の考え方は学校教育にも期待され，インクルーシブ教育の展開が今日の教育課題として盛んに取り上げられてきています。新しい学習指導要領においても，2012年の中央教育審議会の答申を受けて，共生社会に生きる子どもに必要な力をどう育てるかが強調されています。インテグレーション教育（統合教育）と呼ばれた時代から，特別なニーズのある子どもを包摂する学校を創造するインクルーシブ教育の理念に基づく教育実践を進めることへと時代は大きく変化しています。本書では，サラマンカ声明を契機に展開されてきたインクルーシブ教育の国際的な背景とインクルーシブ教育の理念を述べています。

1. 子どもの多様なニーズに応答するインクルーシブ教育

　日本では2007年に特別支援教育の制度が開始され，特別支援学校だけではなく，通常の学校においても障害のある子どもへの対応が課題にされるようになりました。インクルーシブ教育は，障害のある子どもだけではなく，発達の基盤に重い課題のある子ども（被虐待をはじめ，不登校，ひきこもり，外国籍，非行等）とともに生きられる世界を学校に創造することをめざす取組です。本書には，Gifted Childrenを含めて特別なニーズのある多様な子どもたちの理解の仕方を幅広く，丁寧に紹介しています。心理的・生理的な特性とともに，特別なニーズのある子どもの生きづらさの背景にある社会的な基盤をどう捉えるのか，教育実践を進めるうえで必要な総合的な視野からインクルーシブ教育時代の子ども理解のあり方を示しています。そして，教育実践の展開を支えている保護者や多職種の方々との協働など，インクルーシブ教育を進めるための学校づくりのあり方を展望しています。

2. インクルーシブな学級づくり・授業づくり

　本書では学校教育の柱である学級づくりと授業づくりの課題を正面から取り上げています。学級づくりの新しい展開や，各教科の指導に求められるインクルーシブ授業の実践指針を満載しています。もちろん，日本の教育実践の歴史には「どの子も排除しない」という学級づくり・授業づくりの貴重な遺産があることも確かです。それを踏まえつつ，本書はインクルーシブ教育という現代的な課題に照らして，今求められる学級づくりや授業づくりの新しい方向を示

しています。そして，資質・能力や学力の形成，アクティブ・ラーニングといった今日の教育政策の動向を踏まえつつ，21世紀の教育課題を視野に入れて，これからのインクルーシブ教育の行方を展望しています。

3．学校教育の改革とインクルーシブ教育

　インクルーシブな学校社会の実現は容易ではなく，ある意味でモデルのない教育を探ることでもあります。しかし，なぜ今インクルーシブ教育が求められるのかという問いを持つことによって，現代の学校教育を改革する視点を探しながら，日々子どもたちとともに教育実践を創造するための鍵を発見することができるのではないでしょうか。教育実践という創造的な営みをより豊かにする展望をインクルーシブ教育の中に見つけたいとの願いから，本書では，教育実践の論理を探究されてきた理論的蓄積と実践的経験の豊富な方々に執筆をお願いしました。現職の教師の方々はもとより，保護者の方々，臨床の場におられる専門職の方々，そして教師をめざしておられる学生の皆さんにお読みいただき，ご参考にしていただければ幸いです。

　なお本書のもとになったのは，学問領域を問わず「学校づくり・学級づくり・授業づくり」という三つの柱を軸に据えて，教育実践の在り方を議論してきた「インクルーシブ授業研究会」での研究です。この会を中心に刊行した『よくわかる特別支援教育（第2版）』や『インクルーシブ授業をつくる』（いずれもミネルヴァ書房）の発展として本書は位置づきます。併せてお読みいただければと思います。これらを含めて，本書の企画・編集において浅井久仁人氏には大変お世話になり，厚くお礼申し上げます。

2019年1月

編者を代表して　湯浅恭正

もくじ

■よくわかるインクルーシブ教育

第Ⅰ部　インクルーシブ教育の理論と動向

Ⅰ-1　インクルーシブ教育とは何か

1. 教室にいる子どもたちの実態と教師の現実（小学校） …………… 2
2. 教室にいる子どもたちの実態と教師の現実（中学校） …………… 6
3. インクルーシブ教育をめぐる論点：子ども理解 ………………… 10
4. インクルーシブ教育をめぐる論点：学校づくり ………………… 12
5. インクルーシブ教育をめぐる論点：学級づくり・授業づくり …… 14

Ⅰ-2　インクルーシブ教育をめぐる国際的動向

1. インクルーシブ教育の国際的動向 ………………………… 16
2. イギリスのインクルーシブ教育 … 18
3. ドイツのインクルーシブ教育 …… 22

Ⅰ-3　特別支援教育の現状と課題

1. 就学相談 ……………………… 24
2. 校内委員会と特別支援教育コーディネーター ………………… 26
3. 学校における合理的配慮 ……… 28
4. 幼児教育とインクルーシブ教育 … 30
5. 中等・高等教育とインクルーシブ教育 ……………………… 32

第Ⅱ部　インクルーシブ教育と学校づくり・学級づくり

Ⅱ-1　学校文化とインクルーシブ教育

1. 学校文化とは ………………… 36
2. 日本の学校文化とインクルーシブ教育 ……………………… 38
3. インクルーシブな学校文化と多文化教育 ……………………… 40
4. インクルーシブな学校文化と障害理解教育 …………………… 42
5. インクルーシブな学校文化とケアリング ……………………… 44
6. インクルーシブな学校文化とオルタナティブ教育 ……………… 46

Ⅱ-2　インクルーシブな社会としての教室・学校

1　インクルーシブな社会と自立 ……48
2　「問題」行動の理解と方法 ………50
3　インクルーシブな学級・学校づくりとは ……………………………52
4　インクルーシブな学級・学校づくりの方法 ………………………54
5　インクルーシブな学級・学校での文化活動と学び ………………56

Ⅱ-3　インクルーシブな社会の創造と多職種協働

1　「チームとしての学校」の提唱と多職種協働とのあいだ …………58
2　多職種協働実践の展開と課題 ……60
　日本K市での実践
3　多職種協働実践の展開と課題 ……62
　ドイツ・ブレーメン市での実践から
4　教師と隣接諸分野の専門家との出会い ……………………………64
5　学童保育（放課後児童クラブ）における支援の実態と多職種協働 ……66

第Ⅲ部　特別なニーズのある子どもとインクルーシブ教育

Ⅲ-1　障害のある子どもへの教育実践

1　感覚障害児に対する教育と指導①
　視覚障害児に対する通常学校での配慮と特別支援学校等での専門的指導 ……………………………………70
2　感覚障害児に対する教育と指導②
　聴覚障害児に対する通常学校での配慮と特別支援学校等での専門的指導 ……………………………………74
3　肢体不自由児に対する教育と指導（特別支援学級） ………………80
4　病弱児に対する教育と指導 ……84
5　発達障害児に対する教育と指導（通常学級） ………………………88
6　重度障害児のインクルーシブ教育①
　重度障害児のインクルーシブ教育は可能か？ …………………………………92
7　重度障害児のインクルーシブ教育②
　知的障害児の教育とインクルーシブ教育 …………………………………94
8　重度障害児のインクルーシブ教育③
　重度障害児の教育実践から学ぶ ……………………………………96

Ⅲ-2　多様なニーズに対応する教育実践

1　多様な性と教育・指導① ………98
　現状・実態：子ども・保護者・教師の困難
2　多様な性と教育・指導② ………100
　今後の実践課題と課題解決のための基本的な原則や考え方
3　吃音の子どもの教育・指導① …102
　現状・実態：子ども・保護者・教師の困難
4　吃音の子どもの教育・指導② …104
　今後の実践課題と課題解決のための基本的な原則や考え方

5 外国とつながりのある子どもの教育・指導 …………… 106

6 多様なニーズとインクルーシブ教育① …………… 110
ギフテッド（Gifted children）の捉え方と対応の原則

7 多様なニーズとインクルーシブ教育② …………… 112
貧困家庭の子どもへの教育福祉とインクルーシブ教育

8 多様なニーズとインクルーシブ教育③ …………… 114
多様なニーズに対応できる学校改善の視点

Ⅲ-3　現代の子どもの心理社会的ニーズと教育

1 不登校の子どもの教育・指導①
現状・実態：子ども・保護者・教師の困難 …………… 116

2 不登校の子どもの教育・指導②
今後の実践課題と課題解決のための基本的な原則や考え方 …………… 118

3 非行問題と学校・教育の課題 … 120

4 ひきこもりの子ども・若者の学校・教育の課題 …………… 122

5 心理・社会的困難を抱える子どものインクルーシブ教育① …………… 126
インクルーシブ教育の推進を阻む行動上の困難

6 心理・社会的困難を抱える子どものインクルーシブ教育② …………… 128
心理・社会的な「つながり」を形成する指導方法

7 心理・社会的困難を抱える子どものインクルーシブ教育③ …………… 130
被虐待児の行動問題の理解と支援

第Ⅳ部　インクルーシブ教育とカリキュラム・授業づくり

Ⅳ-1　インクルーシブ教育とカリキュラム

1 カリキュラムと差異 …………… 134
2 社会に開かれた教育課程 ……… 136
3 学校改革とカリキュラム・マネジメント …………… 138
4 カリキュラムづくりへの子ども参加 …………… 140

Ⅳ-2　学習集団と教師の指導技術

1 授業と集団 …………… 142
2 授業における参加と共同 ……… 144
3 インクルーシブ授業の指導技術 …………… 146
4 多様な学習方法・学習支援の場の保障 …………… 148
5 学習集団の質的発展 …………… 150

Ⅳ-3　授業づくりの実際

1 国語科①　目標 …………… 152
2 国語科②　内容 …………… 154
3 国語科③　方法 …………… 156
4 国語科④　評価 …………… 158

5 国語科⑤ 教材 …………… 160
6 理科 …………… 162
7 表現教科① 音楽科 …………… 166
8 表現教科② 体育科 …………… 170
9 外国語活動・英語科 …………… 174

IV-4 保幼小中の連携と授業づくり

1 保幼小中をつなぐカリキュラムづくりの課題 …………… 178
2 保幼・小をつなぐ算数の授業づくり …………… 180
3 小・中をつなぐ社会科の授業づくり …………… 182

第V部 21世紀の教育改革とインクルーシブ教育

V-1 学力問題とインクルーシブ教育

1 学力テストとインクルーシブ教育 …………… 188
2 学力観の転換 …………… 190
3 教科論を問い直す …………… 192

V-2 教師の資質向上とインクルーシブ教育

1 教員養成とインクルーシブ教育 …………… 194
2 ミドル・リーダーの育成とインクルーシブ教育 …………… 196
3 「柔軟な教師」がインクルーシブ教育を切り開く …………… 198

V-3 新学習指導要領とインクルーシブ教育

1 アクティブ・ラーニングの可能性と課題 …………… 200
2 特別の教科「道徳」とインクルーシブ教育 …………… 202
3 カリキュラム・マネジメントとインクルーシブ教育 …………… 204

V-4 21世紀の教育課題とインクルーシブ教育

1 ESDとインクルーシブ教育 …………… 206
2 ICTとインクルーシブ教育 …………… 208
3 生涯学習とインクルーシブ教育 …………… 210
4 教育の市場化とインクルーシブ教育 …………… 214

V-5 インクルーシブ教育のゆくえ

1 インクルーシブ教育の魅力 …………… 216
2 教職を学び続ける人へ …………… 218

人名索引／事項索引

第 I 部

インクルーシブ教育の理論と動向

第Ⅰ部　インクルーシブ教育の理論と動向

Ⅰ-1　インクルーシブ教育とは何か

教室にいる子どもたちの実態と教師の現実（小学校）

❶ 発達障害などの特別なニーズをもつ子どもたちの姿

　小学校の教室には，障害のある子どもや外国につながりのある子ども，吃音のある子どもなど，多様なニーズをもつ子どもたちがいますが，ここでは，発達障害等の特別なニーズをもつ子どもについて述べます。この子どもたちの「困り感」には，大きく分けて4つ考えられます。学習面での困難とそれに関連して起きてくる困り感，友だち関係での困り感，特別支援学級での対応からくる困り感，辛い状況や気持ちを教師や友だちに理解してもらえない困り感です。

▷1 「困り感」は学研の登録商標である。

○学習面での困り感

　学習面では，一生懸命に先生の話を聞こうとしても話している内容がわかりにくい子どもや，話を聞くことに集中できない子どもがいます。指示されている事柄が多いと混乱して行動できない子どももいます。黒板の文字を写すのに時間がかかったり，先生の話を聞きながら書くのが難しかったりする子どももいます。また，授業中に一番に当ててもらわないと気が済まない子どもや，友だちにちょっかいをかけたり離席して教室を歩き回ったり授業に関係ない本を読んだりする子どももいます。

　こうした子どもたちは先生や友だちに注意されることが多くなり，自己肯定感が低くなったり，周りの友だちに比べて自分は駄目だと思ったりして，自信を失してしまうことが多いのです。

　相手のペースに合わすことが苦手で，調べ学習や実験などの共同作業をすることが苦痛な子どももいます。うまくできなくて暴れるタイプの子どもと，無理して合わそうとするために，ひどく神経を使って疲れてしまうタイプの子どもがいます。聴覚過敏があり大勢の人の中では苦痛を感じるタイプの子どもも，神経をすり減らしてしまっています。

　国語の授業で，物語の登場人物の気持ちを想像することが難しかったり，長い文章の要点をまとめる課題が難しい子どももいます。算数では，例えば，立体の辺や面の平行や垂直の関係がわかりにくかったり，見えない部分を想像して体積を求めるような課題が難しい子どももいます。

　一方で，具体的な教材・教具を使って作業したり実験したりする授業では集中できる子どもがいます。昆虫の大好きな子どもなら，教室で育てているアゲ

ハチョウの観察をしてスケッチすると集中して精密な絵が描けたり，自分の興味のあることには集中できたりして，能力を発揮できる子どもがいます。

どの子どもも，その子なりに一生懸命頑張っているのですが，発達障害等からくる困難さによって，周りの子どもたちと同じ学習内容や同じ場所，同じ学習形態や同じペースではうまく学習に参加できないで辛い思いをしていて，そのことを先生や友だちに正しく理解してもらえない困り感をもっています。

○友だち関係での困り感

自分の興味のあることと友だちの話す内容が違い友だちとの会話が噛み合わない子どもがいます。また，話しかけるタイミングがわからず会話に入れない子どももいます。一方で，自分の興味のあることだけを話すと，相手の反応は聞かずにその場を去っていく子どももいます。いずれの場合も，友だちとの会話を楽しむことにはなりません。本人は，友だちがほしくて一緒に遊んだり話したりしたいのに，友だちができにくい状況があります。

○特別支援学級での対応からくる困り感

発達障害をもつ子どもの中には，特別支援学級に在籍していても知的な遅れがあまりないために，ほとんどの授業を通常学級で受けている子どもがいます。通常学級での学習において，特別支援学級の教師やサポートしてくれる教師が横に付く授業は少なく，上記のような学習面での困り感が出てきます。

最近は個別の指導が重んじられる影響で，特別支援学級において教師と子どものマンツーマンの学習形態になっていることがあり，子どもによっては息がつまりそうな状況も聞かれます。また，特別支援学級での授業が国語や算数だけのことが多く，学習内容もプリント中心の学習や通常学級での漢字学習等の遅れを取り戻す学習が多くて面白くなかったり，具体的にわかりにくかったりします。少人数の友だちとの学びあいや具体的な教材を使っての授業が少なく，子どもにとって楽しい授業でないことも聞かれます。

○正しく理解してもらえない困り感

作業に時間がかかったり，自分なりの納得や適度の休憩が必要なので，行動がゆっくりになったり，もっとやりたい気持ちが強くて場面の切り替えに時間がかかったりする子どもが多くいます。しかし，特別なニーズをもつ子どものこうした行動や気持ちが正しく理解されていないと，教師や周りの友だちからは，怠けているように見えたりわがままだと思われたり叱咤激励されたりすることがあります。また，放課後の居残り学習を辛く感じる子どももいます。教師は学力をつけてあげたいと思っているのですが，子どもにしてみれば想定外のことで納得しがたいことです。しかし，その気持ちをうまく話せず，教師も子どもの気持ちに気づかず，子どもは我慢してプリント等をしなければなりません。その上，教師から「あなたは，やればできる子よ」などと言われている子どももいます。このように，教師に自分の状況や気持ちがわかってもらえな

い困り感があります。

こうした困り感が続くと，特別なニーズをもつ子どもたちは学校に行く意欲が低下してしまい，次第に行き渋る子どもも出てきます。しかし，この子どもたちはとても真面目で学校には行かねばならないと思っているので，無理して学校に行くことが続きます。保護者も当然，学校には行かせた方が良いと思いますし，学校の教師も来させてほしいと思います。また，この子たちは，案外と学校に行くと頑張ってしまうので，「学校では元気でしたよ」と言われ，行き渋る状態を甘えや怠けと誤解されることがあります。

根本的な問題解決がなされないまま，子どもが無理して学校に行く状況が続くと，行き渋りの状況がきつくなり，子どもによっては，吐き気や嘔吐，腹痛，頭痛など，体に症状が出てくることがあります。子どもの困り感に寄り添って根本的な解決をしないと，不登校になる場合も出てきます。

❷ 発達障害などの特別なニーズはもたないが 「育ちそびれている子ども」の姿

子どもは幼児期から，全身や手指をしっかり使って友だちと遊んだり様々な経験を積むことで，身体能力を伸ばすだけでなく，例えば，身のかわし方や力加減，けんかの仕方とその解決方法などを学ぶことができたり，人との関わり方や人との折り合いのつけ方などを身につけることができます。しかし，近年は，子どもたちを取り巻く環境の変化もあって，一人ひとりの子どもたちの育ちの弱さ，学習の基礎となる発達の土台の力の弱さなど，**「育ちそびれている子ども」の姿**があります。

それは，子どもの問題解決の力や自治の力の弱さ，学級集団づくりの難しさなどの形で表れてきています。また，子どもたちの多様な価値観が育ちにくく，異質なものを排除してしまう傾向もあります。一方で，私のことを見てほしい，褒めてほしい，認めてほしいといった承認要求の強い子どもたちの姿もあります。

❸ 子どもと向きあい苦悩する教師の姿

こうした状況のもとで，教師は，特別なニーズをもつ子どもたちも含めた，どの子どもも大事にして受けとめていく学級集団づくりが難しくなっています。教師の中には，特別なニーズをもつ子どもの気持ちがわからない，子どもが何で悩んでいるのかがつかめないで悩んでいる人もいます。暴言や暴力をふるう子どもがいて学級づくりがうまくいかない，教室が落ち着かない，指示が通りにくいといったことに直面している教師もいます。

また，特別なニーズをもつ子どもへの配慮はできても，「あの子だけずるい」と思う子どもたちにどう理解を促せばよいのかが難しいこともあります。

一方で，多くの学習内容を進めなければならず，配慮しなければならない子どもも数人いて，担任教師一人では授業が進めにくい状況があります。教師は

▶2 「育ちそびれている子ども」
発達障害や知的障害はないが，乳幼児期からの生育環境の影響や遊びや生活経験の不足などから，子どもの発達の土台となる力が十分に育ちきらず，小学校入学後の子どもの学習面や生活面において幼さを見せている子どものことを「育ちそびれている子ども」と筆者は言っている。幼児期に全身を使って友だちと一緒に遊ぶことで育つ体の使い方やバランス感覚，力加減の仕方等が十分に育たないと，友だちに対する手加減ができなくて怪我をさせることにつながる。こままわしやあやとり，折り紙などの手指を使った遊びは手指機能の巧緻性を高め，文字を上手に書いたり道具をうまく使ったりする力につながるだけでなく，集中力や想像力，持続力を高めることにもなる。全身や手指を使って友だちと遊ぶことで，友だちとの関わり方や折り合いのつけ方，喧嘩の仕方とおさめ方，自分たちで問題を解決する力やルールを作り出す力，自治の力などが育つと考えられる。近年，こうした力が十分に育たないで入学してくる子どもたちが増えており，子どもたちの「育ちそびれ」の状況のもとで，教科学習の土台となる力の不足や，通常学級の学級集団づくりの困難性が増していると考えられる。

楽しい学級づくりをしたいと思っていても時間が取れず，集団にうまく入れなくて暴れる子どもがいると怒ってしまうこともあります。文化的な取り組みをさせるには時間が必要ですが，教師は授業の進度も気になり，文化的な取り組みや楽しい取り組みをする時間と心の余裕がもちにくいのが現状です。

不登校に関する全国的な調査もあり，学校の中に不登校を出してはいけない雰囲気，「不登校ゼロ」がよいという呪縛に苦しんでいる教師も多くいます。

「〇〇スタンダード」のように，学級経営や授業におけるマニュアル化によって，自由度や寛容度の高い学級づくりや授業づくりが行いにくい状況もあります。教師が特別なニーズをもつ子どもを受けとめ，すべての子どもたちを大事にしたいと思っても，配慮の必要な子どもたちが多くてすべての子どもに目を配る余裕がない状況があります。その上，学校現場の教師は多忙をきわめています。保護者からの要求や願いに応えきれない苦しみや葛藤もあります。

4 教師が子どもと向きあい実践する中で変わってくる子どもの姿

こうした状況の中でも，子どもの困っている状況や気持ちを丁寧に聞きとり子どもと向きあっている教師はたくさんいます。どうしたら楽しく学校に来てわかりやすく学べるのかを考え，授業で子どもが困っていることを聞き取り，理解できていない時には教師が子どもの横に行って丁寧に見てあげたり，教材や学習方法を工夫したり，グループ学習にして複数の教師で指導したりするなどの工夫をすることで，学びやすくなった子どももいます。また，教師がその子どもへの優しい言葉かけをしたり休み時間に一緒に遊んだりしていい人間関係をつくり，友だちとの関係をつなぎ，楽しい学級づくりや授業づくりを工夫しています。

学級での文化的な取り組みとして音楽劇を行い，特別なニーズをもつ子どもの大好きな歌やダンスを取り入れて，その子どもは特別支援学級でも練習を積み上手に歌えるようになって，周りの子どもたちから褒められてみんなで楽しく音楽劇に取り組めたという実践や，学級でこままわしに取り組み，特別なニーズをもつ子どもが，友だちと一緒に練習して上達し友だちに教えてあげられる存在になり，頼りにされることで生き生きとした姿を見せ，そのことがきっかけになって学習意欲が高まり成績が上がったという実践があります。

特別支援学級に在籍している子どもが，特別支援学級での少人数の授業で具体物を使った楽しい学習をすることで，それぞれの教科の土台となる力をつけたり，通級指導教室でわかりにくいところを丁寧に教えてもらうことで学習理解が進み，通常学級での授業が学びやすくなったという実践もあります。

学級での取り組みだけでなく，校内で発達障害等の研修会や特別なニーズをもつ子どもについての事例検討等を行ったり，校内委員会で話しあい学校全体で支援体制をつくっている学校も多くあります。

（宮本郷子）

第Ⅰ部　インクルーシブ教育の理論と動向

Ⅰ-1　インクルーシブ教育とは何か

 教室にいる子どもたちの実態と教師の現実（中学校）

❶ 発達障害などの特別なニーズをもつ子どもたちの姿

　中学校の教室にも，小学校と同様に，様々な課題をもつ子どもたちがいます。その中で，発達障害等の特別なニーズをもつ子どもたちは，前述した小学校の子どもたちと同様，学習面や友だち関係などで困り感があります。また，特別なニーズをもつ子どもの行動の特性や気持ちが正しく理解されずに，教師や友だちから，変わっていると思われたり怠けていると思われたりすることがあります。加えて，中学生としての悩みや困り感も増えてきます。

　○学習面での困り感

　中学生になると，学習内容が一段と難しくなり，抽象的な思考や論理的な思考が問われるようになります。発達障害をもつ子どものなかには，知的な遅れはなくても目に見えない世界がわかりにくかったり，論理的にものごとを考えたりすることが苦手な子どもはたくさんいますので，当然，学習内容がわかりにくくなります。

　国語の学習では，教科書に書かれている文章を要約したり，内容が変わるところを見つけて段落分けするなどの課題が出てくると，頭の中が混乱して困ってしまう子どもは少なからずいます。また，英語の学習では，アルファベットのpとd，pとq，mとnなどの違いがわかりにくかったり，教師の発音を聴きとることに困難があったりする子どももいます。一斉授業では，教科ごとに様々な困難な状況が出てきます。

　また，教科によって教師が替わるので，その子どもの特性や困り感，その日の子どもの調子等を引き継ぐことも難しい状況です。次々と教科ごとに教師が替わることは，特別なニーズをもつ子どもにとっては毎時間不安な気持ちで授業を受けることになり，緊張度も高まり精神的に辛いことです。

　○友だち関係での困り感

　小学校の時のように，友達との会話に参加しづらいことや友だちがつくりにくいことに加えて，中学生という時期が思春期の多感な時期であり，受験などでストレスを抱えている子どもたちも多いので，周りの子どもたちからのからかいの対象になる場合もあり，疎外感や周りから浮いていることを感じて悩むことが出てきます。

　○特別支援学級に在籍していても出てくる困り感

発達障害等の特別なニーズをもつ子どもが特別支援学級に在籍していることもありますが、在籍していても中学生になると、通常学級の子どもから「なんで、○○教室に行くの」と言われたり、自分でもうまく説明できなかったり本人のプライドもあったりして、特別支援学級の教室に行きにくい状況が出てきます。特別支援学級に行くことへの十分な理解が周りの子どもたちの中にないこともあります。

通常学級の一斉授業ではわかりにくい、しかし、周りの子どもの言動や眼が気になり、特別支援学級には行きにくいといった矛盾が本人に生じてきます。

また、自分は他の人と違うのだろうかとか、自分にはどんな障害があるのだろうかといった、自分理解に関わることで悩み始める時期でもあります。

国語や数学以外の授業は通常学級で受けるようにと言われても、一斉指導では理解できない教科はあります。大勢の人が苦手で通常学級に入りにくい子どもの中には、図書館や相談室（空き教室）などでプリント学習している子どももいますが、いつも教師が対応できるわけではないので、学習内容が理解しにくい状況が出てきます。

○「合理的配慮」に関わって

定期試験の時に、国語や数学など特別支援学級で学習している教科については、特別支援学級の教師がその子に合った試験問題を作ってくれることもあります。しかし、通常学級で学習している社会や理科、英語、音楽、美術、家庭などの試験の内容に関する配慮はされないこともあります。

読み書きに困難がある子どもに、テストプリントを拡大して文字を大きくしてもらうことはありますが、文字が大きくなってもそこに書かれている内容は理解できるとは限りません。また、文字と文字の狭い間隔にルビを打たれても、よけいにごちゃごちゃしてしまって、子どもには読めない場合もあります。

学校独自で、子ども一人ひとりの状況や困り感に寄り添った「合理的配慮」を行うことになっていますが、実際には十分に行われていない状況があります。

○子どもの進路に関わっての問題

小学校時代に特別支援学級に在籍していて、特別支援学級独自の宿題を出してもらっていたり、通常学級の子どもたちと同じ提出物を出さなくてもよかったりして配慮されていた子どもたちが、中学校の特別支援学級に入級して、学校から「みんなと同じ普通高校に進学したかったら、通常学級で授業を受けて同じ宿題をして同じ提出物を出さなければ『内申』がつけられないので普通高校への進学は難しい」と言われて困っている子どもや保護者もいます。

また、普通高校に進学するのは、学力面や友だち関係での課題があったり一斉授業が苦手だったりして難しい子どもも多くいます。

最近は、単位制高等学校や通信制高等学校など、発達障害をもつ子どもたちの進路の道は広がってきていますが、その多くは私学なので経済的な負担も大

▷1 「合理的配慮」
障害者権利条約教育条項（第24条）の中に盛り込まれたもので、その概念はインクルーシブかつアクセシブルな通常の教育という文脈において、障害のある個々の子どもが学習と活動に主体的に参加できるよう、教育条件整備とそのもとでの教育実践を要請している。その具体的な内容は子ども一人ひとりの障害の状態や教育的ニーズなどに応じて決定される。各学校の設置者や学校側は、その体制・財政面での制約を勘案しながら、何から優先して提供していくのかなどを、当事者および保護者と十分に相談・検討を重ねて合意形成を図っていく努力が求められている。大事なのは「合理的配慮」の中身だけでなく、その決定プロセスである。子どもの成長や課題の変化に合わせて、柔軟に見直していくことが必要である。

▷2 「単位制高等学校」は、学年による教育課程の区分を設けず、決められた単位を修得すれば卒業が認められる。1988年度から定時制・通信制でまず導入され、1993年度から制度化されて全日制でも設置が可能になった。特色として、入学時期や授業時間帯の多様性、既得単位の累計加算認定などがある。
「通信制高等学校」は、学校教育法により「高等学校」と定められており、レポート、スクーリング、テストなど一定の条件を満たせば高校卒業資格を取得することができる。そのため、学割や奨学金制度が適用さ

れる。元々は学校に通うことが困難な社会人向けに設置された学校だが，現在は学力不振やいじめなどから不登校になった生徒が多く利用している。
「単位制高等学校」や「通信制高等学校」は，現在，発達障害など特別なニーズをもつ生徒や不登校を経験した生徒を多く受け入れている。生徒の心理面でのサポートができるように教師が専門知識をもっていたり，保護者の教育相談をしたりしているところもある。

きいです。また，知的障害を伴わない発達障害をもつ子どもたちは，知的障害の人に出される療育手帳を持っていないために，療育手帳を必要とする高等支援学校や特別支援学校等への進学はできません。

発達障害をもつ子どもたちにとって，安心できて学びやすい高等学校が十分にないのが現実です。

❷ 進路のことや受験などで，中学生らしい学びや生活がおくりにくい子どもたちの姿

発達障害等の特別なニーズをもたない子どもたちにおいても，学校での学習やクラブ活動，学習塾，家での宿題や提出物の作成などに日々追われている子どもたちが多くいます。中学生の年齢にふさわしく，読書や文化に親しんだりゆっくりものごとを考えたりするゆとりがもてない状況があります。

また，思春期まっただ中で，自分の生き方を考えて自分づくりを始めている子どもたちも多い中で，自分自身のことで精いっぱいで特別なニーズをもつ子どものことが理解しにくい状況もあります。

❸ 子どもたちと向きあい苦悩する教師の姿

多感で難しい時期である中学生の子どもたちと向き合っている教師は，それだけでも大変な状況のなかにいます。加えて，朝早くから，あるいは夕方遅くまでクラブ活動の指導も行っています。みんなが授業の内容を理解できるように教材研究や話し合いを夜遅くまでしているという教師も少なくありません。長時間の残業をしている教師がたくさんいます。

また，教科によって教師が変わるので，通常学級では特別なニーズをもつ子どもについての共通理解と情報の引き継ぎなどが難しく，特別な配慮が必要だとわかっていても十分にできない状況もあります。

❹ 教師が子どもと向きあい実践する中で変わってくる子どもの姿

こうした状況の中でも，子どもの困っている状況や気持ちを丁寧に聞きとり子どもと向きあっている教師はたくさんいます。どうしたら楽しく学校に来てわかりやすく学べるのかを考え，授業で子どもが困っていることを聞き取ったり，教材や学習方法を工夫したり，少人数の学習形態にして指導したりするなどの工夫をすることで，学びやすくなった子どもたちがいます。

発達障害をもち特別支援学級に在籍していた子どもは，聴覚過敏があり大勢の人が苦手で，通常学級での一斉授業が受けづらい状況にありました。中学1年生の頃は，本人の気持ちを教師が聞き取ったり保護者が教師に子どもの気持ちを伝えて話し合いをしたりして，本人は遅れて学校に入り早めに帰るといったゆるやかな登校の仕方をして，自分がしんどいと感じたら休むことにしていました。登校できた時には，特別支援学級で国語や数学の授業を受け，その他

の時間は，学校で用意されていた相談室（通常学級の教室がしんどく感じる子どもや不登校気味の子どもが来ることができるようにしていて，担当の教師が1人配置されている）で，自分で課題プリントをしたり本を読んだり，そこにいる担当教師と話をしたりして過ごしました。定期試験は別室で行ってもらったり，通常学級で受けていない教科の中のいくつかは，試験前に少しその教科の教師に教えてもらったりしていました。そんな状況を1年ぐらい続けることで中学校の生活や教師・友だちにも慣れてきて，自信がつき安心できるようになってきました。そして，2年生の半ば頃からは少人数で行っている英語の授業に少しずつ出られるようになり，3学期からは，英語の授業に加えて，特別支援学級で受けている国語と数学以外の授業を通常学級で少しずつ受けることができるようになりました。学校にも長い時間いることができるようになり休まずに登校できるようになりました。学習のわかりにくいところは特別支援学級の教師に聞いたりできるようになりました。

　この事例は，通常学級担任の教師や特別支援学級の教師が子どもの困っている状況や気持ちを聞き取り，登校時間を柔軟にしたり1日の流れを子どもと特別支援学級の教師とで相談して決めたりして，子ども本人の自主性を尊重し柔軟に対応したことや，保護者のねがいに応えられるように努力したことがよかったと思われます。また，不登校気味の子どもが過ごしやすい相談室を用意して担当教師を配置するなど，学校が子どもと保護者の意見を汲み取り，「合理的配慮」を行ったことが良い結果に結びついています。

　このように，学校と保護者が連携しながら子どもの気持ちを丁寧に聞き取り行動することで，子どもはだんだん安心して学校生活を送ることができるようになります。また，相談室の教師と話すなかで，自分の悩みを話せるようになり，少しずつ自分自身と向き合いながら心（自我）を育てることができていったと思われます。

　中学生になっても発達障害をもつ子どものなかには，言葉だけでは状況が十分に把握できなかったり，自分の言った言葉が相手を傷つけたり誤解を生んでいたりすることに気づかないことがあります。ある教師は，子どもたちの言動に対する誤解や気持ちのすれ違い，一連の状況がきちんと理解できていないことから起きたトラブルに対して丁寧に向き合い，関係した子どもたちの気持ちを一人ずつ聞き取ったり，その時の状況を読み解いて説明してあげたりして，一人ひとりの子どもたちが納得できるように解決に導くことができました。

　このように，子どもの困っている状況や気持ちを丁寧に聞きとり子どもと向き合って状況を打開している教師はたくさんいます。

（宮本郷子）

第 I 部　インクルーシブ教育の理論と動向

I-1　インクルーシブ教育とは何か

 インクルーシブ教育をめぐる論点：子ども理解

1　特別なニーズのある子ども理解の流れと課題

　特別なニーズのある子といえば発達障害が主に注目されていますが，日本では発達の基盤に重い課題をもつ子ども(不登校・虐待等)を特殊な存在として理解するのではなく，学校教育が引き受ける存在として位置づけようとする試みは1980年代からなされてきています。「発達にもつれを持つ子ども」が生活指導の実践課題として取り上げられ，また，不登校は誰にでも起きる問題として議論されたりしました。「どの子も排除しない」というインクルーシブ教育の発想は，すでにこのころから意識されてきたのだといえます。

　しかし，発達障害のある子ども理解が本格的に進められたのは，学習障害（Learning Disabilities：LD）元年と言われた1990年以降です。全国的にも LD 児についての記録をはじめ，生活指導実践としても MBD（Minimal Brain Dysfunction）として理解された子どもを含む学級づくりの取り組みがなされてきました。専門の学会では，こうした子どもたちを「クリニックから教室へ」というスローガンで学校の課題として，議論されてきました。その頃には「特別なニーズ教育とインテグレーション学会」（現在は，日本特別ニーズ教育学会）が設立され（1994年），特別なニーズのある子どもの指導が学校教育の課題として取り上げられてきました。

　こうした流れに沿い，21世紀に入って発達障害の特性に関するより精緻な理解が進み，指導方法も盛んに開発されてきました。児童虐待防止法（2000年）など，被虐待の子ども理解を進める政策が展開し，特別なニーズのある子ども理解が広く学校教育の課題として意識されるようになってきました。また，発達の基盤である家族問題など社会的視野から特別なニーズのある子ども理解が進められ，インクルーシブ教育は，こうした発達保障に寄与する学校と社会の形成を目指す子ども理解の在り方を探究することを課題にしています。

2　子ども理解の現在：幼児期から少年期

　学校で奇異な行動を示す「迷惑な存在」として排除されがちな子どもを目の前にすると，幼児期から「問題行動を鎮めるように対応しなくては」という発想に陥りがちです。一般に，幼児期からの子どもの発達の課題は次のように指摘されてきています。

▷1　III-3 を参照。

▷2　全生研常任委員会編(1987)『発達にもつれを持つ子どもの指導』明治図書。

▷3　全国学習障害（LD）児・者親の会連絡会編(1994)『ぼくたちだって，輝きたい』青木書店。

▷4　全生研常任委員会編(1993)『ひとりひとり輝き，共にのびる』明治図書，における大谷実践を参照。

▷5　日本 LD 学会(2009)『LD 研究』18(1)を参照。

▷6　渡部昭男(2009)『障害青年の自分づくり——青年期教育と二重の移行支援』日本標準。

「自我の芽生えから自我の確立→自制心の形成→自己形成視の力の育ち→自己客観視の力の育ち」

これは自分づくり＝主体形成の発達の過程を示したものですが，留意したいのは，こうした発達の課題が生活する場＝集団の中で達成されていくという点です。特別支援教育が開始されて以降，発達障害のある子どもの障害特性の理解は進んできました。しかし，発達障害という一次障害とともに，集団に適応しづらい不安からしばしば，二次障害が生じますが，このことについての理解はまだまだの状況です。幼児期から少年期にかけて，親密な関係をつくりつつ，学級を居場所として実感できる子ども集団を形成することによって自制心や自己形成視の力を育てることが必要です。

また少年期において必要な文化的活動（例えば学級内クラブ）を展開する学級づくりを通して，居場所となる空間を見つける実践も欠かすことのできない取り組みです。

▶7 自分や他者の変化をとらえる力。

3 子ども理解の現在：思春期から青年期

自分のことを理解し，自己意識が高まる小学校高学年から中学生にかけての思春期は，特別なニーズのある子どもにとって自分づくりの壁の時期です。問題行動などの二次的な障害がより出やすくなる時期だけに，表面的な行動理解ではなく，例えば他人とのトラブルは，他者への意識が高まったことの表現だと理解する視点をもつことが必要です。もちろん，自傷・他害などの行動には管理的対応が不可欠ですが，自分づくりの過程で揺れている思春期の子どもの内面に参加し，ともに生きづらさを共有する子ども理解が問われています。

親密な関係から，異質な他者を理解するようになる思春期から青年期においては，特別なニーズのある子どもの存在を理解する空間の形成が課題です。また，互いに思いを綴る生活作文など，生活綴方教育の視点から異質なものと共同の関係をつくる取り組みが必要だと考えます。

こうした取り組みを通して，○自分の，そして自分たちの思いが出せる場づくり＝自己決定のための基盤の形成，○自分の個性・得意不得意を理解する力の形成，○学校や地域で「あてにし，あてにされる」関係が形成されていくのです。今盛んに推奨されているキャリア教育も，特別なニーズのある子どもを自分づくり・自己決定の主体として位置づけることによって，生き方を選択し，進路を切り開いていく教育実践として展開することが課題です。それは多様な進路・生き方を模索している多くの青年期の子どもたちに共通する取り組みであり，インクルーシブ教育の子ども理解の意義もそこにあるのだといえます。

（湯浅恭正）

▶8 加藤由紀ほか編（2014）『思春期をともに生きる中学校支援学級の仲間たち』クリエイツかもがわ。

参考文献

湯浅恭正・新井英靖・吉田茂孝編（2013）『特別支援教育のための子ども理解と授業づくり』ミネルヴァ書房。

第Ⅰ部　インクルーシブ教育の理論と動向

Ⅰ-1　インクルーシブ教育とは何か

4　インクルーシブ教育をめぐる論点：学校づくり

1　インクルーシブ教育の時代と学校づくり

　この20年の間で学校づくりが問われたのは「学級崩壊」と呼ばれる問題が浮き彫りになった時期です。多くの学校で授業が成立しなくなるような子どもの「荒れ」が頻発し，学級担任一人の力で学級を経営することに限界があると指摘されました。学校全体で支援の体制をつくる学校づくりが焦眉の課題になったのです。また，閉鎖的な学校の文化が問われ，学校評議会など保護者の学校参加論を軸にした学校づくりの新しい展開が見られたのもこの時期です。いずれも「開かれた学校」「排除しない学校」というインクルーシブな学校像の模索です。

　特別支援教育が開始された2007年以降，各学校では特別なニーズに対応するための校内委員会等の組織を軸に学校づくりが進められました。発達障害に関する専門家との協働など，学校外に開かれた学校の在り方も問われてきました。最近では「チーム学校」論も登場しましたが，その背景には特別支援教育をインクルーシブな世界に結びつける学校づくりという流れがあったといえます。

2　インクルーシブ教育を進める学校づくり

　ゼロ・トレランス（不寛容）の考え方やスタンダードな行動様式を子どもに求める指導論が主流になっている今日の学校では，「寛容の精神は子どもたちを甘やかすことになり，逸脱した行動に対しては厳しく指導する立場をとるべきだ」とする声が強くなっています。特別なニーズのある子どもに配慮した学校づくりは，こうした立場も含めて子ども理解の方針について自由で開かれた議論ができる場づくりを課題にしています。問題となる行動を子ども自身の責任に還元するのではなく，その子を追い込んでいる生活の総体から理解し，指導の方針を議論する場づくりが学校づくりの課題です。たとえばイギリスでは，このような取り組みを「ホール・スクール・アプローチ」と呼んで推進しています。これを学校づくりに引き取れば，校内委員会などの制度をつくる取り組みは，生きづらさを抱えている子どもを生活の全体から分析し，指導方針を立てるアプローチだといえます。今日でもまだ特別支援教育を推進するための制度（学級定数の改善や支援員等の配置）は十分とはいえませんが，今ある資源の中で子ども理解を進める議論を盛んにしていくことが求められています。

▷1　『シリーズ学級崩壊』全5巻，フォーラム・A，2000年。

▷2　⇒ Ⅰ-3-2 を参照。

▷3　窪田知子（2015）「学校全体の指導構造の問い直しとこれからの学校づくり――ホール・スクール・アプローチの発展的継承を目指して」インクルーシブ授業研究会編『インクルーシブ授業をつくる』ミネルヴァ書房。

学校でのカリキュラムづくりを議論する場も学校づくりの課題です。ここでもスタンダードな基準に到達することを目指す学習内容を絶対化するのではなく、特別なニーズのある子が「わかり，できる」過程に注目して学ぶ楽しさを実感していくためのカリキュラムづくりが問われています。授業づくりの探究と結びつけてカリキュラムをつくる協働が学校づくりの課題です。

カリキュラムづくりは子どもたちが生活し，学ぶ集団の在り方の探究を含んでいます。学級集団を基礎集団にしつつ，特別支援学級や通級指導教室などの学習集団をどう構想していくのかが問われています。▶4 複数の学習集団を行き来することの多い障害のある子どもの生活の流れを把握して，安定した生活を送ることができるシステムを構築するためには，通常学級の担当・特別支援学級の担当，通級教室の担当，さらには養護教諭も交えた議論の場づくりが課題となります。特別支援教育コーディネーターの役割は，こうしたカリキュラムづくりをリードしていくことにあるのです。▶5

❸ 学校づくりを地域・保護者に開く

「開かれた学校」，さらには「社会に開かれた教育課程」など，学校が開かれた場になるための努力が要請されてきています。それはインクルーシブ教育の課題と重なるものです。子育てを担う保護者との協働では，学校を信頼する関係づくりが重要な課題ですが，地域に親同士の関係をつくることを学校教師が支援する点も見逃してはなりません。「お手上げ会」という親の会（つい手を挙げてしまう，どうしようもなくお手上げ）を立ち上げる過程を教師がリードした実践など，困難な課題を抱えている保護者が子育ての主体になりゆく場づくりも学校に期待されている任務です。▶6

学校・家庭とともに第三の場といわれてきた地域における放課後児童支援の場（学童保育）との協働も学校づくりに欠かせない視点です。学校や家庭とは異なる姿を見せる放課後の生活で，生きづらさを抱える子どもの思いが聴き取られ，その情報を学校と共有することによって，学校での子ども理解の指針づくりがリアルなものになるからです。

医療機関や福祉機関との協働も，情報の共有やリスクへの対応という点で不可欠ですが，専門家の判断に委ねる傾向が全くないとはいえません。学校外の機関との協働が子ども理解やカリキュラムづくりにどのように活かされるのか，それを判断し決定する実践主体の形成が必要です。逆に学校外の専門家が学校とのつながりを通して専門性を問い直す視点も必要です。インクルージョンの思想は，学校づくりを軸にしながら，地域の多様な人々との協働を生み出す創造的な実践を要請しているといえます。

（湯浅恭正）

▶4 湯浅恭正・小室友紀子・大和久勝編（2016）『自立と希望をともにつくる特別支援学級・学校の集団づくり』クリエイツかもがわ。

▶5 ⇨ I-3-2 を参照。

▶6 篠崎純子・村瀬ゆい（2009）『ねえ！聞かせて，パニックのわけを——発達障害の子どもがいる教室から』高文研，の村瀬の実践を参照。

第Ⅰ部　インクルーシブ教育の理論と動向

Ⅰ-1　インクルーシブ教育とは何か

5 インクルーシブ教育をめぐる論点：学級づくり・授業づくり

1 特別なニーズと学級づくり・授業づくり

　学校教育の柱である学級づくりとそこで展開される授業づくりは，インクルーシブ教育に取り組む際の主要な領域です。特別なニーズといっても，それは教育だけではなく，福祉・医療等の多岐に亘るものですが，学級づくりや授業づくりは特別な「教育的ニーズ」に対応して取り組まれる課題です。インクルーシブ教育の学級づくり・授業づくりは，「通常」の指導では対応できない特別な指導を構想するという点から考えられてきました。そのため特別な指導方法は，通常の学級活動や授業展開のストーリーに適応させるための手段として考えられがちでした。

　もちろん「合理的配慮」論を教育の分野に取り入れ，通常の学校に適応しやすい環境を整備することはインクルーシブ教育の柱です。しかし，インクルーシブ教育の学級づくり・授業づくりは，発達障害のある子どもの特別な教育的ニーズに注目することによって，日々営まれている学級活動や授業がどの子にも取り組みがいのあるものとして機能しているかを省察することにつながるものでなければなりません。虐待や不登校という特別なニーズに関わる課題には，福祉的視点からのアプローチが不可欠ですが，問われているのは学校生活の日常であり，そこでの生活の質です。

　学習や生活上の「差異」を鮮明にする特別なニーズへの着目が，学校に通い，生活を営む者相互に共通する世界を体験する取り組みにつながる，そこにインクルーシブ教育実践として学級づくり・授業づくりを位置づける意味があるのです。

2 社会制作の実験としてのインクルーシブな学級づくり

　日本で学級づくりといわれる取り組みは，学級経営の論理を転換し，自分たちの集団＝社会を自分たちで制作していく自治の力を育てようとするものです。そこには決まり切ったモデルはなく，社会制作の実験だと指摘されてきました。通常の子どもとの差異が際立つ子どもとともに社会をつくるインクルーシブな学級づくりは，社会制作の実験と呼ぶに相応しいものです。

　今，カリキュラム・マネジメント論が盛んですが，生活と学びの集団のあり方自体が子どもたちにとってはカリキュラムの要素です。そうだとすれば，イ

▷1　鈴木庸裕（2017）『学校福祉のデザイン』かもがわ出版。

▷2　清水貞夫・西村修一（2016）『「合理的配慮」とは何か』クリエイツかもがわ。

▷3　全生研近畿地区全国委員連絡会ほか編（2002）『共同グループを育てる』クリエイツかもがわ，を参照。

▷4　Ⅴ-3-3 を参照

ンクルーシブな学級づくりは，教師が学級を経営するというのではなく，子どもたちとともに集団＝カリキュラムのあり方を意識し，自分たちに必要な社会を創造することを目指すものだといえます。

多様な特別なニーズのある子どもについては生育歴における愛着形成の不足が語られ，信頼関係を構築し，自己肯定感を形成することの重要性が主張されてきました。こうした心理的課題を踏まえつつ学級という社会を形成するために，媒介になる活動の構想が求められています。たとえば行事活動においては，そこに参加することに困難さをもつ子どもへ配慮する一方で，こうした子どもが要求する活動に注目した指導が必要になります。楽しいワクワクする活動はこうした子どもこそチャレンジしたいと願っている価値のあるものだからです。その価値は，勝ち負けや出来栄えにこだわる「できる子」の価値をも問い直す重要な契機になるはずです。このようにインクルーシブな学級づくりの意義は，多層な子どもたちが交わる社会を形成することにあるのです。

3　インクルーシブな授業の新しい段階

学習活動への参加を保障することは授業づくり実践の柱です。多様な困難さをもつ個々の子どもに即して学習の場への見通し・学習活動への見通し・展開している学習を意識してそこに参加する見通しといった視点から授業づくりが問われてきました。そこにインクルーシブ授業論の到達点があります。そして，通常学級と支援学級等との関係を踏まえた学習活動の構想も問われてきています。

こうした視点を踏まえながらこれから求められるのは，特に「差異」が顕著になる学習の場面をどう子どもたちが考えて，ともに学ぶ空間をつくり出すかです。教科ごとに，また学年の進行段階にそって，自分たちの学習の位置づけを省察する力を育てることが課題です。かつて「学習集団の自己運動」と呼ばれた授業づくりの原則をインクルーシブ授業の新しい段階にも発展させてみたいものです。「アクティブ・ラーニング」の意義も，個々人の課題ではなく，学習集団それ自体が能動的に学びを省察する力の形成にこそ力点があるのです。

さらに問われるのはリ・インクルージョンの考え方を授業の場において具体化することです。困難な課題のある子を学習場面に包摂するだけではなく，周囲の子どもたち自身を真の意味で学習活動の主体として形成するというリ・インクルージョンのあり方がこれからの時代の授業づくり実践のテーマです。

（湯浅恭正）

▷5　インクルーシブ授業研究会（2015）『インクルーシブ授業をつくる』ミネルヴァ書房。

▷6　『吉本均著作選集』全5巻，明治図書，2006年を参照。

▷7　⇒ V-3-1 を参照。

▷8　原田大介（2017）『インクルーシブな国語科授業づくり――発達障害のある子どもたちとつくるアクティブ・ラーニング』明治図書。

参考文献

インクルーシブ授業研究会編（2015）『インクルーシブ授業をつくる』ミネルヴァ書房。

広島大学教育方法学研究室深澤広明・吉田成章編（2016）『いま求められる授業づくりの転換』（学習集団研究の現在 Vol. 1），溪水社。

I-2 インクルーシブ教育をめぐる国際的動向

1 インクルーシブ教育の国際的動向

1 多様性を認める社会へ

　障害の有る無しにかかわらず，誰もが互いに人格と個性を尊重し支え合う共生社会が目指されています。多様性を認めていこうという意識が近年急速に高まりつつあり，たとえば日本においてもLGBT▷1への理解啓発活動などが活発に進められるようになってきました。

　一方，難民問題や民族対立，宗教対立，差別，虐待の事件のニュースは毎日のように流れ，紛争やテロは一向に無くなる気配がありません。世界は理想と現実の間で揺れ動き，今後の社会のあり方を模索している段階といえます。

2 障害者の権利を保障する

　現在様々な福祉政策に大きな影響をもっているノーマライゼーションという理念は，バンク-ミケルセン（N. E. Bank-Mikkelsen）によって1950年代にデンマークにおいて提唱されました。バンク-ミケルセンはノーマライゼーションを「知的障害者の生活を可能な限り通常の生活状態に近づけるようにすること」と定義しました。その後，ニィリエ（B. Nirje）やウォルフェンスバーガー（W. Wolfensberger）が理論化し，より具体的な目標や原理を提示しました。世界の教育や福祉施策はこのノーマライゼーションのもとに進められています。

　1994年にスペインのサラマンカにおいて，ユネスコとスペイン政府の共催で，「特別ニーズ教育に関する世界大会」が開かれました。その中で「特別なニーズ教育に関する原則，政策，実践に関するサラマンカ声明（The Salamanca Statement on Principles, Policy and Practice in Special Needs Education）」が採択されました。

　この声明の特徴は「特別な教育的ニーズをもつ子ども」という言葉を用いて，従来からの特殊教育や障害児教育と呼ばれるものとは異なった教育対象の捉え方を示したことと，通常学校や通常学級全体を改革し，学校は多様なニーズをもつ子どもたちが一緒に学ぶ場であるべきであるという考えを示した点にあります。

　世界には学校に行けない子どもがたくさんいます。体に障害があることが理由であったり，国や地域によって紛争や貧困など様々な事情があったりしますが，ここでは学校に行けない子どもたちを「特別な教育的ニーズ（Special Educational Needs）」のある子どもと定義しました。その子たちは障害のある子どもであり，ストリート・チルドレン，働かなければならない子ども，移動民や

▷1　LGBT
セクシャルマイノリティ（性的少数者）の総称。レズビアン／ゲイ／バイセクシャル／トランスジェンダーの頭文字から。

遊牧民の子ども，言語的・民族的・文化的マイノリティの子どもなどのことを指しています。

「特別ニーズ教育」とは「特別な教育的ニーズ」に対応する教育であり，特別ニーズ教育を行うということは，対象を限定せず，学校は幅の広い様々なニーズをもつ子どもたちを受け入れて教育していくということです。この声明ではインクルージョンという概念を提示し，インクルーシブな学校という形態が最も特別ニーズ教育にふさわしいものであり，今後推進されていくべき学校形態であるとしました。

2006年に障害を理由とした差別を禁止する「障害者の権利に関する条約」が国連総会で採択され，障害を理由とする差別の禁止や，学校はインクルーシブ教育を志向することが求められました。日本は「障害者基本法」の改正（2011年），「障害を理由とする差別の解消の推進に関する法律」（2013年）の成立を経て，2014年1月にこれを批准しました。

この批准に向けて中央教育審議会初等中等教育分科会に「特別支援教育の在り方に関する特別委員会」が設置され，2012年には「共生社会の形成に向けたインクルーシブ教育システム構築のための特別支援教育の推進（報告）」が出されました。

ここでは「特別支援教育は，共生社会の形成に向けてインクルーシブ教育システム構築のために必要不可欠なもの」いう考えが示されています。これをうけて2013年には「学校教育法」が改正され，就学の在り方が見直されました。また「障害を理由とする差別の解消の推進に関する法律」によって，障害による差別の禁止と合理的配慮の提供が学校にも求められるようになりました。

「「合理的配慮」とは，障害者が他の者と平等にすべての人権及び基本的自由を享有し，又は行使することを確保するための必要かつ適当な変更及び調整であって，特定の場合において必要とされるものであり，かつ，均衡を失した又は過度の負担を課さないものをいう」（障害者の権利に関する条約第2条）と定義されています。多様な教育的ニーズをもつ子ども達もみんな一緒に学ぶために必要な配慮です。

3 特別支援教育の役割

学習指導要領の前文は「一人一人の児童（生徒）が，自分のよさや可能性を認識するとともに，あらゆる他者を価値ある存在として尊重し，多様な人々と協働しながらさまざまな社会的変化を乗り越え，豊かな人生を切り拓き，持続可能な社会の作り手となることができるようにすることが求められる」とあります。自己肯定感を育み，多様性を認め，協力し合って社会を構成することが求められている今，学校教育における特別支援教育に期待されるところは，まさにその根本の部分であるといえます。

（小方朋子）

参考文献

花村春樹訳・著（1994）『「ノーマライゼーションの父」N. E. バンク-ミケルセン』ミネルヴァ書房。

文部科学省（2012）「共生社会の形成に向けたインクルーシブ教育システム構築のための特別支援教育の推進（報告）」。

日本SNE学会編（2002）『特別な教育的ニーズと教育改革』クリエイツかもがわ。

日本SNE学会編（2004）『特別支援教育の争点』文理閣。

I-2 インクルーシブ教育をめぐる国際的動向

イギリスのインクルーシブ教育

1 イギリスの特別ニーズ教育の始まり

イギリスは，世界で初めて特別ニーズ教育を法制化した国として知られています。この発端となったのは1978年のウォーノック委員会による調査報告です。このウォーノック報告では，障害カテゴリーに応じた特別な対応ではなく，子どもの「特別な教育的ニーズ（special educational needs, SEN）」に基づき特別な教育を提供する仕組みが提起されました。SEN をもつ子どもは全学齢児童生徒の20％とされ，そのうち約18％は通常学校に通う子どもであるとされました。ウォーノック報告は1981年教育法（Education Act 1981）に反映されました。[※1]

現行法では，SEN のある子どもの中でも，よりニーズの大きい場合には Education, Health and Care（EHC）プランが作成され，この EHC プランに基づき，誕生から25歳までの間，支援を得ることができることが明記されています。さらに，EHC プランの作成プロセスにおける参加，わかりやすい情報の提供についても規定されており，保護者及び本人の権利も強化されています。

イギリスは，日本のみならず世界のインクルーシブ教育を牽引する国の一つであるといえるでしょう。では，イギリスの実際の学校では，通常学級においてどのような授業が展開されているのでしょうか。筆者が訪問した学校をもとに，その一端を紹介します。

2 初等学校での実践[※2]

その初等学校は，都市部から少し離れた住宅地に位置していました。

学校を訪問して感じたことの一つが，「子どもの権利」を強く意識していることでした。たとえば，学校の玄関を入ってすぐのスペースに，天井まで届くユニセフカラーで作られた大きなツリーの作品が飾られていて，「子どもの権利」を大切な価値としてもっていることを伺い知ることができました。

ここでは，初等学校高学年の宗教に関する授業を紹介します。教室の様子は日本とは全く異なっていました。日本の小学校の多くの教室は，子どもが学習に集中して取り組むことができるよう，黒板の周りはすっきりと整えられています。しかし，この教室の壁面には数多くの作品や掲示物が所狭しと張られており，これまでの学習の積み重なりの中に現在の学習があることが感じとれるようでした。良い意味で，学習に対する様々な刺激を受けることができる環

▶1 インクルーシブ教育をめぐっては，イギリスにおいても様々な意見や立場があり，SEN を提唱したウォーノック自身は懐疑的な見解を示している。

▶2 初等学校での実践については以下を参照。
石橋由紀子（2018）「初等学校におけるインクルーシブ教育実践」湯浅恭正・新井英靖編著『インクルーシブ授業の国際比較研究』福村出版，278-287.

境が用意されていました。

　授業は，およそ30名の児童を対象にして行われており，児童は5～6名で1グループになり着席していました。すでにイスラム教等いくつかの宗教についての学習を終え，いまはキリスト教について学習しているとのことでした。「イエスについて知っていることは？」との教師からの問いかけに，数名の児童が挙手をして知っていることを発表していました。教師は四つ切りの画用紙ほどの大きさのホワイトボードペーパーにマインドマップの形で発言を書き込み，教室全体で発言を共有していました。この全体での共有が，グループ学習への「足場かけ」としての役割を果たしているといえそうでした。

　その後のグループ活動は，各グループに1枚配布されていたイエスの描かれた絵をもとに，気づいたことを話し合い，グループごとでマインドマップに書き込む活動でした。

　この授業に，ニーズの大きい子ども1名がTLA（teaching and learning assistant）と共に参加していました。もっとも，子ども自身がTLAに側で支援されることを嫌がるため，TLAは，いろいろなグループをまわり，学級全体を支援していました。その子どもが授業に参加するため，以下のような配慮や支援が提供されていました（表Ⅰ-2-1）。

表Ⅰ-2-1　児童が共に学ぶための配慮及び支援

グループメンバーの配慮	・安心して活動に参加するためのメンバー構成にする
多様な参加方法の保障	・学習課題に対して子どもが表現する方法を「発言」に限定せず，多様にする ・参加方法を子どもが選択する

　第1はグループメンバーの配慮です。その子どもは，慣れ親しんだ小グループの活動にはよく参加できるとのことであり，その子どもが気を許して共に活動することのできるメンバー構成が配慮されていました。

　第2は，子どもに応じた参加方法の保障です。グループ活動の際，子どもは他の子どもらとは異なる活動を行っていました。それは，授業内容に関連するいくつかの単語が書かれた紙をはさみで切り，単語を並べ替えて文を作成するという作業です。この活動は，子ども自身が授業への参加の仕方として自己選択したとのことでした。クラス全体での学習課題へのアプローチであることが方針として大切にされており，学習課題への多様な参加方法が具体的に実現されているといえるでしょう。グループ活動において，「考えを相手に伝える」は大切ですが，「話して」伝える以外の方法があっても良いでしょう。

❸ 中等学校での実践

　次に筆者は中等学校を訪問しました。その中等学校は大規模で，古い幾つもの建物をつなげるような形で使用されていました。その中等学校の一角に，比

較的新しい校舎が配置されていました。日本でたとえるならば、特別支援学校の分教室か分校が敷地内に併設されているような形態でしょうか。その分教室・分校（ここでは、このように表記します）には、コミュニケーションに課題がある生徒たち（以下、「SENのある生徒」と述べる）が通っており、分教室・分校内で、日本の特別支援学校で行われているようなニーズに応じたきめ細かな指導が実施されていましたが、すべての生徒が週に1時間は通常クラスで授業を受けることになっているとのことでした。

　社会科の授業でのことです。学級はおよそ35名の生徒と、SENのある生徒2名が学んでいました。授業を進行するのは社会科の教師で、そこにSENのある生徒を支援するために分教室・分校のTLA1名が同行していました。授業内容は北京オリンピックを題材に書かれたA4サイズ1枚のエッセイをグループで読み、教師からの問について検討するというものでした。本時の課題はスマートボード上にシンプルに示されており、同じものが手元資料としても印刷されていました。

　この授業において、多様な生徒が学ぶためのいくつかの配慮がなされていました。

　第1は、座席の配慮です。多くの生徒がテーブルに5名程度で向かい合って座っていましたが、数名はグループではなく一人で座っていました。社会科の教師によると、「学習することが目的なので、グループで学んでも、一人で学んでも構わない」とのことで特に気に留めていないようでした。ディスカッションを通した学びが重視されながらも、それに縛られることなく、「それぞれに適した学び方でよい」と考えられているのでしょう。また、SENのある生徒2名とTLAは同じグループに座っていましたが、そのグループには、通常学級において支援の必要な生徒もおり、SENのある生徒とともに、TLAがさりげなく支援を行っていました。

　第2は、配付資料の難易度の調整です。資料の内容は同じで、写真の枚数、文字数、文字の大きさが異なるプリントが2種類用意されていました。易しいほうの資料は、写真が一枚多く挿入され、文字量が2割ほど少ないものでした。

　第3は、課題の調整です。グループ学習の課題は、質問に対してYESかNOかで答える課題と、その理由を考える課題の2つが用意されており、どの

表Ⅰ-2-2　授業で実施されていた多様性を保障するための配慮

学び方の多様性	・グループ学習を基本としながらも、一人で学習することも認める ・TLAがグループのメンバーを支援する
配布資料の難易度の調整	・生徒が自分の理解度に応じて学ぶことができるよう、難易度の異なる2種類の資料を用意する
課題の調整	・生徒が取り組む課題は2つ用意されおり、生徒の実態に応じて選択される

問までを考えるのかとは生徒が選択していました。この選択はSENのある生徒のみならず、通常学級の生徒も行うことができます。また、宿題は難易度が異なるものが3種類用意されていて、自学自習が可能なように配慮されていました。知名度の高い歴代の人物について、「現在」「過去」と点でつなぐものから、「……についてエッセイを書く」という難しいものまで用意されていました。

4 日本への示唆

　イギリスの学校を訪問する中で、何度も耳にしたのは「カリキュラムへのアクセス」でした。ニーズのある子どもが通常学級の授業に参加していても、ただ場を同じくするだけで「お客さん」状態であってはインクルーシブ教育とはいえないでしょう。カリキュラム内容についてニーズのある子どもも学ぶことができているのか、それを保障することができているのかが問われているといえるでしょう。この点は今後の日本のインクルーシブ授業を考える上で重要な視点となるのではないでしょうか。ここではイギリスの実践を紹介しましたが、日本の現場では日本の教育風土にあったインクルーシブ教育の考え方や方法がきっとあるはずです。イギリスの実践も一つのヒントにしながら、日本らしい、もしくはそれぞれの地域や学校に応じたインクルーシブ教育を目指していきましょう。

　ここで紹介したようなインクルーシブ教育実践を支えるものとして、TLAの活躍や研修の充実、専門家との連携、ニーズに応じた少人数指導や個別指導の充実など、ここでは紹介しきれなかったシステムや取り組み、歴史があることを、最後に述べておきたいと思います。

（石橋由紀子）

参考文献

メアリー・ウォーノック，ブラーム・ノーウィッチ著，ロレラ・テルジ編（2012）『イギリス特別なニーズ教育の新たな視点―2005年ウォーノック論文とその後の反響―』（宮内久絵・青柳まゆみ・鳥山由子監訳）ジアース教育新社。

湯浅恭正・新井英靖編著（2018）『インクルーシブ授業の国際比較研究』福村出版。

第 I 部　インクルーシブ教育の理論と動向

I-2　インクルーシブ教育をめぐる国際的動向

 ドイツのインクルーシブ教育

1　ドイツの教育制度と障害児教育

　ドイツでは，州の文化高権（Kulturhoheit）により，教育に関する法律や制度は16の州それぞれが権限をもっています。ただし，教育政策の統一性を確保するため各州文部大臣会議（KMK）が常設され，決議や勧告を行っています。また，ドイツの学校体系は，一般的に，初等教育は4年制（ベルリンとブランデンブルクは6年制）の基礎学校（Grundschule）を修了すると，中等教育はギムナジウム（Gymnasium），実科学校（Realschule），基幹学校（Hauptschule），総合制学校（Gesamtschule）などの複線型になります。

　ドイツ連邦共和国（旧西ドイツ）の障害児教育は，第二次世界大戦後に特別学校（Sonderschule）が再開されました。その後，1972年の旧西ドイツの諸州において「特別学校制度の整備のための勧告」によって，障害別に分化した特別学校の制度が整備，拡充されました。また翌1973年に西ドイツ教育審議会による「障害児および障害の恐れのある児童と生徒の教育的促進について」が出されるなどし，インテグレーションの気運が高まっていきました。こうしたインテグレーションでは，実践レベルにおいて，障害児と健常児との共同授業（gemeinsamer Unterricht）が実践されました。

　ドイツ統一後の1994年の各州文部大臣会議が発表した「ドイツ連邦共和国の学校における特別教育的促進に関する勧告」を契機に，障害のある子どもを「特別教育的促進ニーズのある子ども」と捉えるようになりました。これ以降，「特別ニーズ教育」のドイツ語訳である「特別教育的促進（sonderpädagogische Förderung）」の推進が打ち出されていきました。その結果，通常学校における促進ニーズのある子どもの支援が行われるようになりました。また，特別学校の名称も促進学校（Förderschule）に変更されるようになっていきました。

2　インクルーシブ教育への注目と広がり

　2006年12月の国連総会で障害者権利条約が採択され，ドイツは2007年3月に署名し，2009年2月に同条約を批准しました。批准を契機にして，すでにインテグレーションの考え方が定着しているドイツでは，インクルーシブ教育の改革が始まりました。ドイツにおいてインクルーシブ教育が展開するなか，インクルーシブ授業では，インテグレーションされた子どもに配慮するだけではな

▷1　なお，この勧告については邦訳がある（西ドイツ教育審議会著，井谷善則訳（1980）『西ドイツの障害児教育』明治図書）。
▷2　冨永光昭（1991）「西ドイツにおける障害児のインテグレーションの動向――ブレーメンの学校実験とフォイザーのインテグレーション理論を中心に」『広島大学教育学部紀要』第1部第39号，窪島務（1998）『ドイツにおける障害児の統合教育の展開』文理閣，など参照。
▷3　なお，この勧告については邦訳がある（窪島務・野口明子訳（1996）「資料『ドイツ連邦共和国の学校における特別な教育的促進に関する勧告』」特別なニーズ教育とインテグレーション学会編『SNEジャーナル』1：126-147）。
▷4　荒川智（2010）「ドイツの特別教育的促進とインクルーシブ教育」日本発達障害学会編『発達障害研究』32(2)：146，参照。
▷5　荒川智（2011）「ドイツにおけるインクルーシブ教育の動向」『障害者問題研究』39(1)：37，参照。
▷6　Vgl., Sander, A. (2010) Bildungspolitik und Individuum. In：Kaiser, A./ Schmetz, D./ Wachtel, P./ Werner, B. (Hrsg.)：Bil-

く，一人ひとりの子どものニーズにも同じように配慮するようになりました。

2011年10月20日に決議された各州文部大臣会議の勧告「学校における障害のある青少年のインクルーシブ教育」では，インクルーシブ授業との関連で，授業レベルでは子どもたちの個別のニーズが注目され，内的分化や個別化が検討されるようになりました。こうしたインクルーシブ教育を推進する上で，学級内での子ども一人ひとりのニーズに応じた分化的な措置や個別の学習の在り方が授業改革として問われるようになりました。

また，ドイツでは障害者権利条約の批准により，障害児教育のみならず学校システム全体にも影響を与えるようになりました。それは，中等教育制度の改造です。ギムナジウムは残しつつも，実科学校，基幹学校，総合制学校の3つが1つの中等学校に統合される動きがあります。ハンブルクでは市区学校（Stadtteilschule），ブレーメンでは上級学校（Oberschule）などです。

3 インクルージョンの実現に向けた改革動向 ——ブレーメン市を中心に

ここでは，ドイツの中でもインクルーシブ教育の改革が比較的進んでいるブレーメン市の支援システムと研修について紹介します。

ブレーメン市のインクルージョンを目指した支援システムでは，支援教育センター（Zentren für unterstützende Pädagogik：ZuP）と地区の教育相談・支援センター（Regionales Beratungs- und Unterstützungszentrum：ReBUZ）という2つの組織が特徴的です。支援教育センターは，各学校内，または複数の学校が提携して設定しているセンターです。具体的には，各学校内での支援を行います。そのさい，各学校でワーキンググループを組織します。また地区の教育相談・支援センターは，ブレーメン市の各地区にあるセンターです。ブレーメン市の東部，西部，南部，北部に拠点があり，各学校の促進教育の相談にのっています。このようにブレーメン市では，インクルージョンを実現していくための組織的な取り組みが制度化されています。

また支援システム以外にも，教師個人の専門性を高める研修をはじめ，教職員などが多職種協働のチームになるような研修が試みられています。研修は，州立学校研究所（LIS）が中心となって行われています。ブレーメン州は，子どもたちの特別なニーズの有無にかかわらず，一緒に授業するために，障害者権利条約から法制の整備，実施を一貫して行ってきました。そのため学校は様々な要求に直面し，チームで働くことが求められるようになりました。そこで，インクルーシブ教育を実施するためには，質の高い教育や特別教育の専門的な知識を得る研修とともに，インクルーシブ学校では，学校経営，スクールソーシャルワーカー，教育者，その他の職員を含む全教職員が研修を受けることが必要になってきています。このように州立学校研究所が中心となって，研修プログラムを策定するようになりました。

（吉田茂孝）

dung und Erziehung. Kohlhammer Verlag, Stuttgart, S. 75.

▷7 内的分化とは，授業の中の問題として考えられ，「同一年齢，同一カリキュラムという学級編成原理を前提にして，授業の中ですべての子どもが基本的に同じことを学ぶという統一の側面と，子どもの個性的な多様さに応じた分化的処置の両立が問われる」が，後者の側面だけを強調したものを言う（小林一久（1999）「統一と分化の原理」恒吉宏典・深澤広明編『授業研究重要用語300の基礎知識』明治図書，170，参照）。

▷8 窪島務（2016）「ドイツにおけるインクルーシブ教育の展開」黒田学編『ヨーロッパのインクルーシブ教育と福祉の課題』クリエイツかもがわ，24-25，参照。

▷9 州立学校研究所（Landesinstitut für Schule：LIS）の2018/19年度の研修プログラムには，効果的な授業づくり，自閉症，インクルージョン，マルチプロフェッショナルチームなどが組まれている。https://www.lis.bremen.de/fortbildung/detail.php?template=20_fb_ergebnisse_d&code=fb_a2（2018年8月8日閲覧）

（参考文献）

久田敏彦監修・ドイツ教授学研究会編（2013）『PISA後の教育をどうとらえるか』八千代出版。

湯浅恭正・新井英靖編（2017）『インクルーシブ授業の国際比較研究』福村出版。

Ⅰ-3　特別支援教育の現状と課題

1 就学相談

1 小学校入学という節目

小学校入学を迎える6歳の春は、これから始まる新しい生活への期待にワクワクと胸を膨らませる大切な節目といえるでしょう。けれども、障害がある子どものある母親は「娘の6歳の誕生日がくるのが怖かった」と言います。それは、就学先を決めなければならないというプレッシャーからの一言でした。では、障害のある子どもの就学先決定はどのように行われるのでしょうか。

2 就学先決定のあり方の転換

2013（平成25）年9月に学校教育法施行令の一部が改正されました。これにより、「**就学基準**（学校教育法施行令第22条の3）」に該当するか否か、すなわち障害の状態や程度によって特別支援学校への就学が原則とされていた従来の仕組みが改められ、「障害の状態、本人の教育的ニーズ、本人・保護者の意見、教育学、医学、心理学等専門的見地からの意見、学校や地域の状況等を踏まえた総合的な観点」から就学先が決定されることになりました（図Ⅰ-3-1）。

その結果、子どもの発達や障害の状況を含めつつ、本人や保護者の意向を最大限に尊重して、必要な支援について合意形成を図ることが重視されるようになりました。また、就学後も必要に応じて柔軟に学びの場を再検討していくことが求められるようになりました。そこで重要な役割を果たすのが、就学相談です。

▷1　就学基準
特別支援学校に就学させるべき障害（視覚障害、聴覚障害、知的障害、肢体不自由、病弱）の程度を示したもの。学校教育法施行令第22条の3を指す。なお、同規定は「就学基準」としての性格をもたなくなったが、特別支援学校就学のための必要条件であるとともに、総合的判断の際の判断基準の1つとして位置づけられている。

図Ⅰ-3-1　障害のある児童生徒の就学先決定について（手続きの流れ）

出典：文部科学省「教育支援資料」から引用。

3 就学指導から就学相談・教育支援へ

「就学指導」という呼称は，教育委員会が中心となって，障害のある子どもの適正な就学の場を検討・決定していく行政的な手続きという意味合いが強く感じられるものでした。しかし，健診などを機に乳幼児期から障害が発見され，早期に療育や相談が受けられるようになり，その延長線上に就学先決定が位置づけられるようになると，当事者がより主体的に就学先を決定していくことを支える場という意味を込め，「就学相談」と呼ばれるようになりました。さらに，就学後も必要に応じて学びの場の変更等について一貫した支援を継続するという観点から，「教育支援（委員会）」という名称を用いる自治体が増えています。既存の枠組みに合わせて子どもの学ぶ場が「選ばれる」のではなく，子ども自身と保護者が納得して学ぶ場を「選ぶ」ための仕組みづくり，「就学相談・教育支援」という名称にはそのような思いが込められています。

4 就学先決定をめぐる課題

就学先を決めるにあたっては，冒頭で紹介したように，障害がある子どもの保護者はわが子の健やかな成長を願うからこそ，そのために特別支援学校，特別支援学級，通級による指導，通常学級という多様な学びの場の中からどこを選べばよいのか迷い，悩みます。「どんなに障害が重くても，住み慣れた地域の小学校で学ばせたい」という思いをもつ保護者がいる一方で，「特別支援学校や特別支援学級で，手厚い支援をしてほしい」という思いをもつ保護者もいます。障害がある子どもの発達を保障する学びの場，子どもと保護者の願いに寄り添う学びの場に"正解"はなく，一人ひとり異なります。また，就学先をめぐって関係者の見解が分かれることも少なくありません。だからこそ，就学先を決定するにあたっては，就学前の子どもが通う療育施設・保育所・幼稚園と就学の可能性がある学校がそれぞれに保護者の不安や願いに丁寧に耳を傾け，学校見学，体験入学などの機会を積極的に活用し，時間をかけて何度も話し合い，決めていくことが大切になります。また，**発達相談**などを利用し，専門的な立場からの意見を参考にすることも有効でしょう。

筆者が就学相談に携わる中で，今日の就学先決定をめぐっては，特別支援学校や特別支援学級を選択することへの抵抗がやや薄くなり，むしろ，わが子の成長のために少しでも手厚い支援をと特別支援学校や特別支援学級への就学を望む保護者が少なくないように感じます。それは，社会全体の障害への理解が進んでいることの証である一方で，通常学校や通常学級そのものへの信頼が揺らいでいることを表しているともいえるのではないでしょうか。障害のある子どもの就学相談は，その子ども一人の問題ではなく，学校教育のあり方そのものが常に問い直される場といえるでしょう。

（窪田知子）

▷2　発達相談
観察や聞き取り，発達検査の結果などをもとに発達や障害の状態を見極め，必要な支援や関わり方のアドバイスを行う。主に，乳幼児健診や療育において，心理の専門家（発達相談員）による発達相談が行われている。今日では，保育所や幼稚園に相談員が出向いて発達相談を行う（巡回相談）ことも多い。

参考文献

渡部昭男（2008）『障がいのある子の就学・進学ガイドブック』青木書店。

温泉美雪著，内山登紀夫監修（2015）『発達障害？』と悩む保護者のための気になる子の就学準備（特別支援教育がわかる本）』ミネルヴァ書房。

梅津敦子（2017）『就学の問題，学校とのつきあい方（発達障害の子の子育て相談）』本の種出版。

I-3　特別支援教育の現状と課題

 校内委員会と特別支援教育コーディネーター

1　校内委員会の役割

　学校には，様々な教育的ニーズをもつ子どもたちが集い，共に学んでいます。今日，通常学級にも学習・行動上の困難を経験している子どもが少なくないことが明らかになっています▶1。そうした子どもたちのニーズを的確に把握し，適切な支援を行うためには，担任一人だけの努力に任せるのではなく，学校全体で取り組んでいく必要があります。そのために重要な役割を果たすのが校内委員会です。校内委員会は，主に次のような役割を担っています。

・児童等の障害による学習上又は生活上の困難の状態及び教育的ニーズの把握。
・教育上特別の支援を必要とする児童等に対する支援内容の検討。
　（個別の教育支援計画等の作成・活用及び合理的配慮の提供を含む。）
・教育上特別の支援を必要とする児童等の状態や支援内容の評価。
・障害による困難やそれに対する支援内容に関する判断を，専門家チームに求めるかどうかの検討。
・特別支援教育に関する校内研修計画の企画・立案。
・教育上特別の支援を必要とする児童等を早期に発見するための仕組み作り。
・必要に応じて，教育上特別の支援を必要とする児童等の具体的な支援内容を検討するためのケース会議を開催。
・その他，特別支援教育の体制整備に必要な役割。

出典：文部科学省『発達障害を含む障害のある幼児児童生徒に対する教育支援体制整備ガイドライン』2017年3月。

　構成員としては，管理職，特別支援教育コーディネーター，対象児の学級担任，学年主任，教務主任，生徒指導主事，特別支援学級教員，通級指導教室担当教員，養護教諭などが考えられます。学校の中で"困っている"子どもの存在を校内で共有し，複数の目で，その子どもが「何に困っているか」「なぜ困っているか」「困っている姿はどのような場面で見られるか」「どのような支援が必要か」「支援後に様子の変化は見られるか」などを具体的に検討します▶2。

2　特別支援教育コーディネーターの役割

　校内委員会の企画・運営をはじめとして，学校内の特別支援教育を推進する要となるのが特別支援教育コーディネーターです。各学校の規模や実情に応じ

▶1　文部科学省「通常の学級に在籍する発達障害の可能性のある特別な教育的支援を必要とする児童生徒に関する調査」（2012年12月結果報告）では，通常学級の中で学習・行動面で何らかの困難を経験していると思われる子どもは約6.5％にのぼると報告された。

▶2　校内委員会で話し合われるのはあくまで子どもが経験している困難と必要な支援についてであり，障害の有無や診断名などを判断する場ではないことに留意する必要がある。

▶3　文部科学省「平成29年度特別支援教育体制整備状況調査」によれば，小・中学校の場合は特別支援学級担任が担う場合が約半数を占め，それ以外に通常学級担任，養護教諭，通級担当教員などが担っている。高等学校の場合は，養護教諭，通常学級の担任，副担任が多く指名されている。

て，校長が指名することになっています。

　特別支援教育コーディネーターは，校内の特別支援教育を充実させるために必要な研修の企画・運営なども行います。たとえば，校内で共通理解を図りたい事例の共有，入学予定の児童生徒のニーズに合わせた環境整備や合理的配慮の検討など，その時々の校内の課題を精査して研修の場を設けることが求められます。また，各学級担任からの相談に応じて具体的な助言や支援の方向性の検討を行うことや，進級・進学時の引き継ぎへの協力なども重要な役割といえます。担任が孤立しないよう，必要に応じて校内委員会を開き，学校全体で共有していくことも必要でしょう。その他，外部の**関係機関**と学校との連絡・調整も重要な役割のひとつです。**専門家チーム**の派遣や**巡回相談**を利用する場合，限られた時間を有効に活用して連携を図る必要があることから，事前に関係者から情報を収集し，連携のポイントを整理することが求められます。また，校内の児童生徒の保護者からの相談や，入学予定児童生徒の**就学相談**における窓口の役割も担っています。このように，特別支援教育コーディネーターは学校内外との連携・協力の要ともいえます。

3　校内支援体制の課題

　現在，ほぼすべての小・中学校において，校内委員会の設置や特別支援教育コーディネーターの指名が行われ，学校の特別支援教育体制は整えられつつあります。しかしながら，多忙化が指摘される学校教育現場において，校内委員会が十分に機能していないという声も聞かれます。また，特別支援教育コーディネーターは特別支援学級担任や通常学級担任が兼務しているケースが多いことから，担任としての日々の教育活動に加えて，校内で特別な支援を必要としている児童生徒のニーズや実態を把握することは容易ではなく，「コーディネーターの業務まで手が回らない」「専門性を身につける時間的余裕がない」といった課題が指摘されています。

　特別な支援を必要としている子どもたちのニーズは多岐にわたり，特別支援教育コーディネーターには，障害や発達に関する専門的な知識に基づく子ども理解，具体的な指導に関する実践的な知識と技量が必要です。また，学校全体の特別支援教育体制を整えるための情報管理力，円滑な人間関係調整力，他者と協働できるコミュニケーション能力，保護者や担任の相談に乗るためのカウンセリングマインドなど，多様な資質・技能も求められます。今日，各自治体で特別支援教育コーディネーターの養成研修が行われ，特別支援教育コーディネーターの専任化をめざす動きも見られますが，学校全体の特別支援教育に対する教職員一人ひとりの意識の向上や，校務のスリム化，教育諸条件の見直しなどと合わせて進めていくことが今後の課題といえます。

（窪田知子）

▶4　外部の専門機関
具体的には，教育委員会の巡回相談や専門家チーム，スクールカウンセラー，スクールソーシャルワーカー，特別支援学校のセンター的機能，発達支援センター，医療機関などが挙げられる。

▶5　専門家チーム
各学校に対して，児童生徒の障害による困難に関する判断や望ましい教育的対応等について専門的な見地から助言することを目的として，教育委員会等に設置された組織。

▶6　巡回相談
各学校を巡回訪問し，教員に対して，特別な支援を必要とする児童生徒に対する支援内容や方法などに関する助言などを行う。

▶7　就学相談
I-3-1参照。

参考文献
相澤雅文・清水貞夫・二通諭・三浦光哉編著（2011）『特別支援教育コーディネーター必携ハンドブック』クリエイツかもがわ。

日野市教育委員会編著，小貫悟監修（2014）『特別支援教育スタンダード　校内委員会の1年間月別マニュアル』東洋館出版社。

文部科学省（2017）「発達障害を含む障害のある幼児児童生徒に対する教育支援体制整備ガイドライン～発達障害等の可能性の段階から，教育的ニーズに気付き，支え，つなぐために～」。

I-3 特別支援教育の現状と課題

学校における合理的配慮

1 合理的配慮の考え方

　合理的配慮（reasonable accommodation）は、2006年に国連で採択された障害者権利条約において提唱された比較的新しい概念です。2014年に同条約を批准した日本では、「共生社会の形成に向けたインクルーシブ教育システム構築のための特別支援教育の推進」（2012）において、この合理的配慮を「障害のある子どもが、他の子どもと平等に『教育を受ける権利』を享有・行使することを確保するために、学校の設置者及び学校が必要かつ適当な変更・調整を行うことであり、障害のある子どもに対し、その状況に応じて、学校教育を受ける場合に個別に必要とされるもの」であり、「学校の設置者及び学校に対して、体制面、財政面において、均衡を失した又は過度の負担を課さないもの」と定義しています。なお、合理的配慮の否定は障害を理由とする差別に含まれることにも留意する必要があります。

2 学校における合理的配慮

　合理的配慮の観点として、大きく3つ挙げられます。まず考えられるのは、環境の整備です。たとえば、車イスでも安全に校内を移動できるための段差の解消、聴覚に障害がある子どもに情報提供を保障する字幕やFM式補聴器の導入などです。次に、教育内容や方法に関して、柔軟な教育課程の編成や教材等の工夫が挙げられます。難聴の子どもが学習する際のノートテイクや、弱視の子どもが見やすい拡大教科書などがその一例です。その他、ICT機器の活用も合理的配慮のひとつといえるでしょう。また今日では多くの学校において、巡回相談の活用や**特別支援教育支援員**の配置などが行われています。このように学外の専門的なリソースや人材との連携を視野に支援体制の整備を進めることも合理的配慮の重要な観点のひとつです。

3 合理的配慮と学級づくりの課題

　クラスに読み書きに困難を経験している子どもが学んでいるとします。彼（彼女）に対しては、教科書の漢字にルビを振ったり、テストの際に問題文を読み上げたり、板書をノートに写す代わりに黒板をICT機器で撮影して保存したりすることが合理的配慮として考えられます。けれども、それらが本人に

▷1　障害者権利条約において、合理的配慮は「障害者が他の者との平等を基礎として全ての人権及び基本的自由を享有し、又は行使することを確保するための必要かつ適当な変更及び調整であって、特定の場合において必要とされるものであり、かつ、均衡を失した又は過度の負担を課さないものをいう」と定義されている（第2条「定義」）。

▷2　障害者権利条約では、「平等を促進し、及び差別を撤廃することを目的として、合理的配慮が提供されることを確保するための全ての適当な措置をとる」ことを締約国に義務づけており、「合理的配慮」の否定は障害を理由とする差別にあたると認識される（第5条「平等及び無差別」）。なお日本では、2016年4月から障害者差別解消法が施行されている。

▷3　**特別支援教育支援員**
幼稚園、小・中学校、高等学校において、障害のある児童生徒に対し、食事、排泄、教室の移動補助等、学校における日常生活動作の介助を行ったり、発達障害の児童生徒に対し学習活動

も教室で共に学ぶクラスメイトたちにも納得して受け入れられなければ、インクルーシブな学びを保障する支援とはなりえません。「あの子だけズルい」と、クラスから排除されてしまう危険性も孕んでいます。そのため、合理的配慮の決定と提供にあたっては、当事者と慎重に検討を重ねて合意形成を図ると同時に、それが受け入れられる学級集団づくりを進めることが必要となります。

❹ 合理的配慮と授業づくりの課題

今日、多くの学校では漢字の読み書きを前提に、「問題を読む」「黒板を写す」「ノートに書く」ことを中心に授業が進められています。そのような中で、読み書きに困難をもつ子どもが学ぶ場合には、板書の写真撮影やパソコンなどによる代替の筆記手段、ICT機器の読み上げ機能の利用などが合理的配慮として保障されることが大切です。こうした配慮に対して、「ICT機器に頼るとますます読み書きの力が身につかない」「苦手だからこそ、地道に練習を積み重ねることが必要」という声が聞かれることも少なくありません。けれども合理的配慮とは、自分が賢くなっていくという喜びや学びの手応えが得られる授業、そしてゆたかな学力を保障するために個別に必要とされるものです。したがって、それがなければ授業や学校生活に参加することが困難な子どもにとっては、権利として不可欠の対応として認めていくことが重要といえます。

その一方で、インクルーシブな授業をめざす上では、「その子どもにとっての合理的配慮は何か」を考えると同時に、「なぜ、黒板を写さなければいけないのか」「なぜ、ノートは手書きでなければいけないのか」等の"当たり前"を問い直し、授業そのもののあり方を改善していくことも大切です。

❺ 合理的配慮と学校づくりの課題

今日では、特別支援教育支援員や学生ボランティア等を配置して、特別な教育的ニーズをもつ子どもへの支援を行う学校も多く見られます。たとえば、教室を頻繁に飛び出す子どもがいた場合、そのクラスに支援員やボランティアを配置することで、急な飛び出しに対応することが可能になります。それは、合理的配慮としての人材確保や支援体制が整いつつあることを示しているといえるでしょう。その一方で、こうした形で飛び出しに対応するだけでは対症療法の域を出ず、「なぜ、その子どもが教室を飛び出すのか」ということに向き合わない限り、問題の根本的な解決には至りません。合理的配慮を提供する上では、特別な教育的ニーズをもつ子どもへの対応を安易に"人を増やす"ことで満足するのではなく、それを必要とするクラス・学校のあり方そのものを議論する視点が欠かせません。また、子どもの成長や行事、学年進行などに合わせて、柔軟に見直していくことも必要です。このように、学校づくりのプロセスの中で合理的配慮を捉えていくことも今後の課題です。

（窪田知子）

上のサポートを行ったりする。文部科学省は、2007年度より特別支援教育支援員を配置するために必要な経費を地方財政措置している（当初は小・中学校を対象とし、現在は幼稚園、高等学校も対象となっている）。

▶4 中央教育審議会初等中等教育分科会特別支援教育の在り方に関する特別委員会「共生社会の形成に向けたインクルーシブ教育システム構築のための特別支援教育の推進（報告）」別表1～11に具体例が挙げられている。

参考文献

中央教育審議会特別支援教育の在り方に関する特別委員会（2012）「共生社会の形成に向けたインクルーシブ教育システム構築のための特別支援教育の推進（報告）」。

清水貞夫・西村修一（2016）『「合理的配慮」とは何か？』クリエイツかもがわ。

I-3 特別支援教育の現状と課題

幼児教育とインクルーシブ教育

1 障害のある子どもと幼児教育

　幼児期は，生活や遊びを通して，豊かな感性や人への信頼感，物事への興味関心，思考力の芽生えなどを育む重要な時期です。今日，保育所や幼稚園には，障害や多様なニーズのある子どもたちが通っています。なかでも保育所では早くから，障害があっても集団の中で育っていくことの大切さが確認され，障害児保育が積極的に行われてきました。また特別支援教育の開始に伴い，幼稚園では特別支援教育コーディネーターの配置や個別の指導計画等の作成が進められてきました。障害のある子どもたちにとって，**児童発達支援センター**などの専門的な療育機関は豊かな発達を保障するために重要なリソースであることに変わりはありませんが，保育所や幼稚園で障害のない子どもたちと共に保育・教育を受ける子どもたちは増えているといえます。

2 "気になる子ども"の見立て

　近年では，「落ち着きがない」「集団の活動に参加できない」「不安が強い」「友だちとうまく関われない」といった"気になる子ども"の存在がクローズアップされるようになってきました。こうした子どもたちの中には，**注意欠陥多動性障害（ADHD）**や**自閉症スペクトラム障害（ASD）**といった発達障害の子どもも少なからず含まれると考えられることから，保育士や教員が障害や特性を正しく理解し，適切に対応することが求められます。その一方で，"気になる子ども"のすべてが発達障害というわけではないことにも注意が必要です。幼児期は生活年齢の幼さから発達の個人差も大きく，また環境の影響を強く受けやすい時期です。そのため，家庭の養育環境，経験不足などの影響も視野に，気になる行動の背景を丁寧に分析していくことが必要です。

3 "気になる子ども"の支援

　文字の読み書きを習得する前の段階であり，話し言葉の表現・理解力も発達途上であるという幼児期の特徴から，保育所・幼稚園では絵や写真などによる視覚支援がよく行われています。たとえば初めてのことに不安を強く感じやすい子どもには，「いつ」「どこで」「何をする」かをイラストで伝えることで，安心して活動に向かえることがあります。また集中することが苦手な子どもに

▷1　たとえば滋賀県大津市では，1970年代より，乳幼児健診から早期療育・障害児保育の充実を図る「大津方式」というシステムを構築している（白石恵理子・松原巨子・大津の障害児保育研究会（2001）『障害児の発達と保育』クリエイツかもがわ，など）。

▷2　児童発達支援センター
主に就学前の障害のある（またはその可能性がある）子どもに対する発達支援を行う施設を指す。施設に子どもが通うだけではなく，保育所や幼稚園への訪問支援や家族支援なども積極的に行い，地域の療育の中核的な役割を担っている。

▷3　注意欠陥多動性障害（ADHD）
Attention-Deficit/Hyperactivity Disorder。発達に不相応な「不注意」「多動性」「衝動性」を中核症状とした発達障害。アメリカ精神医学会の『精神疾患の診断・統計マニュアル（DSM-5）』によれば，約5％の子どもに生じるとされる。

▷4　自閉症スペクトラム障害（ASD）
Autism Spectrum Disorder。社会的コミュニケーションと，興味・関心

は，時計の絵を見せて「長い針が一番上に来たらおしまいだよ」という見通しを伝えることで，活動への気持ちを持続しやすくなることもあります。その他に，加配という形でクラスに職員を複数配置し，子ども同士の関わりを保育士・教員が丁寧に仲立ちするような支援なども取り組まれています。

保育所や幼稚園が初めて集団生活を経験する場であるという子どもも少なくないでしょう。その中で，たくさんの物や人，色，音の刺激に過剰に反応してじっとしていることが難しかったり，自分の好きな遊びに没頭して集団での活動に参加しにくかったり，言葉での表現が拙くてけんかをしてしまったりする子どもたちは，何よりも彼ら自身が"困っている"子どもたちといえます。そこで，そうした子どもたちへの支援は"気になる"行動を解消することだけに主眼を置くのではなく，一人ひとりの不安を丁寧に取り除き，人との関わりに対する心地よさや安心感を醸成していく視点で行っていくことが大切です。

❹ インクルーシブな保育・教育に向けた課題

ある幼稚園では，毎年，児童発達支援センターから数名の園児が入園してきます。はじめは「うまく話せない」「上手に歩けない」友だちに驚いたり戸惑ったりしている様子の子どもたちも，やがて，生活や遊びを共にする中で育ち合っていきます。ある子どもは，不器用な手つきでコマの紐を巻き，不安定な足取りでコマを床にめがけて投げる友だちの横にさりげなく寄り添い，代わりに巻いてあげるわけではなく，もちろん不器用な動作をからかうわけでもなく，麻痺のある友だちが時間をかけて紐を巻きつけるのを待ち，コマがうまく回っても回らなくても一緒にコマ回しをするのが楽しくて仕方がないという表情で笑い合っていました。そこには，障害の有無を超えて対等に関わり合う子どもたちの姿が垣間見られます。

けれどもそれは，ただ「同じ場にいる」だけで生まれる姿ではありません。「○○ちゃんはどうしてみんなと一緒に歩けないの？」「なんで，お箸を使って食べないの？」「なんでしゃべれないの？」といった子どもの純粋な疑問に周囲の大人が丁寧に向き合い，子どもたち同士がお互いに自分らしさや友だちの良さを認め合える集団を育てていく中でこそ，「障害のある子どもを仲間外れにする」のでも「一方的にお世話してあげる」のでもない，対等な関係性の育ちが期待されます。そのためには，障害のある子どもへの支援を一部の加配の保育士・教員に任せるのではなく，クラスや保育所・幼稚園全体ですべての子どもの育ちを支えるという視点が欠かせません。食育や避難訓練などと同様に，保育所・幼稚園全体の取り組みとして，保護者や地域住民への理解を求めていくことも必要でしょう。また，こうしたインクルーシブな保育・教育での育ちを，就学後につなげていくことも重要な課題です。

（窪田知子）

の限局性を特徴とする発達障害。従来は，アスペルガー症候群と並んで広汎性発達障害に位置づけられていたが，2013年にアメリカ精神医学会の『精神疾患の診断・統計マニュアル』が改定され（DSM-5），アスペルガー症候群を含めて連続的に捉えられるようになり，自閉症スペクトラム障害という診断名に変更された。

▷5 自治体などによって異なるが，主に保育所や公立幼稚園などでは集団生活の中での介助や配慮を行う職員（加配）の配置が行われる場合がある。

参考文献

中川信子編著（2017）柘植雅義監修『発達障害の子を育てる親の気持ちと向き合う』金子書房。

竹田契一著・監修，里見恵子ほか著（2013）『保育における特別支援』日本文化科学社。

木下孝司（2018）『「気になる子」が変わるとき』かもがわ出版。

I-3 特別支援教育の現状と課題

中等・高等教育とインクルーシブ教育

1 高等学校における現状

　これまで，高等学校は小・中学校の義務教育段階と比べて特別支援教育の体制整備が大きく遅れていることが指摘されてきました。その理由としては，義務教育ではないこと，入学者の選抜があること，学校設置者や課程・設置科目の多様さなどから特別支援教育が一様に浸透しにくいことなどが挙げられます。しかしながら，今日，中学卒業後の高等学校への進学率は98％を超えています。その中には，特別支援学校中学部を卒業した生徒や中学校で特別支援学級に在籍していた生徒も含まれています（表Ⅰ-3-1）。つまり，多くの高等学校において特別な教育的ニーズのある生徒が学んでいると考えられます。このことから，高等学校においても発達障害などの個々のニーズに応じた教育を保障することが急務となっています。

▶1　文部科学省によれば，地域差や課程・学科による差異はあるものの，平均して2％程度の割合で発達障害などの困難のある生徒が高等学校に在籍しているといわれる。定時制や通信制では約15％にのぼると報告されている（文部科学省(2009)「発達障害等困難のある生徒の中学校卒業後における進路に関する分析結果」）。

▶2　2017年現在，大阪府立高校9校，大阪市立高校2校に知的障がい生徒自立支援コースが設置されている。また，8校の府立高校に共生推進教室が設置されている（本籍校となる高等支援学校は4校）。自立支援コースは高等学校の卒業証書が授与され，共生推進教室は職業学科を設置する高等支援学校の卒業証書と合わせて，共生推進校から共に学んだことを示す証書が発行される。
＊なお，大阪府では「障害」ではなく「障がい」と表記している。

表Ⅰ-3-1　特別支援学校中学部及び中学校特別支援学級卒業生の進学状況

区分	卒業者 人	高校等＊進学者数 人（％）
視覚障害	151	6 (4.0%)
聴覚障害	404	18 (4.5%)
知的障害	7,664	15 (0.2%)
肢体不自由	1,623	16 (1.0%)
病弱	379	133 (35.1%)
計	10,221	188 (1.8%)
中学校 特別支援学級	19,135	6,842 (35.8%)

注：＊高等学校，中等教育学校後期課程，高等専門学校
出典：文部科学省「特別支援教育資料（平成28年）」より作成。

2 高等学校における取り組み

　学校教育法上は，高等学校にも特別支援学級を設置することは可能ですが，設置は進んでいないのが実情です。そこで，独自の取り組みで障害のある生徒の受け入れを試みている自治体や学校があります。たとえば大阪府では2006年度から「自立支援推進校」として府立高校に「知的障がい自立支援コース」を設置しています。また，府立高等支援学校に本籍を置きながら「共生推進校」と呼ばれる府立高校内の共生推進教室にも通い，高等学校の生徒と共に学ぶ制度もあります。各校の定員は数名ずつと決して多くはありませんが，とくに中学校特別支援学級に在籍している生徒にとって高等学校における学習の機会を

保障する貴重な学びの場のひとつとなっています。他にも，通信制・単位制高校の特長を活かして独自のプログラムで発達障害のある生徒を受け入れている私立学校や無認可の学校などもあり，少しずつですが，障害のある生徒に対する後期中等教育の保障が広がりつつあります。

③ 高等学校における通級による指導の開始

2018（平成30）年度より，高等学校において**通級による指導**が開始されることになりました。1993（平成5）年の制度開始以来，小・中学校において通級による指導を受けている児童生徒数は右肩上がりに増加する中で，高等学校においても多様な学びの場を整備することの必要性が指摘されてきました。高等学校における通級による指導が実現することにより，高等学校でも特別な教育的ニーズに応じた指導や支援が受けられる可能性が広がるでしょう。

しかしながら，教育課程の編成や単位による履修・習得制度，卒業認定に係る制度など，小・中学校とは異なる高等学校独自の教育の特徴を踏まえて行っていく必要があることから，課題も少なくありません。また，通級による指導を担当する教員の専門性の向上や人材の育成も課題といえます。なにより，通級による指導で受けとめることのできる生徒の数はごく一部に限られていることから，通級による指導の開始で高等学校における特別な教育的ニーズをもつすべての生徒の学びを保障することにはならないことにも留意が必要です。高等学校における通級による指導の導入を機に，**校内委員会**の充実や中学校との連携の強化，通常学級における授業の改善など，学校全体としての特別支援教育の充実が進むことが期待されます。

④ 大学等における試み

今日，大学等の高等教育への進学率は60％を超えています。入試において障害に対する配慮が行われる事例も年々増えています。その中で，大学等においても障害やその可能性がある学生の支援が課題となってきています。たとえば，難聴の学生が入学した場合は，学内でノートテイクボランティアを養成したり，講義で用いる映像教材に字幕を付けたりするなどの合理的配慮の提供が求められます。また，視覚障害や肢体不自由の学生の場合，構内での移動支援や試験における配慮などが必要になるでしょう。

大学では，学業のスタイルや履修方法などが高校までと大きく異なります。また，アルバイト・一人暮らし・サークル活動など，生活面や人間関係の変化を経験することも少なくないでしょう。そのような中で，これまで気づかなかったような困難が顕在化することも考えられます。したがって，入学時点での障害の有無によらず，大学生活全体を通じて学生の経験している"困り感"に柔軟に対応していくことが大きな課題といえます。

（窪田知子）

▷3　1990年にNPO法人が設置した見晴台学園では，高等部教育として本科（3年）と専科（2年）の一貫教育を保障している。

▷4　通級による指導
通常の学級に在籍し，大半の授業を通常の学級で受けつつ，障害による学習上・生活上の困難を主体的に改善・克服するために受ける特別の指導。小・中学校では1993（平成5）年より制度化された。

▷5　たとえば，生徒が「個別の指導計画」に従って通級による指導を履修し，その成果が個別に設定された目標からみて満足できると認められる場合には，当該高等学校の単位を修得したことを認定しなければならないが，その単位を認定するための評価基準を定めることの難しさなどが挙げられる。

▷6　校内委員会
Ⅰ-3-2 参照。

▷7　たとえば大学入試センター試験では，事前の申請に基づく審査の上で，解答方法の変更（マークシート解答に代わる文字やチェック，代筆による解答）や試験時間の延長（1.3～1.5倍に延長），問題用紙の拡大などの配慮が認められる。

参考文献
湯浅恭正編著（2009）『自立への挑戦と授業づくり・学校づくり――中学校～高校』明治図書。
柘植雅義監修，高橋知音編著（2016）『発達障害のある大学生への支援』金子書房。

第 II 部

インクルーシブ教育と学校づくり・学級づくり

Ⅱ-1　学校文化とインクルーシブ教育

1 学校文化とは

❶ 「住まい」としての学校の日常

　今日、学校は当たり前に地域の中に存在するもので、この国で生活するほとんどすべての人が、学校の日常に直接・間接に関わる「五感の記憶」を有しています。ある意味で、学校は、だれにしてみても馴染みの場であり、学校教育のあれこれは、当事者経験の大枠の共通性から、地理的な隔たり、年齢的な隔たりを超えて、だれとでも取り上げ、広げることのできる話題であるといえます。

　倉石一郎は、「学校が端的に、非常に長い時間を過ごす場所であるとしたとき、その場での人びとのありかたの中に、『住まう』という契機がうまれるのは当然のこと」であると述べています。学校には、教室・職員室・廊下・体育館などの校舎、生徒の制服や上履き、教科書や黒板、テストなど、特有の施設・設備や物品がたくさんありますが、そうしたハコやモノに加えて、「住まい」としての学校空間は、個々の息づかいや人と人との接触・衝突が生み出す熱気や独特のにおいで満ちあふれています。

▷1　倉石一郎（2009）「学校に人は住まっているか」教育の境界研究会編『むかし学校は豊かだった』阿吽社、5。

　さらに、学校の日常に特有のものとして、「指導」「育成」「縦割り」といった独特の言葉づかいや、「起立・礼・着席」や整列移動といった習慣、入学式や卒業式などの儀礼が存在します。なかには、習慣・儀礼が形骸化し、初発の動機や意図が不明のまま、なんとなく引き継がれているものもたくさん存在します。

❷ 「文化」という視点から学校という場をつかむ

　学校は、辞書的には「一定の場所に設けられた施設に、児童・生徒・学生を集めて、教師が計画的・継続的に教育を行う機関」とされますが、すでに述べたとおり、「住まい」として考えれば、それはごく表層の一部分を説明したものでしかありません。学校という場を「文化」という視点からながめることの利点は、上述したような学校の日常における生活の質感を言語的・可視的につかむことが可能になる点にあるといえます。

　そして、「文化」を、本質的なものではなく、状況によって変化する流動的なものとして再定義するならば、学校文化は、「学校に集う人びとの行動や関係のある独特の《型》それ自身」であるとともに、「それがその《型》へ向けて

人びとを形成する日常的な働き」として捉えることができます。言いかえれば、学校文化とは、学校の雰囲気や空気を産み出す独特の生活様式のことなのです。また、学校文化は、教師、生徒、保護者をはじめとして、学習補助員（特別支援教育支援員）、事務職員、用務員、地域ボランティア、教育実習生などの複数の構成員たちの相互行為によって、不断に構築・再構築されているものとして捉えなおすことができます。

学校文化に関する諸論考において、しばしば取り上げられるのが「隠れたカリキュラム (hidden curriculum)」です。生徒は、学習指導要領に規定されるような表向きの「顕在的カリキュラム」に加え、教師との権力関係の中で、「隠れたカリキュラム」、すなわち黙示的な規範や価値観、行動様式を無意識のうちに学んでいるとされます。そして、「隠れたカリキュラム」をはじめとする学校文化は、エクスクルーシブ（差別的・排除的）な社会構造の維持や再生産に寄与していることが指摘されています。

こうした点を踏まえてインクルーシブな社会の創造に向けた学校教育の展開を試みようとする場合には、「建て前」議論を超越した「本音」の次元で、学校文化の実質的な変革を目指すことが必要になります。ただし、学校文化は、複雑な多重構造からなっており、生徒を保護するという点からも、多少の刺激ではびくともしない耐衝撃性を保持しています。学校は、非常に防御性の高い堅固な組織空間であるといえるのです。したがって、変革することの難しさや生徒に及ぼすかもしれないデメリットを認識した上で、地道にこつこつと小さな挑戦を重ねていくことが大切になります。

3 学校文化の多重性

先にも述べたとおり、様々な人々が足を踏み入れながら、学校という場は日々更新されています。つまり、学校は、それぞれの利害関係者が意味をめぐってせめぎ合って生活している場として捉えなおすことができます。なかでも、教師と生徒の文化は、学校文化の主要な要素を構成しています。

教師文化は、報酬をもらう近代的職業人の集団がなすもので、他の職種と同じく、「作業の単純化と無駄の排除」という仕組みが働いています。そして、教師は、官僚機構の中に位置付けられ、制度化された権威を身にまといながら仕事に従事しており、それ自体、教師文化の大きな特徴をなしています。

一方の生徒文化は、近年、学校外の世界からの影響の強まりから分化が進み、ますます個人化・複雑化してきています。また、生徒文化は、大衆消費社会における若者文化としての意味あいを強めてきてもいます。

以上を踏まえれば、教師と生徒のせめぎ合いから対立や葛藤が生じないわけがなく、そこにこそ、学校文化を変革する契機を見いだすことができるといえるのではないでしょうか。

（堤　英俊）

▷2　久冨善之（1996）「学校文化の構造と特質――『文化的な場』としての学校を考える」久冨善之・堀尾輝久編『学校文化という磁場』柏書房, 10。

▷3　学校文化に関する基礎文献としては、長尾彰夫・池田寛編（1990）『学校文化――深層へのパースペクティブ』東信堂, 久冨善之・堀尾輝久編（1996）『学校文化という磁場』柏書房, を参照。

▷4　柳治男（2003）「学校という組織」森重雄・田中智志編『〈近代教育〉の社会理論』勁草書房, 95。

Ⅱ-1　学校文化とインクルーシブ教育

日本の学校文化と インクルーシブ教育

1　日本の学校の歴史的文脈

　学校文化とは，学校の雰囲気や空気を産み出す独特の生活様式のことを指します。志水宏吉は，学校文化には重層性があり，①「近代的な制度としての学校」がもつ普遍的な特性，②国ごとや時代ごと，あるいは学校段階，学校種ごとの特性，③個別の学校の特性の重なりによって成立している，と指摘しています。こと②の層に着目してみると，日本の学校文化には，日本の学校の歴史的文脈が深く関わっているといえます。

　明治期以降，前近代的な村落共同体の社会の中に，近代的な学校システムが海外から輸入されたために生じた抵抗や軋轢を治めるために，村落共同体を支える生活様式，すなわち村落共同体の文化が学校の中に導入されました。したがって，日本の学校文化は，村落共同体，特に自己完結性の高い稲作共同体の色が強く，情緒的な関係性を基盤にした「集団性」「同質性」を特質としてもっています。広井良典は，日本の村落共同体（＝農村型コミュニティ）の特徴として，「"身内"あるいは同じ集団に属する者の間では，過剰なほどの気遣いや同調性が強く支配する反面，集団の『外』にいる人間に対しては，無視か，潜在的な敵対関係が一般的となる」ことを指摘しています。

　今の日本社会は，地方が過疎化して，地域の村落共同体がほぼ解体し，個々人の社会的孤立度が高まっている状況にあります。そうした時代にありながらも，学校という柵で囲われた場の敷地内では，村落共同体の文化が綿々と保存・伝承されていると考えることができます。

2　日本の学校文化の特徴

　質的調査や海外との比較などを通して，より丁寧に，日本の学校（メインストリームである通常学級の場）の日常を観察していくと，村落共同体的な学級の「内」における「形式的平等主義」「強い同調圧力」「問題の個人化」といった特徴が浮かび上がってきます。

　形式的平等主義とは，通常学級の学校関係者間における「平等＝横ならび，同じに扱う」という平等意識のことです。特に教師は，生徒の生活・家庭背景がどうであれ，相互に監視し合いながら，また保護者たちや生徒たちの目を気にしながら，教育活動の中で可能な限り「同じ扱い」になるように努力してい

▷1　Ⅱ-1-1 を参照。

▷2　志水宏吉（2010）『学校にできること——一人称の教育社会学』角川選書，45。

▷3　柳治男（2005）『〈学級〉の歴史学——自明視された空間を疑う』講談社。

▷4　広井良典（2009）『コミュニティを問いなおす——つながり・都市・日本社会の未来』ちくま新書，34。

ます。形式的平等主義は、「特別扱い＝えこひいき（差別）」という発想と裏表の関係にあるため、教師は、たとえ特別に配慮したい生徒が出てきたとしても、簡単には手出しすることができず、免罪符的に「障害」の医療診断書を求めることになります。

さらに、日本の通常学級には、「一斉共同体主義」とも称されるような、生徒たちに一律に行動することを求める同調圧力が強く働いています。個々の生活・家庭背景を踏まえない形式的平等主義と強い同調圧力の掛け合わせによって、個々人の差異が一元化されて、同質性の高い学級集団が出来上がっていくことになります。

こうした差異の一元化は、不可避に、はみ出てしまう生徒の異質性を目立たせ、序列化を進める機能をもちます。しかし、簡単には「特別扱い」に踏み切ることができないという事情があるため、しばしば、教師は、生徒の見せる問題を個々の能力・身体機能や家庭の状況の問題に還元する「問題の個人化」で対処します。そして、「障害」の医療的診断を得た場合には、通常学級の中で個別援助を行うのにも限界があるため、通級指導教室、日本語教室、適応指導教室、特別支援学級、特別支援学校といった通常学級の「外」にある教育の場にその仕事が外注されることになります。

ある意味で、こうした「外」の教育の場が学校教育システムの中に程よく配置され、押し出される生徒たちを受け止めるアジール（緊急避難の場）の機能を果たすことによって、村落共同体的な「集団性」「同質性」を特質とする日本の学校文化（通常学級の文化）が守られているといえます。日本の学校は、不適応の子どものシステム外への完全な放り出しを防止するために、通常学級の異人排除の力がいくら強まったとしても、「外」の教育の場の受け止め力でカバーするような連携プレー（協働・分業の関係性）の質を高めてきたといえるのです。

③ 日本におけるインクルーシブ教育への道程

インクルーシブ教育を、一人ひとりの差異や異質性が正当に尊重され、多様な子どもたちが当たり前に一緒に居られる地域の学校空間の中で、一人残らず学ぶことができることとして捉えるならば、それは、学校教育システム全体の改革の問題として考える必要があります。先に述べたような、通常学級と「外」の教育の場との協働・分業の関係性を考えれば、いずれかの場の改革あるいは解体にシステム全体の問題を還元することはできません。

個別の学級・学校、あるいは、学校教育システム全体を社会あるいはコミュニティに見立てて、どうやって、それを排除のプロセスを含まないインクルーシブな社会・コミュニティにしていくのかという方向性で具体的に検討していく必要があるといえるでしょう。

（堤 英俊）

▶5 すぎむらなおみ・倉本智明・星加良司・土屋葉（2014）「教育の中の支援、支援の中の教育」『支援』4：169-203。

▶6 恒吉僚子（1996）「多文化共存時代の日本の学校文化」久冨善之・堀尾輝久編『学校文化という磁場』柏書房。

▶7 志水宏吉（2010）『学校にできること──一人称の教育社会学』角川選書。

Ⅱ-1　学校文化とインクルーシブ教育

3 インクルーシブな学校文化と多文化教育

1 多文化教育とは

　多文化教育とは，松尾知明によれば，「マイノリティの視点に立ち，社会的な公正の立場から多文化社会における多様な民族あるいは文化集団の共存・共生をめざす教育理念であり，その実現に向けた教育実践」のことを指します。
　近年，世界的な潮流として，多文化教育は，これまでの議論において中心的に扱ってきた「人種・民族」から対象を拡大し，「ジェンダー」「セクシュアリティ」「社会・経済階層」「障害」「年齢」など，多様な差異を視野に入れることを標榜してきています。しかし，定義上は多文化教育で扱うべきリストとして様々な差異が掲げられるものの，実質的には，これまでと変わらず，「人種・民族」中心の構図に変化はないというような指摘もあります。
　たとえば，「障害」に関しての多文化教育での取り上げられ方についていえば，せいぜい本質主義な観点から「ろう文化」「障害者アート」「障害者スポーツ」を取り上げるに留まることが多く，管見の限り，身体機能の差異の多様性にまで踏み込んで記述しているものはほとんど見当たりません。そもそも，それぞれ歴史的背景・文脈が異なる諸差異を並列にリストアップできるものなのかということについて，今後まだまだ，丁寧な議論が必要です。
　多文化教育のあり方を考えるにあたっては，自文化を放棄して主流文化へ染まることを強いる「同化主義」，文化の多様性を尊重する「文化多元主義」「多文化主義」といった言葉で，異文化間の関係構造をつかむことがとても大切です。
　先の対象拡大の話もそうですが，グローバリゼーションの進展を背景に，欧米諸国では，多様な集団における相互の交流・交差によるハイブリディティ（異種混淆性）を基盤にした，多文化主義的な多文化教育が，共生社会に向けた教育のイメージとして市民権を得てきています。そして，批判的な社会理論や批判的教育学（Critical Pedagogy）を参照しながら，白人と非白人，男性と女性，健常者と障害者といった，諸差異の中心 - 周縁の権力関係を脱中心化することを多文化教育の目標に据えるようになってきています。

2 多文化主義的な多文化教育の実践

　多文化教育の代表的論者である，アメリカの教育学者ジェームズ・バンクス

▷1　松尾知明（2013）『多文化教育がわかる事典——ありのままに生きられる社会をめざして』明石書店，6。

▷2　中島智子（2003）「多文化教育研究の視点」中島智子編『多文化教育——多様性のための教育学』明石書店。

▷3　たとえば，朝倉征夫編（2003）『多文化教育の研究——ひと，ことば，つながり』学文社には，「ろう文化」に関する論考が所収されている。

▷4　松尾知明（2007）『アメリカ多文化教育の再構築——文化多元主義から多文化主義へ』明石書店。

(James Banks)は，多文化主義的な多文化教育の展開にあたって学校全体の改革が不可欠であることを主張し，多文化教育を推進する学校の8つの特性を示しています[5]。すなわち「教職員の態度・認識・信念・行動」「正規カリキュラム」「教授スタイル」「言語・方言」「教材」「評価」「学校文化」「カウンセリング」に関するものです。こうしたバンクスの発想に学びつつ，松尾知明は，多文化主義的な多文化教育の改革の視点として，① すべての子どもの学力とキャリアを保障する「社会的平等」，② すべての子どもの自文化の学習を保障する「文化的平等」，③ 多文化社会で生きる力（コンピテンシー）を培う「多文化市民の育成」の3点を挙げています[6]。

このように，多文化主義的な多文化教育は，在日外国人教育（ニューカマーの教育）や国際理解教育の枠の中で狭く捉えられるものではなく，諸差異を背景とした学校における知識，人間関係，学力形成，学校構造をめぐる学校文化の改革の実践であるといえます。こうした方向性は，差異・異質性の尊重を掲げる「インクルーシブ教育」と重なり，近年では，多文化主義を国策として掲げるカナダやオーストラリアでは，多文化主義的な多文化教育のことを，「インクルーシブ教育」という言葉で言い表すようになってきています。

❸ 「多文化教育＝インクルーシブ教育」でいいのか？

では，「多文化教育＝インクルーシブ教育」として考えてよいかというと，それは国の事情によって大きく異なります。こと日本の場合には，現状では，素朴に両者を重ねて考えることは難しいと考えられます。

恒吉僚子が指摘するとおり，アジア系の顔が多数を占める日本の学校は，多民族化・多人種化した社会と比べ，子どもの多様な差異（＝多文化性）は潜在的で，どの教室にも内在する課題として理解されにくい状況にあります[7]。そして，一般に教師間で多文化教育に関する問題意識は低く，そもそも，学習指導要領の中に，多文化教育という教科・領域は存在しません。それを実践しようとする場合には，「総合的な学習の時間のように教科や領域の枠にとらわれないテーマを設定して学年・楽器を通した特設の多文化カリキュラムをデザインする方法」や「学習指導要領に示された各教科，領域における既存の学習内容に多文化教育の視点を加えたり，その視点から再構成する方法」を取ることになります[8]。

日本において教室の多様な差異（多文化性）を顕在化させ，多文化主義的な多文化教育の展開可能性を模索していくことは，インクルーシブ教育の日常化の模索と重なってくるといえるでしょう。そのためには，学校の日常において，教室を構成する複数の文化概念や相互の関係性について考えをめぐらせ，一人ひとりの潜在的・不可視的な差異への感受性や想像力を地道に高めていくことが大切になります。

（堤　英俊）

[5] バンクス，J. A., 平沢安政訳（1996）『多文化教育——新しい時代の学校づくり』サイマル出版会．

[6] 森茂岳雄（2011）「多文化共生をめざすカリキュラムの開発と実践」馬渕仁編『「多文化共生」は可能か——教育における挑戦』勁草書房，4．

[7] 恒吉僚子（1996）「多文化共存時代の日本の学校文化」久冨善之・堀尾輝久『学校文化という磁場』柏書房，217．

[8] 森茂岳雄（2011）「多文化共生をめざすカリキュラムの開発と実践」馬渕仁編『「多文化共生」は可能か——教育における挑戦』勁草書房，99．

第Ⅱ部　インクルーシブ教育と学校づくり・学級づくり

Ⅱ-1　学校文化とインクルーシブ教育

4 インクルーシブな学校文化と障害理解教育

1 障害理解教育とは

　障害理解教育とは，文字通り，「障害について理解すること」を目的とした教育活動のことを指します。障害理解教育は，学習指導要領に明示されているわけではなく，文部科学省などによる「交流及び共同学習」や「福祉教育・ボランティア学習」の推進の一環として取り組まれています。

　2017年2月20日に東京オリンピック・パラリンピックの開催に関わって設置された関係閣僚会議において，「ユニバーサルデザイン2020行動計画」が決定され，その中で，学校教育における取り組みとして，通常学級と特別支援学級，あるいは通常学校と特別支援学校の「交流及び共同学習」の更なる推進と，障害のある人とともにある「心のバリアフリー」授業の全面展開を図ることが示されました。こうした動向は，障害理解教育の推進に関わるものとして捉えることができます。

　このように行政レベルでは，障害理解教育の推進の方向に動いてきているものの，実際の学校現場での実践においては，「形式的」「散発的」「場当たり的」「一過的」な取り組みに留まるものが少なくありません。真城知己は，障害理解教育の授業によって，「『障害者は不自由である』という偏った見方を形成してしまうのであれば，むしろこうした授業を受けない方がよかったとさえいえる」と述べています。そもそも，「障害」という言葉やテーマは，様々な差異の中でも，他者からネガティブに受け取られやすく，ステレオタイプを形成しやすい特質をもっています。したがって，率直に，教育活動において取り扱いのさじかげんの難しい題材であるということができます。

　いずれにしても，何のために障害理解教育を実践するのかを問うこと，そして，現在の社会がエクスクルーシブ（排除的・差別的）で，健常者と障害者が共生できていない状況にあることを認識することが出発点として大切な作業になってきます。

2 障害啓発型の実践と障害平等型の実践

　障害理解教育は，実践者としての教師が理解すべき対象としての「障害」をどのように捉えているかによって，まったく異なる教育活動になってきます。具体的には，大きく2つのタイプの障害理解教育の実践を挙げることができま

▶1　真城知己（2003）『「障害理解教育」の授業を考える』文理閣，20。

す。

　1つは，障害啓発型の実践です。この実践は，障害を身体機能の不全とし，個人の問題として捉える，障害の個人モデル（医療モデル）の考え方を基礎にしています。代表的な実践例は，障害疑似体験を通した教育実践です。これは，車いすや白杖体験など，障害の機能的不自由さを身をもって体験をすることを通して，障害者の経験を理解しようとするアプローチです。障害疑似体験にはいくつか根本的な問題点があり，「障害の多様な状態を再現することが技術的に困難」であったり，「短時間の体験と固定した状態との間には質的な差異」があったり，「障害の可変性（症状の不安定性や進行）を体験することが困難」であったりします。また，疑似体験では，障害者に対する「（能力的に）できない人」という見方を強め，かえって差別的な見方と障害者に対する家父長的な態度を強化してしまう危険性があります。

　もう1つは，障害平等型の実践です。この実践は，障害を社会的不利（差別，抑圧，不平等など）とし，社会の問題として捉える，障害の社会モデルの考え方を基礎にしています。代表的な実践例は，障害平等研修です。これは，障害者に対する差別的な社会の慣習を認識し，その解決に取り組むことができるようにすることを目標に，「差別の原因と構造の分析，討議，差別の経験を分析するロールプレイ，そして自らを社会変革の行為者としていくための行動計画の作成」などが展開されます。そして，障害者本人が指導者を担うところに大きな特徴があります。自分自身の生活を振り返りながら，障害の問題を，他人事から自分事として捉えなおし，それを解決できる行動ができるということに気づくことが目指されます。

❸ 多文化主義的な多文化教育の一環としての障害理解教育

　同質性の強い日本の通常学級において，障害理解教育を実践する場合には，「障害」の医療診断を有する子どもに強力な光をあててしまうリスクを念頭においておく必要があります。その実践が，教育意図に反して，学級の中でその子を異人化し，排除の方向へと誘導してしまう危険性も否定できません。また，特に通常学級に在籍する比率が高く，近年，通常学級の教師間で話題に上ることの多い「発達障害」を，障害理解教育の実践でどう扱うのかという難問もあります。

　したがって，障害理解教育は，学級に，多様な差異・異質性を尊重するインクルーシブな文化を育んでいく取り組みの一つとして実践されていく必要があります。その意味では，人種・民族，ジェンダー，セクシュアリティ，社会・経済階層，年齢，などの多様な差異の交差を視野に入れた，多文化主義的な多文化教育を構成する実践の一つとして障害理解教育を位置付けて，模索していくとよいのかもしれません。

（堤　英俊）

▶2　星加良司「バリアフリー教育を授業に取り入れる」東京大学教育学部カリキュラム・イノベーション研究会編（2015）『カリキュラム・イノベーション——新しい学びの創造へ向けて』東京大学出版会，251-252。

▶3　久野研二（2005）「障害平等研修をより深く理解するために日本語版補足」キャス・ギャレスピー＝セルズ／ジェーン・キャンベル，久野研二訳『障害者自身が指導する権利・平等と差別を学ぶ研修ガイド——障害平等研修とは何か』明石書店，58。

▶4　同上，57。

▶5　星加良司（2015）「『分ける』契機としての教育」『支援』5：21。

▶6　冨永光昭（2011）「障がい理解教育を学校・学級全体の問題としてとらえる——障がい理解教育は"学校・学級づくりの要"」冨永光昭編『新しい障がい理解教育の創造——交流及び共同学習・福祉教育との関連と5原則による授業づくり』福村出版，20。

▶7　⇨ Ⅱ-1-3 を参照。

Ⅱ-1　学校文化とインクルーシブ教育

5　インクルーシブな学校文化とケアリング

1　ケアリングとは

　ケアリング（Caring）とは，生のかけがえのなさや人間存在の不完全さ，悲劇性を共通の土台として，他者である相手の「弱さ」「無力さ」「傷つきやすさ」「苦しさ」「痛み」「叫び」「願い」などから生まれるニーズの声に対して応答するいとなみのことを指します。

　人間として生きる以上，人生のどこかで他者からケア（支援や配慮，世話など）を受けることは避けられず，むしろ，他者とケアしケアされる中で相互的に生きているという点で，ケアリングは，関係概念として捉えることができます。そして，ケアリングは，介護や看護の場面に限定されるような特別な行為ではなく，日常の人間関係の中でそこかしこで自然発生的に行われているものです。ケアリングとは，一人ひとりの多様な「弱さ」を資源にしながら，人と人とが多様につながるいとなみであり，生の実感を得ながら「癒し癒される」ような，自己と他者の相互的な存在承認の実践であるといえます。

　しかしながら，中西新太郎は，今の日本社会は「たがいに自分の弱みを絶対に見せないようにつきあう（そうすべき）社会」になっていると述べています。すなわち，今の社会では，「弱さ」「苦しさ」を見せることで攻撃されてしまうリスクを否定できず，それらの感情をどこまでも自分の内面に閉じ込めさせる圧力が働いているといえます。当然，こうした状況下では，人と人とがつながることや相互に存在承認し合うことは難しくなります。

2　ケアリングと学校

　社会の縮図としての学校もまた，組織構造の中での役割期待（非対称的で固定的な教師／生徒役割）のもとで，「弱さ」や「苦しさ」の声を資源にして，関係を築く場になりにくい現状にあります。

　こうした学校の状況に対し，関係概念としてのケアリングを中心とした改革を提言した人物に，アメリカの教育哲学者であるネル・ノディングズ（Nel Noddings）がいます。ノディングズは，学校における教科内容の伝達を中心とする効率主義・競争主義的な教育を批判した上で，ケアリングの6領域，すなわち「自己へのケアリング」「身近な人々へのケアリング」「見知らぬ者や遠い他者へのケアリング」「動物・植物・地球へのケアリング」「人工の世界へのケ

▷1　佐藤学はケアを「心砕き」という訳語で表現している（佐藤学（2005）「学びとケアの共同体へ——教育の風景と原風景」津守眞・岩崎禎子編『学びとケアで育つ——愛育養護学校の子ども・教師・親』小学館）。

▷2　ネル・ノディングズは，ケアリング関係は，「ケアする人には，専心没頭と動機付けの転移を要求し，ケアされる人には応答や助け合いといった形を要求する」と述べている（ノディングズ，N., 立山善康・清水重樹・新茂之・林泰成・宮崎宏志訳（1997）『ケアリング　倫理と道徳の教育——女性の観点から』晃洋書房，232-233）。

▷3　中西新太郎（2015）『人が人のなかで生きてゆくこと——社会をひらく「ケア」の視点から』はるか書房，33。

アリング」「理念へのケアリング」を軸に，人間味のある血の通ったカリキュラムへと改革することを主張しています。このようなノディングズの思想に学びながら，佐藤学は，「傷つけ傷つけられる関係」に陥りがちな，学校における教育的人間関係（教師と子ども，子どもと子ども，教師と教師，教師と親，親と子どもの関係）の中に「ケアしケアする関係」「癒し癒される関係」を復権することを主張しています。

そして，ケアリングを中心とする学校への改革という発想は，イギリスのブレア政権における「サステイナブル・スクール構想」でも取り入れられ，そこでは，持続可能な未来に向けて，学校を様々な物事や人，環境，社会とつながる場として捉えなおすことが主張されています。

▶4 ノディングズ，N.，佐藤学監訳（2007）『学校におけるケアの挑戦――もう一つの教育を求めて』ゆみる出版。

▶5 佐藤学（1995）『学び その死と再生』太郎次郎社，183。

▶6 ブレア政権の「サステイナブル・スクール構想」については，永田佳之・曽我幸代編（2017）『新たな時代のESD サステイナブルな学校を創ろう――世界のホールスクールから学ぶ』明石書店，を参照のこと。

3 ケアリングとインクルーシブ教育

人間における一人ひとりの「弱さ」や「苦しみ」は多様で，それらを人がつながるための大切な資源として取り扱うことは，ある特定の場で生活する多様な存在を相互承認することにつながります。学校という場でいえば，教師であろうが，生徒であろうが，みな共通して不完全で，「弱さ」や「苦しみ」を抱えている，人間という存在であることに変わりはありません。したがって，「弱さ」や「苦しみ」を発する声を大切にすることは，教師－生徒間の非対称的な関係性を対称的なほうへずらすことにもつながります。

インクルーシブ教育の観点でいうと，多文化主義的な多文化教育（障害理解教育を含む）が，差異の可視化や権力関係の調整を通してインクルーシブな学級社会づくりを目指していく論理的アプローチであるとすれば，ケアリングは，生のかけがえのなさや人間存在の不完全さの実感を基礎にしてインクルーシブな学級社会づくりを目指していく情感的アプローチであるということができます。両者のアプローチは共に重要で，同時並行で相関させながら取り組むべきものです。むしろ，目指すべきインクルーシブな学級社会が，構成員みなが安心して過ごせる居場所としてあることを指すのだとすれば，後者が前者のアプローチに取り組むにあたっての土台になるといえるのかもしれません。

▶7 Ⅱ-1-3，Ⅱ-1-4を参照。

実は，「ケアし合う共同体」は，学校よりも，環境づくりを通して子どもの自主性や自立性を育もうとする文化を有する就学前の幼稚園・保育所で成立しやすいものであるといえます。実際に，インクルーシブ保育の実践は，様々な地域で，積極的に試みられてきています。現実的な話でいえば，インクルーシブ教育の日常化に向けては，保幼小連携などの機会を有効活用し，幼稚園・保育所の文化に学びながら，学校文化を再点検・再構築することが具体的な方策として考えられるのかもしれません。

（堤　英俊）

第Ⅱ部　インクルーシブ教育と学校づくり・学級づくり

Ⅱ-1　学校文化とインクルーシブ教育

 インクルーシブな学校文化とオルタナティブ教育

オルタナティブ教育とは

　オルタナティブ教育は，"Alternative Education" を日本語に訳したもので，「代替的な教育（もう1つの教育）」と訳すこともできます。「何に代替するのか」という点がとても重要で，実は，オルタナティブ教育には，近代教育に対する問題意識のもとで，既存のメインストリームの学校教育に代替する，あるいは部分的に刷新するという意味合いが込められています。ここでいう，近代教育とは，国民国家や市場経済に囲われながら展開される教科中心・教師中心の管理・統制的な面，言い換えれば，子どもを画一化するような権威主義的な学校教育のことを指します。つまり，オルタナティブ教育とは，近代教育批判の上で提出される代替案であり，異議申し立ての声をあげるのみで終わらず，打開の方向性を探究する挑戦的な実践であるといえます。

　永田佳之は，オルタナティブ教育の特性として，次の6点を挙げています。[1]

　① 市場および国家から相対的に自律し，メインストリームの規範や通念をとらえ直す公共性

　② 伝統的な教育（公教育・私教育の別を問わない）を批判的に，かつ再構築する視座でとらえる刷新性

　③ 公教育との協働において独自の社会的役割を担う相互補完性

　④ 近代西欧という特定の時代的・地域的制約にとらわれず，どの時代のどの地域にも見いだすことのできる多様性

　⑤ 二項対立的な思考様式に依拠しない，ホリスティックな視座を重視する全体性

　⑥ 少数派の声に代表される多様な価値や「特別のニーズ」が尊重される多元性

　オルタナティブ教育が刷新対象として見据えるものは，教育方法から，教師の役割，制服，学校建築，教育システムに至るまで多岐にわたっています。

2　日本におけるオルタナティブ教育

　日本におけるオルタナティブ教育には，主に2つの潮流があります。

　ひとつは，1920年代の欧米における新教育（進歩主義教育）と称される教育刷新運動に触発される形で発展してきた教育です。個々の具体的な取り組みに

▶1　永田佳之（2005）『オルタナティブ教育──国際比較に見る21世紀の学校づくり』新評論，38。

46

違いはあるものの，デューイやシュタイナー，ニイル，フレネらの思想・実践に学びながら，子ども中心・生活中心の民主主義的な教育を模索しています。例えば，歴史的にみれば，大正自由教育や生活綴方教育は，日本におけるオルタナティブ教育の源流として捉えることができます。2010年代においても，サドベリースクール（デモクラティックスクール）やサマーヒル教育をもとにした「きのくに子どもの村」，シュタイナー学園をはじめ，この種のオルタナティブ教育は，全国各地で多様に展開されています。

　もうひとつは，不登校をめぐって，「個人の病理ではなく，子どもが登校できないような学校（公教育）にこそ問題がある」とする見方のもとで1980年代から展開されてきたフリースクールやサポート校などにおける教育で，セーフティネットとしての居場所づくりを掲げた実践を模索しています。草分け的なスクールとして，「東京シューレ」を挙げることができます。2002年，構造改革特区制度を利用して，私立学校の認可を受けたフリースクールの設立が可能になりました。

3　オルタナティブ教育の実践に見るインクルーシブ教育のヒント

　オルタナティブ教育は，学校教育法等の法的根拠を有さない非正規の教育機関で発展し，同じ国家内にありながらも，既存の公的な学校教育とは異なる教育を模索してきました。つまり，国内の教育システムの周縁にある少数派異文化の教育活動として捉えることができます。

▶2　注1に同じ，37。

　教育条件が大きく異なるため，クーデター的に立場関係を覆してオルタナティブ教育が多数派へと躍り出ることを画策するような方向での主張は，論理に飛躍があるといわざるをえません。しかし，公教育におけるインクルーシブ教育の日常化に向けて，いくつかのヒントを引き出すことは可能です。なぜなら，先に述べたように，オルタナティブ教育には，少数派の声に代表される多様な価値や特別のニーズが尊重される多元性を特徴とした実践を模索してきた歴史があるからです。

　例えば，赤木和重は，アメリカにおけるオルタナティブ教育の実践に触れながら，インクルーシブ教育のヒントとして「個別化・協同化・プロジェクト化」された学びと「流動的異年齢教育」を提案しています。こうした，相互の他者比較のまなざしを緩め，個別と協同の両方を視野にいれて活動を組みこむような実践の知見は，筆者が参与観察する限り，国内のオルタナティブ教育の場からも引き出すことが可能であるといえます。インクルーシブ教育が，日本の学校文化の抜本的な改革を要すると主張されている昨今，これまで国内の教育システムの周縁に置かれてきたオルタナティブ教育の場が蓄積してきた実践知見に注目してみる意義は大きいといえるでしょう。

▶3　赤木和重（2017）『アメリカの教室に入ってみた──貧困地区の公立学校から超インクルーシブ教育まで』ひとなる書房，188-191。

（堤　英俊）

Ⅱ-2　インクルーシブな社会としての教室・学校

インクルーシブな社会と自立

自立に向かう力の源

　そもそも、人間が自立した状態とはどのような状態なのでしょうか。すべての人が自立するということは可能なのでしょうか。このことについて考えるヒントとなるのは、人間以外の動物と人間との違いは何か、ということです。

　それは第一に、動物が現在の瞬間を生きていることに対し、人間は過去とのつながりをもって現在の立ち位置を理解し、未来をどう生きるかを考えて現在の行動を決めようとすることにあります。

　たとえば、この特徴を古く遡るといくつかの神話や宗教上の教義に見出すことができます。現在でも、温室効果ガスの排出についてどのように対応するかといった現代社会の諸課題の受けとめ方等に、未来を意識して人間が行動しようとしていることを見出すことができるでしょう。

　このように、過去と未来を踏まえて行動を決定しようとすることは、一つの「物語（ストーリー）」として把握されます。この「物語（ストーリー）」は、民族や国家といった社会単位だけでなく、個人単位でも「ライフストーリー」として生成されます。

　このような人間の特徴を踏まえて考えるのであれば、一人の人間が自立するということは、「自らの物語（ストーリー）を紡いでいこうと行動すること」といえるのではないでしょうか。具体的に言い換えれば、幸せである（あった）と自身が意味づけられる生活や生き方を模索していくことといえます。

　では、このような自立に向かう力の源となりうるのは何でしょうか。自らの物語を積極的に紡いでいくことを自立と考えるのであれば、それを励ましてくれるのは良き聞き手がいることです。自身の喜びや悲しみといった感情や思いや考えについて、共感しながら応答してくれる存在が未来について考えることを励ます（エンパワーする）のです。その際には、「なぜそのように考える（行動する）のだろう」と疑問を持ちながら、子どものストーリーを聞き込もうとする姿勢が大切です。

❷ 個人の自立を応援するインクルーシブな社会

　動物と人間との違いの第二は、集団のルールや「常識」とされるものを人間は変えられるということです。

▷1　自立を「自分づくり」として捉える考え方も類するものと考える。湯浅恭正・小室友紀子・大和久勝編著（2016）『自立と希望をともにつくる――特別支援学級・学校の集団づくり』クリエイツかもがわ。

▷2　応答してくれる存在は人間に限らない。たとえば、土粘土にその応答性を見出し、教材研究を重ねている人もいる。成田孝（2008）『発達に遅れのある子どもの心おどる土粘土の授業――徹底的な授業分析を通して』黎明書房。

▷3　次の実践記録が参考になる。春野恵（2017）「この子は『なぜ』そうするのかを問う～安心できる居場所をつくるために～」全国生活指導研究協議会編『生活指導』730（2017年2・3月号）：6-13。

48

人が自立しようとするとき、良き聞き手が存在するだけでは不十分な場合があります。所属する社会のルールや常識が個人の幸福追求の自由を阻害していたり、障害となっているものの存在を暗黙に了解していたりする場合です。このような場合に、私たちは個人がその時点の社会に適応することばかりを求めるのではなく、社会が個人の自立を応援するように変化を求めることができます。その求めに応じて変化できる社会が、インクルーシブな社会です。

インクルーシブな社会を実現するためには、社会に所属するすべての人が、自らの幸福な自立を追求するために社会づくりに参加できなければなりません。まずは、社会に声をとどけることができ、そして応答を求めることができなければなりません。

しかしながら、この過程を険しくするものがあります。第一に、自己責任の考え方です。現在の社会が最も良いものであるかのように見なし、変化していくことを拒み、ただ個人に適応を求めます。そして、自立が難しいことを個人の努力不足として認識する考え方です。第二に、当事者をめぐるパワーバランスの問題です。障害、セクシュアリティ、貧困、民族、宗教、地域等、当事者が困っていることは様々ありますが、社会で少数者（マイノリティ）であったり、そうでなくともジェンダーのようにパワーバランスに偏りがあったりします。このようなパワーバランスの問題が社会の応答・変化を鈍くしてしまうのです。

このように、自己責任感やパワーバランスの偏りに起因する社会の応答・変化の鈍さは、幸福な自立を追求するために社会をつくっていこうとする人々の意気を削ぎ、どんどん委縮させてしまう要因となります。そればかりでなく、幸せである（あった）と自身が意味づけられる生活や生き方を模索していく自立そのものも傷つけられたり、剥奪されたりする危険性があります。

人々が自立できるインクルーシブな社会をめざし、つくっていくためには、① 私たちが互いにどのような生き方が幸せであると考え生きようとしているのかについて関心をもち、② それを実現するための要求（ニーズ）を聞き合い、③ 要求（ニーズ）に応答できるインクルーシブな社会を追求する同盟者（アライ）となることが必要なのではないでしょうか。　　　　　（上森さくら）

▷4 「中立」であることを免罪符にしようとすることは差別的行為であると指摘されています。川島聡（2016）「権利条約における合理的配慮」川島聡・飯野由里子・西倉実季・星加良司『合理的配慮——対話を開く、対話が拓く』有斐閣、19-38。

▷5 アライ（ally）という単語を積極的に使用しているのは、LGBTQ＋の困難な状況を変えようと取り組んでいる人々である。アメリカの高校には、LGBTQ＋の当事者と支援者が差別を克服するためのクラブがつくられている高校もある。Heitkamp, K. L. (2017) *Gay-Straight Alliances : Networking with Other Teens and Allies* (*The LGBTQ＋ Guide to Beating Bullying*), New York City, Rosen Young Adult.
日本における集団づくりは、「困難」な状況にある友人を理解しながら共に活動できる集団を子どもたち自身でつくろうとする自治的活動を大切にしてきた。たとえば、次の実践記録が参考になる。「『困難』を抱えた子どもたちとともに歩む学級・学年集団づくり」全国生活指導研究協議会編『生活指導』724（2016年2・3月号）：30-37。河瀬直（2015）「直之は本当にいいやつなんです」竹内常一編集代表『生活指導と学級集団づくり中学校』高文研、70-92。

Ⅱ-2　インクルーシブな社会としての教室・学校

2　「問題」行動の理解と方法

1　「問題」行動でしか苦しみを訴えられない子どもたち

　学校教育の中で、子どもの「問題」行動と位置付けられるものは様々あります。たとえば、パニック状態で本人も誰も制止できなかったり、わざと人を傷つけようとしているようにしか思えない言動であったりです。このような「問題」行動の共通点に、コミュニケーションの困難さが伴っていることが挙げられます。

　なぜコミュニケーションがうまくいかないのでしょうか。それは、「この子がこのように行動する理由はなぜだろう」と考えず、子どもの表面にあらわれている「問題」行動をとりあえず（謝罪させるなどして）収めようとしているからです。「問題」行動はマグマが火口から噴出しているようなものです。噴火という現象だけでなく、地底にあるマグマ溜まりに目を向ける必要があります。そこには「問題」行動の原因となっている怒りや悲しみがグツグツと溜まっているのです。

　原因となっている怒りや悲しみや怖さが言語化できない、もしくは言語化できたとしても正当に応答してもらえる期待ができないことから生まれる苦しみをなんとか訴えようとしてあらわれるのが「問題」行動です。にもかかわらず、ただ「問題」行動を止めることに気を取られて、原因となる怒りや悲しみに目を向けられないことが、最もコミュニケーションを困難にしている理由であるといえます。

2　「問題」行動の指導で幾重にも傷つき苦しむ子どもたち

　「問題」行動の内の苦しみに応答されない指導を受けると、当事者の子どもは多重に傷つき苦しむことになります。

　まず、原因となっている怒りや悲しみや怖さを聴き取られないため、「問題」行動の前に受けた傷が癒えません。重ねて、理解のない指導によって、「やはり理解してもらえない」「どうせ悪い子だと考えられているのだから」と周囲の人々を信じることが難しくなります。[1]この幾重にも重なる苦しみが、次の「問題」行動を引き起こしやすくする要因にもなるのです。

　このような理解を基にすると、「この子は何に苦しんでいるのだろう？」という問いを子どもと共に探し、その苦しみに共感し寄り添おうとすることから

▶1　このように障害に対する周囲の無理解により傷つけられ、本来の障害とは異なる情緒や行動に困難さが生じたものを「二次障害」と呼ぶ。

50

でなくては,自立とインクルーシブな社会をめざす個人指導は出発できないということになります。

3 「問題」に対する集団指導

　これまで①「問題」行動が実は苦しさの訴えであること,②その苦しさに寄り添う個人指導の必要性について述べてきました。けれども,個人指導で指導を終わらせるのは不十分で,集団指導も必ず行わなければなりません。なぜなら「問題」とそこから生まれる苦しみは個人の内にあるものではなく,集団からもたらされるものだからです。

　たとえば,友人間の暴力を伴うトラブルには,発達障害の子どもを排除したりからかって遊ぼうとしたりする集団の問題が潜んでいる場合があります。セクシュアリティを例にとると,身体的性と性自認が一致しないことによる苦しみは個人の問題ではなく,性自認に合わせた性表現を制限したり不寛容であったりする集団の問題です。母語が日本語ではない子どもの教科学習の困難さを例にとると,日本語の習得するための個人的な努力の問題ではなく,日本の公教育における第二言語として日本語学習する制度や母語で教科学習をする制度の貧困さの問題といえます。聴覚障害の当事者とのコミュニケーションの問題は,聴覚機能が働きにくいという個人の問題ではなく,他者とのコミュニケーションが音声によっては難しいためコミュニケーション方法を工夫しなければならないという集団の問題となります。

　子どもが「問題」行動によって苦しさを訴えたとき,私たちはその「問題」が集団のどこから生まれたものであるのか,まず分析する必要があります。その多くは,集団内の多数者(マジョリティ)にとって不利益でないというだけのルールや暗黙の了解,それらには無条件に従うのが当然であると考える不寛容な同化圧力によるといっても過言ではないでしょう。当事者に寄り添う同盟者(アライ)として,時には周囲の人々の無理解を指摘し,見せかけの平等を維持するための不寛容な同化圧力や制度の変革に向けて働きかけていかねばなりません。

　このように,「問題」行動の指導は,苦しさを訴える個人に寄り添う指導と,「問題」の根本的解決に向けて働きかける集団指導を行うことが原則になります。

(上森さくら)

▶2　Ⅱ-2-1 を参照。

▶3　次の実践記録では,友人関係がうまくいかないことや,授業態度について誤解される苦しさに,パニックを起こしたり,授業中の教師の指示に従わなかったりする子どものいる学級づくりについて報告されている。中村弘之(2013)「話し合えば分かり合える」全国生活指導研究協議会編『生活指導』708(2013年6・7月号):14-21。

▶4　性表現を自由にできないことやそれに対する無理解にうちのめされる苦しさは,たとえば次の実践記録で報告されている。浅田正登(2016)「Ⅰとクラスと英語劇〜性的マイノリティのいるクラス〜」高生研編『高校生活指導』202:16-23。

▶5　荒牧重人他編(2017)『外国人の子ども白書——権利・貧困・教育・文化・国籍と共生の視点から』明石書店。

▶6　松崎丈(2017)「聴覚障害当事者研究」熊谷晋一郎編『みんなの当事者研究』(臨床心理学増刊第9号),金剛出版,141-146。

第Ⅱ部　インクルーシブ教育と学校づくり・学級づくり

Ⅱ-2　インクルーシブな社会としての教室・学校

 インクルーシブな学級・学校づくりとは

　インクルーシブな学級・学校とはどのような場所なのでしょうか。それは一人ひとりが快適に学ぶことのできる場所という意味を超えた場所となりえます。つまり，「自分とは異なる価値観の人がいるから，世界はおもしろくなる」ということを実感できる場所となる可能性を秘めています。そのような教室・学校にするにはどうすればよいのでしょうか？　以下に，3つのポイントを示していきます。

▷1　方法については Ⅱ-2-4 参照。

1　安心・安全が保障されている空間

　まずは心身ともに安心・安全が保障されていなければなりません。
　指導者による虐待や体罰を許さず，身体的に安全でなければならないことは改めて述べるまでもないことです。
　近年，発達障害の当事者が感覚過敏を伴っている場合があることに注目が集まっています。感覚過敏の当事者は，たとえば予想していない場所からの指導の声が強い叱責に聞こえるためにパニックを起こすこともあります。嗅覚や味覚過敏の当事者は給食の匂いや味が生理的にどうしても受け付けられず食べられない場合があります。このような危険・恐怖に対する身体的な感覚・感度の違いに理解を得られず，個人の「わがまま」とされ，適応することを強制される空間は安心・安全が保障されている空間とはいえないでしょう。
　さらに，精神的に安心・安全が保障されている空間とはどのような空間でしょうか。自身の苦手なことや不得意なことを恥じなくてよい空間です。そして，悩みのある自分をバカにされず，理想の自分に近づくために支援が得られることが大切です。

▷2　村瀬ゆい（2009）「『感覚過敏』の子どもたちと指導の工夫」篠崎純子・村瀬ゆい『ねえ！聞かせて，パニックのわけを──発達障害の子どもがいる教室から』高文研，126-129。

2　いろいろな人がいて楽しいと感じられる空間

　快適に過ごし学習するだけであれば，学校や教室に集まる必要性はありません。学校や教室がいろいろな人がいて楽しいと感じられるからこそ次の日も行きたくなり，卒業後もその学校は一つの生き方の指針となります。
　いろいろな人がいて楽しいと感じるとき，その楽しみ方は大別すると2種類あります。一方は，同じである，もしくは同じにすることを基盤とした楽しみ方であり，他方は違っていることを基盤とした楽しみ方です。
　学級や学校で楽しさを追求するときに注意すべきことを2点挙げます。

▷3　佐藤功（2011）「元祖『困らす生徒』は，いま『困っている生徒』の応援団長」高生研編『高校生活指導』187：30-36。

第一に，楽しさは強制されて感じることはできませんので，参加の拒否が保障されていなければなりません。もちろん，誘い掛けてはならないわけではありません。どのように楽しむのか見通しがもてることで途中参加できる場合もあります。つまり，参加の拒否を認めつつも，それによって排除するのではなく，「なぜ参加できないのか」「何を楽しいと感じることができるのか」などを聞き取る姿勢が重要です。

　第二に，現在の日本には，同じであることを通して友達であることを必死に確認しようとする子どもが多くいることです。誰かを攻撃する姿を見せ合うことによって友人であることを証明しようとすることからいじめが始まるもことも確認されています。同じであることはありえないこと，むしろ一人ひとりが違うからこそ楽しい世界を共有していくことが大切です。

③ 挑戦を楽しめる空間

　私たちは自分たちのもっている力を注ぎこみ，新しいどこかへ到達したり，何かをつくりあげたり，新しい自分を発見することを求めています。それは誰かに提供されるものを楽しむこととは異なる感覚をもたらします。たとえば，独特の興奮や浮揚感，時間が遅く流れる感覚，成功したときの達成感です。一人ひとりが新しい自分や世界の発見を楽しめる空間を目指したいものです。

　そのためには，まず失敗してもよい，むしろ失敗を素晴らしい挑戦の結果として受け止められる空間であることが大切です。このように挑戦した姿を讃え合える空間は，すなわち刺激を与え合う空間にもなります。

　学校には，個人単位の挑戦ばかりでなく集団単位でも挑戦する機会が多くあります。たとえば，体育祭や文化祭，学習発表会などの行事活動は1年の内で大きな機会です。

　このような集団で取り組む活動にあたっては，何にこそ挑戦する価値のある目標や活動を認めるのか議論する機会が生まれます。その価値観は人それぞれだからこそ，対立も含めて議論の中で刺激し合うことで，活動に工夫が生まれ，より魅力が増す可能性があります。単に与えられた活動にどのように取り組むのかを議論の対象とするのではなく，どのような活動内容であれば多くの挑戦を含んだ活動にできるのか，活動内容の検討も含めて議論できる学校空間がますます求められるところです。

（上森さくら）

▷4　篠崎純子と村瀬ゆいの対談では，たとえば，運動会の行進の様子が海の大波に見えて参加できない子どもの語りなどが紹介されている。篠崎純子・村瀬ゆい，上掲書。

▷5　土井隆義（2008）『友だち地獄──「空気を読む」世代のサバイバル』ちくま新書。

▷6　次の実践記録では，中学校で3年間同じクラスだった生徒たちが修学旅行や体育祭の準備をきっかけとして，それぞれの要求・課題や価値観を語り合う対話が報告されている。加納昌美（2015）「3年A組の物語」竹内常一編集代表『生活指導と学級集団づくり 中学校』高文研，102-125。

▷7　以上のような3つのポイントを踏まえた集団づくりは就学前児童の集団でも目指すことができる。水野恭子（2017）「好きなことに目を向け，友だちとの関わりを広げる──肢体不自由児のIさんを受け入れて」障害児の教授学研究会『エピソードから読み解く特別支援教育の実践──子ども理解と授業づくりのエッセンス』福村出版，55-59。

Ⅱ-2 インクルーシブな社会としての教室・学校

インクルーシブな学級・学校づくりの方法

▷1 共通理解する方法として，次の実践記録が参考になる。鈴木和夫（2005）『子どもとつくる対話の教育——生活指導と授業』山吹書店。柏木修（2014）「マイノリティーの権利が守られる学年に！」全国生活指導研究協議会編『生活指導』714（2014年6・7月号）：8-17。

▷2 もちろん，子どもの意見を聞く方法は言語に限る話ではない。次の実践記録には，非言語メッセージを丁寧に読み解きながら，教育方法を模索するエピソードが記されている。三浦佳苗（2017）「他害を繰り返すAさんとの関係づくり」障害児の教授学研究会『エピソードから読み解く特別支援教育の実践——子ども理解と授業づくりのエッセンス』福村出版，26-30。

▷3 福田敦志「学びの共同化を実現する授業・学級づくり」湯浅恭正編著（2009）『自立への挑戦と授業づくり・学級づくり〔中学校～高校〕』明治図書，41-54。

▷4 朝日新聞デジタル「違う自分　笑って話して」（2013年5月12日）では，坂田和子氏による実践動画を見ることができる。

1 安心・安全が保障される空間づくり

　安心・安全が保障されている空間は，人権が保障される空間です。指導者が憲法や子どもの権利条約等で保障されている人権について学習し，それらが保障される教室・学校にすることを明言することが必要です。そして，その保障の責任は指導者にのみあるのではなく，権利を正しく行使する子どもの責任でもあることを共通理解しておかなくてはなりません。

　また，一人ひとりに合わせて安心・安全に配慮する場合も，教師が一方的に環境調整を行うのではなく，子どもの意見を聞きながら環境を整えましょう。その際，すべての要求に応えることはできなくても，周りの状況について原因や見通しが子どもと共有できると心理的負担を軽減できることがあります。要求・願いを出したときに応答してもらえる存在がいると子どもが実感できることを大切にしましょう。

　そして，このような実感が得られるためには，何よりもまずは毎日の授業から，「わからない」「わかりたい」ということが大切にされることが重要です。

2 いろいろな人がいて楽しいと感じられる空間づくり

　教室や学校で展開される活動には様々な種類の楽しさの芽が隠れています。

　その一つは，参加者全員が同じことをすることを基盤とした楽しさです。たとえば行進等の集団行動，学級単位で何回跳べたかを競う大縄跳びなどです。ただし，これらの楽しさを学校で追求することには注意が必要です。大人がそのような活動を行う場合は自由参加の形をとるのが普通ですから，楽しめる人が楽しんでいるのに対し，学校ではこれが強制参加の形となり楽しさそのものを損なっていることが多くあります。また，リーダーに従っていれさえすれば楽しいという誤った感覚を育ててしまう危険性もあります。

　もう一つには，活動の参加者が個性的であることを楽しむ活動です。たとえば，自身の秘密にしているエピソードをクイズにする遊びがあります。このような楽しさは集団の同調圧力を減ずる効果を期待できます。

　ここまで楽しさの両極を示しましたが，参加者が何を楽しさとして見出すかによって，楽しさの質が変わる活動もあります。たとえば，群読を楽しむときも，単に揃って声を出すことのみに楽しみを見出すのではなく，違う質の声が

重なることに楽しみを見出す指導が可能です。算数や数学の授業では、一つの問いに様々なアプローチができることを楽しむことができるでしょう。

学級内クラブのように、興味関心が同じ人が集まって楽しさを追求しつつも、成果を発表する場を設けることによって、教室や学校では異なる楽しさを多く花開かせるような工夫もあります。

いずれにせよ、「みんな同じなことがよい」「みんなちがってみんないい」ではなく、「あの人がいておもしろい」という楽しさの世界を学校に展開していくことがインクルーシブな社会づくりに貢献する学校として必要です。

③ 挑戦を楽しめる空間づくり

何に挑戦の価値を見出すのかは人により様々です。それぞれが独自に挑戦していくことも可能ですが、創造的な挑戦とそれからもたらされる喜びや楽しみが最大になるのは、集団の中でその価値が認められている時です。このような観点から、学校内の活動を見直すことが求められます。

日本の学校文化には、定められた活動の中で目標を立て、その達成に一致団結して取り組むことを良しとする価値観が根強くあります。例えば、『みんなで跳んだ——城北中学2年1組の記録』は、その後、小説化やドラマ化などの題材となり、「泣ける話」として道徳の教材に好んで使われる傾向があります。

この記録は、障害のため大縄跳びを苦手とする子どももいるクラスで、運動会の大縄跳びの種目にどのように目標をつくりなおして挑戦していくことが妥当なのか、跳ぶときにどのように工夫するのか、「自主的に」話し合った記録となっています。そして、この話し合いを通して、運動会という活動に適応して満足感を得られ、クラスの親睦が深まったことが美談として評価されています。わざわざクラスマッチに大縄跳びを設定する学校もあるほどです。

しかし、このようなクラスマッチにおける活動例は、目標と手段が逆転している歪な活動と考えることもできます。そもそも、どのような活動が全員参加で挑戦を楽しむことに適しているかを最初から考えていくことにこそ、議論の価値があるはずです。

このように、単一の価値観のみを無自覚に強いる学校文化を捉え直し、より多くの価値が共存する世界に学校空間を開いていくことが、子どもが可能性を最大限発揮できるインクルーシブな社会につながるのです。　　　（上森さくら）

▶5　里中広美 (2016)「うちわ係から風を起こす」全国生活指導研究協議会編『生活指導』724号（2016年2・3月号）：18-25。

▶6　滝田よしひろ (2001)『みんなで跳んだ——城北中学2年1組の記録』小学館。

Ⅱ-2　インクルーシブな社会としての教室・学校

5　インクルーシブな学級・学校での文化活動と学び

1　子どもを学校・教室の当事者として育てる創造的な活動

　子どもたち自身が、小学校のお楽しみ会や中学校・高校での体育祭や文化祭等に向けてどのようにそれぞれの個性を活かしながら取り組むか議論しながら参加することは、子どもたち自身の世界をつくる創造的な活動といえます。言い換えるならば、唯のハコモノ（強制収容所と捉えている子どももいるかもしれません）である学校や教室は、このような創造的な活動によって「私たちの世界の一部である学校・教室」と捉え直されていくのです。

　このように子どもが学校・教室を自分たちの世界であると認めることは、学校・教室で子どもの個性・創造が承認されていることによって支えられています。具体的には、朝礼・終礼・お楽しみ会などで自分の作品や発見について反応を得られる機会があったり、学級通信で活躍について取り上げてもらえたり、といった周囲の人からの承認の積み重ねが重要となります。

　さらに、個人の活躍の承認ばかりでなく、学級での関係性の成長を、学級の歴史として積み重ねていけると、教室や学校が「私たちのつくる世界」となることを一層後押しするでしょう。クラスの出来事について、関係性の変化・成長に焦点をあて短冊をつくり、教室後部に歴史年表のように掲示するといった取り組みがこれに当たります。このような視点においては、たとえば、けんかをどのように解決したのかを探っていくことも新たな関係性を生み出す創造的な活動となりえるのです。

2　学校社会への参加とその指導

　教室や学校を「私たちの世界」として心地よい世界にしようとする活動は積み重なるほど、学校での子どもの当事者意識を育てていき、学校社会への参加意欲を刺激することでしょう。

　もっと自らの個性を活かして活躍できる場をつくりたい、もっと心地よい関係性が紡げる活動を行いたい、という要求を意見として表明することは社会参加の第一歩です。

　この第一歩を次のステップにつなげるためには、子どもが学校社会の当事者として意見表明し、応答を得られる場が必要です。指導者が中心となって意見に応答するという方法もありますが、児童会や生徒会組織を学校社会への参

▷1　次の実践記録が参考になる。中村弘之（2018）「なにもしない幸太からのスタート」全国生活指導研究協議会編『生活指導』736（2018年2・3月号）：18-25。

▷2　話すようになった、遊ぶようになった、ケンカをしなくなったというような「関係の変化」ではなく、集団の中の不平等なパワーバランスの変容も視野に入れた「関係性の変化」を構想していくことが重要である。

を仲立ちする機関として機能させていく方法もあります。▼3

　子どもが学校社会に積極的に参加するように育てようとすれば，今ここにある学校社会への適応を求めるばかりではうまくいかないでしょう。人が当事者として意見を表明したいというときは，現在の社会を変えていきたいという願いがあるときだからです。

　よって，子どもが学校社会に積極的に参加するよう指導するにあたって，仮に，子どもが現前の社会を批判的に捉えていたとしても，肯定的なメッセージを常に出し応援していくことが重要です。そして，学校という枠に囚われずに，より良い社会の制度・システム・活動のアイディアを，世界的にも歴史的にも広く探求する姿勢や方法が身についていくよう指導していくことが求められます。▼4

3　文化活動で開かれる学級・学校

　教室・学校が「私たちの世界」と認識されていれば，自身の願いだけでなく，周囲の人にとっての願いにも敏感となるはずです。そのようであれば，学校社会の障害に困っている当事者でなくとも，同盟者（アライ）として社会的公正や社会正義についての議論に参加するようになります。

　同じ場にいても交流しないし，互いに関心をもたない関係性でいるということは教室の中でも可能です。しかし，そういった関係性を文化活動が変化させる可能性があります。文化とは，コミュニケーションの媒体・結果を指します。つまり，同じ文化で創造的活動を行うということは，同じ世界の仲間として新しい世界を創ることをすでに実践しているといえます。▼5

　文化活動の世界には言語を主としない新しいコミュニケーションの世界も広がっています。たとえば，黒板アートを媒介として自閉症スペクトラム障害の当事者と美術部員が交流することができます。超人スポーツやゆるスポーツなど，従来のスポーツに苦手意識のあった人が誰でも楽しめるスポーツを創りだそうとする機運も活発です。地域の生涯学習サークルと共に活動する文化部は数多くあります。このように文化活動を媒介にして教室・学校を社会に開くことが，新たな人との関係性をつくり，新しい角度から社会のあり方を考えることを促進するのです。

　　　　　　　　　　　　　　　　　　　　　　　　　（上森さくら）

▶3　次の実践記録が参考になる。中沢照夫（2012）「歌をやる人なら歌で通じ合う」全国生活指導研究協議会編『生活指導』702（2012年6・7月号）：26-37。

▶4　吉田真一（2018）「高校と地域との連携・交流による『地域の』高校教育改革の試み」高生研編『高校生活指導』205：6-13。

▶5　瀬成田実（2018）「東日本大震災からの復興〜七ヶ浜を考える〜そしてFプロジェクトへ〜」全国生活指導研究協議会編『生活指導』736（2018年2・3月号）：44-53。

Ⅱ-3　インクルーシブな社会の創造と多職種協働

「チームとしての学校」の提唱と多職種協働とのあいだ

❶「チームとしての学校」の提唱とその背景

　学校をわざわざ「チームとして」把握しようとする動きがあります。直接的には，中教審答申「チームとしての学校の在り方と今後の改善方策について」（2015年12月21日；以下，「チーム学校」答申と略す）において示された問題意識と学校の在り方に，その動きの出発点を見いだすことができるでしょう。
　「チーム学校」答申は，子どもたちが今後「変化の激しい社会のなかで生きていくため」に，「時代の変化に対応して，子供たちに様々な力を身に付けさせる」ことが求められていると把握します。そのためには「たゆまぬ教育水準の向上が必要」であり，このことを実現する「学校の体制整備が不可欠」であるという問題意識に基づいて「チームとしての学校」を主張するに至りました（「チーム学校」答申，3頁）。ここでいう「学校の体制整備」とは，「校長のリーダーシップの下，学校のマネジメントを強化し，組織として教育活動に取り組む体制」や，そのために「必要な指導体制」の整備を求めるものであり，さらには「生徒指導や特別支援教育等を充実していくために，学校や教員が心理や福祉等の専門家（専門スタッフ）や専門機関と連携・分担する体制」の整備を求めながら，「学校の機能を強化していく」ことを意味するものであります（同）。
　このような学校の在り方を模索する動きは，「チーム学校」答申のなかでも言及されているように，中教審答申「今後の地方教育行政の在り方について」（1998年9月1日）ですでに方向づけられていました。また「チーム学校」答申と同日に発表された2つの中教審答申，すなわち，「新しい時代の教育や地方創生の実現に向けた学校と地域の連携・協働の在り方と今後の推進方策について」および「これからの学校教育を担う教員の資質能力の向上について～学び合い，高め合う教員養成コミュニティの構築に向けて～」において示された内容と照らし合わせるならば，上述したような学校体制の整備が強い意志と共に進められようとしていることが浮かび上がってくるでしょう。

❷「チームとしての学校」の現れとその限界

　「チームとしての学校」の動きが生み出され，活発化してくる1990年代後半からの20年間は，他方では「省察的実践家としての教師」という把握に基づきながら，教職員の同僚性という言葉が鍵概念のひとつとして大切にされていた

時代でありました。また，教師と子ども，子どもと子どもによる共同探求の学びや権利としての子どもの学校参加が，この国における「子どもの権利条約」の批准にも励まされて，実践的にも理論的に深まりを見せた時代でもありました。

しかしながら，とても興味深いことに，「チームとしての学校」の提起のなかに教職員の同僚性を重視する記述を見いだすことはできません。また，子どもの権利や参加の保障を想起させる文言を見いだすこともできません。「チームとしての学校」のなかでは，子ども（たち）は構成員ではなく，特定の資質・能力を身につけるように働きかけられる対象でしかないかのようです。さらに，同僚性という関係性が重視されない学校のなかで教師たちは，組織人としての振る舞いを強く求められることによって，子ども（たち）の生活現実に応答するような教育実践を展開する専門的な知恵とちからを発揮する場を失っていくことも十分に予想されるでしょう。

このとき，「チームとしての学校」が求める多職種協働は，上意下達とそれを実現するための「一致団結」を旨とする異論を許さない団体行動に陥ったり，「合理的な配慮」を隠れ蓑として，多数派の子どもたちに「迷惑をかける」ような子どもへの対応を「専門家」たちに「丸投げ」することの別名に成り下がってしまったりするのではないでしょうか。

3 インクルーシブな学校の創造と多職種協働の視点

「時代の変化に対応して，子供たちに様々な力を身に付けさせる」ことを最重要視するような学校が苦手なことがあります。それは，子ども（たち）にどうしたいのか，どのように生きたいのかを尋ねることです。この問いかけをしないということは，子ども（たち）の「ニーズ」は何であるか，どのように応答することがその子ども（たち）の最善の利益につながるのかに関する決定権が学校側にあることを意味しています。それは子どもを未熟な存在としてのみ把握する子ども観に由来すると考えられるでしょう。

こうした子ども観に対し，この国の教師たちは子どもを生活者としてとらえることで「子どもは既に権利行使の主体である」という理解をしつつ，その子どもをして自らの権利を十全に行使しうる主体に育てていくための教育的行為とはいかなるものであるのかを実践的かつ理論的に追求してきました。この追求の到達点の一つが，子ども集団の自治を指導することでありましょう。

子ども（たち）との対話のなかでその子ども（たち）の「ニーズ」を聞きとったり読みとったりした教師の呼びかけに応え，多職種の専門家たちが協働してその子ども（たち）の最善の利益につながりうる生存権と発達権の保障の在り様を，一人ひとりの子どもへのケアはもちろん，教育課程の編成も含めて模索する。そうした協働が不断になされている場にこそ，インクルーシブな学校が現れてくるのではないでしょうか。

（福田敦志）

参考文献

鈴木庸裕（2017）『学校福祉のデザイン——すべての子どものために多職種協働の世界をつくる』かもがわ出版。

湯浅恭正・新井英靖編著（2018）『インクルーシブ授業の国際比較研究』福村出版。

第Ⅱ部　インクルーシブ教育と学校づくり・学級づくり

Ⅱ-3　インクルーシブな社会の創造と多職種協働

2　多職種協働実践の展開と課題
日本K市での実践

1　S君の支援に関わるまで

　私は38年務めた中学校現場を退職し、A自治体の青少年課に新しく発足したユース・アシストチーム（以後YA）に支援コーディネーターとして勤務することになりました。

　私がS君の支援に関わることになったのは、K市のスクールソーシャルワーカー（以後SSW）からの依頼によるものです。SSWから受けたS君の状況の説明は次のようなものでした。「K市中学校1年在籍のS君は、9月より不登校状態が続いている。10月ごろからS君はほぼ毎日のように学校に電話をかけてきて、暴言を吐き、脅迫ともとれる脅しを言う」。YAで支援の可否を検討し、脅迫が現実の行動になれば重大事象として表面化するケースであると判断し、支援要請を受けいれ私が担当支援コーディネーターとなったのです。

2　立ち位置を固定し支援する

　支援に先立ち、できる限りの情報を関係機関から収集し、どのような出会い方、何から支援の関係を作るかの判断をするのです。まずは学校からの聞き取り、そして児童相談所の担当から現時点での判定内容を聞き取りました。これらの事前資料から判断して、私は徹底的にS君のそばで支援する位置を取る必要があると判断し、学校、教育委員会、児童相談所、SSWとの情報交換をしない（もちろん実際はします）人間としてS君と出会うことにしたのです。出会いの場ではYAとして児童相談所から紹介してもらい、学校を休んでいる間の学習の遅れを取り戻すための学習支援をする支援者として紹介してもらい、支援の申し込みを受けました。

　学習支援は3月の中旬から始まりましたが、春休みは週に3回訪問して学習をしました。その後は週に一回訪問し曜日と時間を固定して続けました。数回目の支援中のことです。S君のいう言葉に私か「おまえ、おもろいな！」と笑いながらいうと、「面白いですか？　みんなは変だといいますよ。」とま顔でいったのです。私は自然に「そうか、俺はおもろいけど。」と返しました。S君は安心したように微笑みました。この日から数回目のことです。2年生に進級して担任が決まったあと、S君が不満そうにいいました。「今度の担任は嫌なんです。始業式の夜に家に来て、僕に会いたいっていうんです。追い帰しま

▷1　A自治体は前年度（2011年度）少年刑法犯の人口比が高く、再犯率も高い状況であった。この現状を改善すべく作られたのがYAであり、非行問題を抱える少年の立ち直りを支援する任務を負うチームである。支援コーディネーター7名（退職教員6名、警察OB 1名）と臨床心理士1名、A自治体職員4名でA自治体全域を担当するチームである。

▷2　「S君はアスペルガーの傾向があります。母親は弟の出産後に産後鬱になり、いっそうS君の対応に苦しみます。周囲の不理解がいっそう母親を苦しめ、精神疾患を抱えます。S君は母親との愛着形成に不安を抱えながら、学校でもS君の特性が教師にも生徒にも理解されず2次障害を抱え込みます。中学校に入学後、部活内のトラブルから登校できなくなり、S君の不登校が母親の精神的不安を増幅させる中で、母親と学校とのトラブルが起こります。S君は母親を不安定にさせた学校への攻撃性を抱えながら、電話での学校に対する暴言・脅迫を繰り返すようになります。」

した。なのに毎日来るんです。会いたい会いたいってひつこいんですよ。」私が「えー，それっておまえ，愛されてるんちゃう！」というと，不思議そうに「愛されてますか？」と聞き返しました。そこで私が「そらそやろ，学校に文句の電話ばっかりしてるあんたを担任すること自体ふつうは避けたいやろ，そやのに毎日会いに来てるって，そら進んであんたの担任してるわ！ 愛されてるがな。」というと，S君はにっこり笑いました。その次に訪問した際には，S君から「担任のB先生とハグしました！」といきなりの報告を受けました。S君にとってこれまでの経験から，他者は〇か×かの2極なのだと理解しました。これ以後，S君の学校攻撃の電話が見事になくなったのです。

３ S君の傷付きの来歴をたどる：学校・母・そして父へ

　S君の学習支援は順調に進み，電車の好きなS君に付き合って出かけることもあり，甲子園にはB先生も一緒に出掛けました。また中学校の支援学級に登校し始め，支援学級のM先生とも穏やかな関係を作りました。そんな中，9月の2学期を前にS君は突然学校との戦争（S君はこういいます）を対話で解決したいといいだしました。即座に賛成し，「B先生にも相談してみたら！」といいました。私とB先生は連絡を取り合う関係ではないことを前提とした対応です。もちろん裏では相談して対応していただいています。

　話し合いに向けて私がS君から学校への怒りの理由を聞き取ることから始めました。この場にはSSWも同席してもらうことをS君に了解してもらいました。聞き取った中身は，私がS君が語っているような文体で文章にまとめ，S君の要望を入れて修正し完成しました。S君の修正は母親のことをしゃべってしまった箇所ばかりでした。

　話し合いは私とSSWが立会人，B先生とM先生がオブザーバーとして参加し，S君と話し合うのは学校を代表して教頭先生にお願いしました。この話し合いにはO大学の研究者F氏をA自治体の共同研究者として児童相談所から申請していただき参加してもらうことにしました。話し合いは9月から11月にかけて4回実施し，平和条約の締結にこぎつけます。

　学校との関係が改善に向かうと，S君の過激な行動は母親に向き始めました。自分の思いを否定する母親の言動に対して怒りが向き始めます。12月には母親との関係を整理するために自らの決断で児童相談所の一時保護を受け入れました。保護中に母親への指導を児童相談所に受け持っていただきました。この後，母親はずいぶんS君の思いを穏やかに聞き込む姿勢が表れ，激しいトラブルがなくなります。この後のS君の苛立ちは父親の暴力のフラッシュバックが中心となりました。傷つきの来歴を上書きしながら，S君への理解と共感をベースにした家族関係こそがS君の自立に不可欠です。

（藤木祥史）

▷3　S君の学校への怒りは，警察通報により母親が自死をはかり，父親と母親の喧嘩が激しくなり，自分の家をめちゃくちゃにしたこと。また，警察通報のために世間から家族が偏見で見られるようになった，学校（校長）も「しょうむない親子げんかに学校を巻き込むな」といったことが原因だと語った。（校長の発言は事実ではないが，そう思っているはずだとの思いが「言った」になっている。）

▷4　それはF氏にこの話し合いを客観的に評価してもうと同時に，後々S君の中学校の校内研修を担ってもらい，先生方のS君理解と学校の対応を指導していただくことを想定したからである。

▷5　S君は学校との話し合いにおいて，トラブルを戦争状態といい，対話による解決，歴史的問題などの文言を使用している。

第Ⅱ部　インクルーシブ教育と学校づくり・学級づくり

Ⅱ-3　インクルーシブな社会の創造と多職種協働

 多職種協働実践の展開と課題
ドイツ・ブレーメン市での実践から

 ドイツ・ブレーメン市におけるインクルーシブ教育の模索と多職種協働

　ドイツでは，国連の障害者権利条約を2009年2月に批准して以降，特別教育的促進ニーズ（sonderpädagogischer Förderbedarf）の有無にかかわらず，子どもたちが一緒に授業に参加し，共に学んでいくことを政策的にも実践的にも積極的に進めていこうとしています。そのなかでもとりわけブレーメン市は，ZuP（Zentren für unterstützende Pädagogik；支援教育センター）とReBUZ（Regionales Beratungs- und Unterstützungszentrum；地区の教育相談・支援センター）という組織を設立し，市をあげてインクルーシブ教育に取り組んでいます。

　ブレーメン市は港湾都市として発展してきた歴史的経緯とも相まって，ドイツ語を母語としない等々の多様な人びとが暮らす都市です。加えて，貧困や暴力等も喫緊かつ深刻な問題として引き受けなければならない状況にあります。したがってブレーメン市でのインクルーシブ教育への挑戦は，必然的に特別支援教育の文脈にとどまらない広がりをもつことになります。それゆえに，ブレーメン市でのインクルーシブ教育は，多職種協働を最重要の実践的かつ理論的な課題な一つとして引き受けることになっているのです。

　以下では，そうしたブレーメン市のなかでもとりわけ先駆的にインクルーシブ教育に挑戦している Roland zu Bremen Oberschule（以下，RBOと略す）[1]の実践に即しながら，インクルーシブ教育における多職種協働実践の在り様について考えてみることにしましょう。

▶1　RBOについては，http://www.roland-oberschule.de を参照してほしい。

 Roland zu Bremen Oberschule の挑戦

　RBO はブレーメン市内の第5学年から第10学年の子どもたちおよそ500人が通う，前期中等教育段階の学校です。RBO の校区はブレーメン市のなかでも「問題」が多いとされている地域であり，失業率は10.4％，種々の社会保障の受給率は17.2％，移民の背景のある市民は27.8％にのぼると言われていました（数値は，2015年の筆者による訪問調査時）。また，500人の子どもたちのうち63％に移民の背景があり，18％が言語や行動，学習において特別なニーズのある子どもたちでした。

　このような状況のなかで生きている子どもたちに対して，RBO では7時15分から7時45分までの間，貧困家庭の子どもたちのために無料で朝食が提供さ

れています。その後8時30分までは「開かれた開始」と呼ばれる時間が設定されています。この時間は，持参した朝食を食べたり，宿題をしたり，教師やソーシャルワーカーとゲームをして遊んだり，「後見人」や「学校衛生士」と呼ばれる任務に就いた上級生たちが新入生（第5学年）たちの面倒を見たりする時間としても活用されています。こうした時間と空間のなかで子どもたちは，安全や安心を実感しながら自らの基本的信頼感を回復しつつ，自らもまた安全や安心を創出する担い手として育ち合っていこうとしているのです。

他方で，貧困や多国籍であるがゆえの文化的な価値観のちがいも相まって互いに傷つけ合わずにはいられなかった子どもたちに，この地域で共に生きていくための共通の価値規範を生み出す経験を保障しようとする学びとともに，「生徒起業」の取り組みを典型とする，「仕事をしながら生きる」方へ誘う学びも教育課程のなかに位置づけられています。子どもたちの学校での生活も学びも，あらゆる活動はすべて，インクルーシブな学校や社会を創造することに向かって方向づけられているのです。

3 「共に生きる」経験を保障する学校と多職種協働

上述してきたようなRBOの実践を支えているものこそ，大人たちの多職種協働に他なりません。RBOには，教育学の専門課程を修めて「担任」の業務に就いている教師の他に，以下のような種々の立場の人びとが子どもたちの教育に携わっています。すなわち，特別支援教育の課程を修めて特別支援学校で働いていた教師，言葉の指導を専門とする者，読み書き計算を専門に教える者，移民背景のある子どもの増加に伴って配置されているドイツ語の教授を専門とする者，さらにはソーシャルワーカーや子どもたちの世話をするアシスタントと呼ばれる者がこの学校に集って，子どもたちの教育にあたっているのです。

「コーポレーションパートナー」と呼ばれるこうした人びとには，カウンセリングマインドを有し，かつ社会的な問題を抱えた保護者とネットワークをつくったり，路上生活をしている人とつながることができたりすること，すなわち，社会保障ないしは社会福祉的な活動に取り組む知恵とちからがあることが求められています。こうした人びとが週に一度，具体的な授業運営に関わってもミーティングを行い，教材や教具は子どもたちにとってふさわしいものであったか，意図した内容が子どもたちにどのように伝わっているのかを総括しつつ，次の一週間に向けた準備を確認し合いながら授業に取り組んでいるのです。

「インクルージョンはドイツの学校システム全体に関する国家的な挑戦である」（Klemm, K., 2013, 5）ともいわれますが，その挑戦は特別なニーズのある子どもたちへいかに応答していくかという問いにとどまらず，インクルーシブな社会を誰が，どのように創造していくかを問うて初めて実質的なものになりうることを，RBOの実践はわたしたちに教えてくれているのです。　　（福田敦志）

▶2　第9学年後半から第10学年の前半にかけて実施される，「商品」の生産から販売までの一連の流れを経験する学びであり，木製のブロック等を製作して小学校に教材として販売するような活動である。仕事をすることやお金を稼ぐことを「当事者」として具体的に経験していくことは，「仕事をしながら生きる」生活を奪われかねないこの地域の子どもたちにとって，きわめて重要な意義をもっている。

参考文献

湯浅恭正・新井英靖編著（2018）『インクルーシブ授業の国際比較研究』福村出版。

Klemm, K. (2013)：*Inklusion in Deuschland-eine bildungsstatistische Analyse*. Bertelsmann Stiftung.

第Ⅱ部　インクルーシブ教育と学校づくり・学級づくり

Ⅱ-3　インクルーシブな社会の創造と多職種協働

 教師と隣接諸分野の専門家との出会い

現役教師時代のこと

　1974年に教師生活をスタートし，以後38年間中学校に勤務した経験の中で，教育的な外部の専門家とのかかわりがあったのは家庭裁判所の調査官，児童相談所のワーカーです（警察は教育的な専門家とは位置付けていない）。それも協働の意識は薄く，家庭裁判所の少年院送致や児童相談所の養護施設への処遇に反発し，学校教育の場でこそ適切な指導ができると思っていました。今にして思えば行き過ぎた感覚だったと思います。しかし，最近の学校現場が，あまりにも教育の可能性へのあきらめが早すぎるのではないかとの思いも強くあります。

　ここでは教育・教師の仕事を考えながら多職種協働の鍵はどこにあるのかを考えたいと思います。

2 学校と外部保護機関のゆきづまる関係

　今日の学校状況は子どもを「保護すべき存在」から「小さな大人」とみなす指導にシフトチェンジしてきました。その結果，学校が求める規範・秩序から逸脱する子どもは，非行問題は司法・警察へ，不登校・ひきこもり・家庭内暴力は医療・福祉へと主たるかかわりを移行させてしまいがちです。

　この傾向が子どもにとって良いことなのかと疑問を抱いてきました。現在の日本においては，学校を離れて子どもの育ちを保障する社会制度が諸外国と比べて十分ではないからです。将来において社会制度の充実をめざすことを前提としつつ，現状においては学校の果たす役割は大きいと思うのです。

　現実に学校は，「学校での指導は限界だ」と関係機関に処遇を求めるが，受け取る福祉機関は施設も職員も十分でなく対応できないまま，保護の中心が定まらないまま状況が進むことがよくあります。

3 学校・教育の果たす役割

　教師の仕事が様変わりし始めたと感じることがあります。学校が求める規範・秩序のあり方から逸脱する子どもに「なぜ？」と考え問いかける前に，逸脱には相応のペナルティーを課す，それでも著しい逸脱を繰り返す子どもは外部機関に委ねる傾向が強まる中で，子どもの問題に「なぜ？」を出発点にしながら考えることが後退してきました。

▷1　羽間京子（2009）「あとがきにかえて　2．いわゆる厳罰化をめぐって」『少年非行　保護観察官の処遇現場から』批評社。

子どもの問題に「なぜ？」と考えることは，子どもが抱えてきた生活現実に向き合う出発点です。そして，それは子ども自身や周辺からの聞き取り，親・元教師からの聞き取りを通して，背景にある家庭問題（貧困・広義の虐待・家族間のストレス）や学校関係（友だち間の孤立・いじめ・被支配抑圧関係，教師との軋轢）などを理解し，これらの来歴のどの過程でどのような心理的傷を抱えてきたのかを理解するものです。

　来歴の中で傷つきを抱えながらも，「新しい自分になろう」「未来への希望」という思いから発せられる言葉・行動を理解し援助するのが指導の入り口です。このような指導では，来歴の中で大人から傷を背負わされた子どもほど教師の援助を素直に受け入れないものです。子どもの言動に傷つきながらも，子どもの願いを信じて援助する教師に，こどもは心を開き始めます。そうした時，子どもは自らの抱える息苦しさを教師に語り始めます。自分の来歴における傷つきを語り始めたとき，それぞれに固有の自立課題が浮き上がり，教師の指導はこれまでの共感と配慮の指導関係から，批判と共闘を基軸にした指導関係へと変わります。これらの教師の個人指導の進行と並行して行われるべきは，傷つきを抱えた子どもの居場所としての友達関係であり，それはやがて自立の根拠地としての仲間に育てる指導です。この意図をもって学級集団に活動の提起と学びを展開します。

❹ 教育・教師と隣接分野の専門家との出会い方

　子どものそばにいて，子どもの抱える生活の現実と傷つきを感じ取れるのは教師であり，教育の営みの中でこそです。子どもの状況を注視しながら，必要な時に子どもの承認なくケアができ，必要な時に保護者と話もできる位置にいるのが教師であり教育です。隣接分野の専門家は，教師・教育ほど適切なタイミングで，無条件でかかわりをもてる職種はありません。司法の判断による矯正教育の関係者は事態が深刻にならないと出会えないし，保護機関は当事者の意思がないと関われないケースが多いのです。学校カウンセラーは当事者の意思がなければ動きようもなく，スクールソーシャルワーカーも教師・教育からの要請なしには何もできないのが現実です。

　あくまでも学校が子どもの指導の主体であり，隣接分野の専門家は学校の指導に適切な判断材料を提供したり，各専門分野からの支援を通して教師・学校の指導を補完する役割として位置づくのが好ましいと考えます。しかし，日本の現状は，少年の重大事件発生以来，子どもたちの育ちを保障する社会制度の充実なく社会の不寛容，厳罰化の空気が支配し，教育基本法改定以来，学校は子どもを保護しケアする存在との見方を後退させてきました。教師と隣接分野の専門家との必要な連携の在り方は，日本の現状の変更を求める願いを含むものです。

（藤木祥史）

Ⅱ-3　インクルーシブな社会の創造と多職種協働

学童保育（放課後児童クラブ）における支援の実態と多職種協働

1　学童保育（放課後児童クラブ）について

　学童保育は，保護者が就労，病気等で放課後や学校休業日に保育を必要とする家庭の子どもたちが利用する事業です。子どもにとっては，保護者の都合で行かなければいけない場所です。学童保育の指導員には，子どもたちが行かなければならない場所から行きたい場所になるように，保護者や関係機関の協力を得て，努力することが求められています。このことを前提に，放課後児童クラブ運営指針に基づいて，子どもの最善の利益を追求しながら運営をすることが指導員の仕事です。

　一人ひとりの子どもたちの発達課題に応じて保育することは，学童保育のすべての子どもたちの保育に共通します。障害をもつ子どもたちにとっても，同様です。障害があることで，配慮を必要とする内容は，ほかの子どもたちに比べ多いかもしれません。指導員としての役割を果たすためには，子ども理解を目的に様々な関係機関と連携することは必要不可欠です。

　指導員として，子どもの保育課題を考えるときに，コミュニケーション上の課題，発達段階の課題，など子どもの状況を分析します。特に学童保育では，異年齢の子どもたちが生活をおくる場なので，その点においても，一人ひとりの子どもたちが安心して安定した生活が継続できるように配慮することが求められます。

2　学童保育（放課後児童クラブ）で大切にしていること

　学童保育の生活の中で，やりたいことが見つけられない子どもたちについては，様々な提案をしていきます。障害をもつ子どもたちにとって，自分のやりたいことができること，やってみたい気持ちを育てること，なかまの影響を受けて努力することなど，発達段階や症例に配慮した活動を保障することは，子どもたちの発達する権利を保障することにつながります。一人ひとりの子どもたちの思いを大切にすることは，障害をもつかどうかに関わることではありませんが，障害があることで，子どもたちがどんな困難を抱えているのかを専門的に理解し，そのことをふまえて援助することが特に必要となります。

　学童保育への入所の前には，就学前の施設や学校を訪問し，対象児童の状況を把握し，親子での面談をします。状況を把握することで，安定したスタート

を目指します。子どもたちとも自己紹介の中で子どもたちに配慮をしてほしいことを伝えます。生活をとおして，児童の発達の課題を分析し，あそびや活動の中で大切にしたいことを指導員で共有します。定期的に専門機関からの巡回を受け，学童保育での保育内容について客観的に指摘をしてもらい相談する機会は保育をふりかえる機会となっています。児童が利用している療育施設についてや，家庭での状況を保護者から聞きとり，指導員の思いを伝えながら，ともに子育てする立場で家族への支援を心がけています。毎年，保育内容の総括をし，専門機関を交えた場での検証をすることで，翌年度の保育内容に活用し，子どもたちが異年齢の集団の中で育ちあう経験が今後の成長の糧になるよう願いをこめて取り組んでいます。

❸ なかまとの関わりを深めるために

　学童保育で生活をする子どもたちの中には，新しい環境に慣れるまでに長い期間を必要とする子どもたちがいます。まわりの子どもたちがすぐに状況を理解することは難しいので，指導員が一緒に生活している子どもたちに「今はまだ，みんなと一緒に過ごせないけど，ゆっくりみんなのことを知って，一緒に過ごしたいと思ってるから待っててね」など，毎日のように説明し，子どもたちへの橋渡しをします。いつも一緒に行動したり，あそんだりしているわけではありませんが，みんながなかまとして気にかけてくれて，少しでも変化が見られると「すごいね」と言って友だちに報告してくれることがあります。お互いにしていることはまったく違いますが，同じ空間で生活することで，相手の思いを尊重しながら関わっています。みんなが，一緒に遊ぶことや同じことをすること，共に過ごすことだけではなく，一人ひとりの発達を保障しながらお互いに影響を与え，認め合うことをめざしていくことが指導員の役割だと思います。そのためにも，配慮を必要とする子どもたちは，様々な関係機関に関わるため，その子どもたちに関わるすべての大人が，それぞれの分野を超えて連携することで，安定した生活を子どもたちとともにつくっていけるのだと思います。

　障害をもつ子どもたちにとって，集団の中で育つことは，ほかの子どもたちよりも困難な状況にあります。その状況を少しでも軽減しながら，育ちあうためには信頼関係のある大人の配慮が必要です。指導員は，研修等で発達や症例についての専門的な知識を身につけ，子どもたちを理解するために，家庭，就学前の施設，地域の専門機関，学校，児童デイ等の施設との連携を積極的に行い，配慮を必要とする子どもたちに適切な対応をすること，学童保育の生活の中でなかまとの関わりをきずいていくことが，求められています。

（川崎みゆき）

参考文献
日本学童保育学会編（2012）『現代日本の学童保育』旬報社。
全国学童保育連絡協議会編，茂木俊彦著（2010）『入門ガイド 発達障害児と学童保育』大月書店。
月刊『日本の学童ほいく』全国学童保育連絡協議会。

第Ⅲ部 特別なニーズのある子どもとインクルーシブ教育

Ⅲ-1　障害のある子どもへの教育実践

1　感覚障害児に対する教育と指導①

視覚障害児に対する通常学校での配慮と
特別支援学校等での専門的指導

1　視覚支援学校における視覚障害教育の専門的指導

　視覚障害児の教育は，視覚以外の感覚を活用して教育する「全盲児の教育」と保有視力を活用して教育する「弱視児の教育」及び知的障害等を併せ持つ「重複障害児の教育」の3つの領域に大別されます。また，眼疾（眼疾患）を伴わないが，視機能の向上が課題となる発達障害児等への指導も試行されています。

　○全盲児の教育
　点字指導・歩行訓練・触察指導が教科学習や日常生活の基礎となる力を育む全盲児の教育の出発点です。この3つの領域を支える力は幼児期から低学年で育み，さらに，学年に応じた指導を継続していきます。
① 点字指導
　点字は6点の組み合わせによって構成されており，仮名文字を表しており，すべて横書きのため，指を左から右へスライドさせたときの触覚の違いを読み取っていきます。墨字（普通字）は漢字仮名交じり文のためすぐに文意を読み取れることができますが，点字は仮名文字文のため墨字と比べると文意を読み取るにはかなり時間がかかります。そのため，正確に早く読み取っていく力をつけることが非常に重要となってきます。
　また，点字の書きの指導も，点字盤や点字タイプライターの操作から練習し，正確に早く書く力が必要となってきます。
　点字の読み書きがある程度できるようになっても，教科指導等と合わせて点字指導を継続していく必要があります。より正確に効率よく読むことができるように，読み速度の向上の練習を継続していきます。また，点字は仮名文字体系のために「分かち書き」という表記のルールを学年ごとに学習し，理解していく必要があります。
　点字指導は小学生の低学年で読み書きができたら終了するわけではなく，教科学習等の基礎となる点字の読み書きの力を継続して指導していかなければなりません。また，点字楽譜や英語点字の学習も必要になってきます。さらに，理科や数学では小学生段階で学習する記号だけでなく，複雑な記号や書式の点字表記も学習していく必要があります。
② 歩行訓練

白杖を活用して自力で自由に移動できるようになるまでには様々な基礎的な訓練が必要となってきます。まず，歩行前指導として，触覚による弁別や音による弁別，方向・方位が理解できる力などの保有感覚訓練が必要になってきます。もちろん，基礎的な身体感覚や運動能力が育っていることが前提です。

　そして，白杖の基本的な振り方及び白杖を通じての環境把握の練習を重ねていき，校外に出て白杖歩行を始めます。それと同時に，交差点や車道・歩道など街の環境を把握していく学習も重要です。白杖を活用して，学校周辺の歩行や交通機関の利用，自力通学を目指した通学路での歩行練習を重ねていきます。さらに重要なことは，自力歩行ができても，街で出会う人々に支援を求めるコミュニケーションの力が必要となります。この力も，学校生活の中での課題として取り組みます。

③ 触察指導

　触察とは触覚を通じて様々な物を認知しイメージする力のことです。いわば触覚による観察といってよいでしょうか。

　まずは，対象物をうまく触ることができる手の操作のスキルが必要です。そして，様々な物をしっかり触察し，その情報から対象物がどういうものであるか予測しながら確かめる力を育んでいきます。物と物との関係や部分と全体，物の属性と機能などを考え，推測しイメージ化していきます。

　そして，触察で得た情報を明確に言葉で表現し，この経験を触察の情報として蓄積し，学習に活用していきます。いわば，「触れる手」から「考える手」に成長していくわけです。

④ 全盲児の教育における教科学習の基本的な考え方

　視覚障害の理解及び状態を理解していることは大前提ですが，指導者は教科内容を十分に理解したうえで視覚以外の諸感覚を活用できるように教材及び学習活動を計画し準備し実践していきます。

　授業では，触察や体験時間を十分に保障し，主体的な活動ができるように配慮しなければなりません。児童生徒が自己の感覚を駆使して本質を理解するための指導法の工夫といってよいでしょうか。そして，言葉に実体験の裏付けを持たせ，実体験を明確に言葉で表現力できる指導が必要です。様々な活動を言語化して概念を積み上げていきます。

　もちろん，点字の読み書きの状況や触察や環境認知の状況のチェックをし，状況に応じて点字指導や触察指導を継続させていく必要があります。

○弱視児の教育

　弱視児は眼疾の種類やその程度によって見えにくさや視力は様々です。そのような状況の保有視力を活用して実施するのが弱視児の教育です。弱視教育は，弱視レンズ等の補助具が活用できるレベルに至るまでに，様々な指導を通じて視知覚（視覚での認知）の力を高めていかなければなりません。補助具によっ

て映像が拡大されるものの，弱視児は鮮明な映像を見ることはできません。その見えにくい状態で補助具等を活用することにより，その視経験から様々な事物・事象を認知していく力を向上させていきます。これが視知覚の向上であり，この訓練を「視知覚向上訓練」といいます。

① 視機能評価の重要性

　眼科での検診だけでなく，日常に活動する教室等での視機能検査を定期的に実施し，弱視児の「見え」の現状を把握することが弱視教育の出発点です。視行動の観察や，アセスメントによる視覚発達検査も必要です。そして，そのデータを活用して使用する活字の大きさや書体等，使用する弱視レンズ等の補助具の選定を行います。

② 視知覚訓練の重要性

　幼児期からの遊び等を通じての取り組みにより，見ることへの興味付けと行動を育てていきます。幼児期の年長で弱視レンズ（単眼鏡やルーペ等）を経験する取り組みも開始します。

　小学生から本格的に弱視レンズの基本的操作を練習し，視経験を重ねていきます。まず，自立活動の時間に弱視レンズを使っての練習を通じて，様々な視覚認知による視知覚の向上を重ねていきます。そして，文字レベルでの弱視レンズの活用の練習をしていきます。遠距離では遠用弱視レンズ（単眼鏡）を活用して黒板等に板書された文章を判読し書写ができること，近距離では近用弱視レンズ（ルーペ）を活用して教科書等の文章を速読し書写できることを目標に練習を重ねていきます。また，補助具を通して観察等ができるように，細かい高度な視覚認知の練習も重ねていきます。

　そして，徐々に教科学習の時間に補助具の活用ができるようにしていきます。さらに，弱視レンズを常に携帯して自己管理し，自己判断で自発的に様々な場面で状況に応じて活用できることを最終目標とします。

③ 弱視児の教育における教科学習の基本的な考え方

　教科学習では，視機能や弱視レンズの活用レベルに合わせて，適切な拡大教材の提供や授業の組み立てへの配慮が必要です。

　情報が整理されコントラストや色彩が配慮された教材の提供や，視機能に応じた拡大プリントの提供が必要です。また，授業の組み立てとして，十分に弱視レンズが活用できる学習活動の保障が重要です。そして，じっくり視認知し見通しをもって学習活動ができるように授業を組み立てる必要があります。また，学習環境としては，適切な照明のコントロールができ，書写台等の活用ができる学習環境が必要です。

　学習の中で弱視レンズを活用して積極的に学習活動を積み重ねることによって視知覚の力を高めていくことが，自己の視機能を理解するとともに自己肯定感が育成されていきます。

○視覚支援学校における視覚障害教育の専門性の課題

　現在の視覚支援学校は，在籍児童・生徒の少人数化・重度重複化により教員数も激減しています。また，めまぐるしい機械的な人事異動により専門的な実践を積み重ね，専門性を向上させることが困難となってきています。さらに，単一障害児の減少により，前述した点字指導等の視覚障害教育の実践の機会も減少してきています。また，支援センターとしての外部への支援も経験豊富な教員の減少により大きな負担となってきています。

　このような現状の視覚支援学校の課題を解決していくには，経験年数や教員の構成などを配慮した人事の在り方等を改善すると同時に，教育実践をさらに積み上げるだけでなく，各視覚支援学校及び教育研究等の機関との連携を図り専門性を高める取り組みが必要であると考えます。

❷ 視覚障害児に対する通常学校での配慮

　通常学校では，視覚障害児だけでなく様々な配慮を必要とする児童生徒が多数在籍しています。そのため，教員は非常に多忙であるため，前述した専門的な視覚障害教育を保障していくためには多くの課題を克服する必要があります。視覚支援学校からの支援としての，巡回指導や通級指導だけで視覚障害教育が保障されるわけではありません。

　最初に，校内での研修等による視覚障害教育の理解を高めることと教師集団の連携体制づくりを実施していく必要があります。その方法は，視覚支援学校の支援及び連携によって専門的な研修会及び実践交流が効果的でしょう。視覚支援学校からの巡回指導及び通級指導での実践研修も効果的です。また，教材作成の支援及びアドバイスも必要でしょう。

　次に，健常児集団での指導体制をどのように考え，実践していくかという課題です。前述した視覚障害を配慮した教育実践は健常児との学習の内容やスピードがかなり異なってきます。個別授業も考慮しながら一斉授業の中でどのような配慮をするのか指導体制づくりを考える必要があります。

　また，健常児集団だけでの教育実践だけでなく，視覚障害児集団での実践も必要であると考えます。視覚支援学校での視覚障害児の集団による通級指導及び交流行事の開催などを通じて多様な集団での経験が必要であると考えます。このような体験が障害受容等の心理的サポートに有効と考えます。

　さらに，視覚障害教育を配慮した環境整備と教具及び教材作成機器の設置が必要です。

　このような連携及び支援を通じての実践の積み重ねが，通常学校だけでなく視覚支援学校の専門的な実践向上も目指すことができると考えます。

（大前俊夫）

参考文献

越野和之・青木道忠編，今井理知子・大前俊夫・藤田幹彦著（2006）『特別支援学校と障害児教育の専門性――大阪市立盲学校「センター化」15年の挑戦』クリエイツかもがわ．

第Ⅲ部　特別なニーズのある子どもとインクルーシブ教育

Ⅲ-1　障害のある子どもへの教育実践

感覚障害児に対する教育と指導②
聴覚障害児に対する通常学校での配慮と
特別支援学校等での専門的指導

1　聴覚障害とは

聴覚は，図Ⅲ-1-1のように外耳→中耳→内耳→聴神経という経路をとおって音声などの聴覚情報を大脳に届けるための機能をもっています。その働きにおいて，音声を届ける器官（外耳，中耳，内耳，聴神経）のいずれかになんらかの障害があり，きこえにくい，きこえない状況にある場合を指して聴覚障害と言います。

聴覚障害には伝音難聴と感音難聴があります。伝音難聴は外耳と中耳に，感音難聴は内耳以降に障害がある場合にそのように言います。伝音難聴は外科的な治療によって回復する場合もありますが，感音難聴は外科的な治療の恩恵を受けることはほとんどありません。また，伝音難聴は，ささやき声（約30～40dB）がきこえるレベルから普通の会話（約60dB）がやっときき取れるレベルまで様々で，基本的に障害の程度は軽・中等度です。一方感音難聴の障害の程度は，ささやき声がきこえるレベルから，至近距離で車のクラクションをきいてもわからないという最重度のレベルまで幅が広いのが特徴です。

聴力を表す際に用いるデシベル（dB）という単位は，音圧（≒音の大きさ）を表しています。正常聴力の人が聴取可能な音の範囲は0 dB～120dBにあたります（図Ⅲ-1-2）。また，ヒトは周波数（≒音の高さ）が20Hz～20,000Hzの範囲にある音をきくことができます。その一方で，周波数によっても聴力はかわります。聴覚障害者には，高音にいくにしたがってきこえづらくなる人が多く，サ行，タ行，カ行などの子音がうまくききとれないことが多いとされています。

例えば，「たけしたさん（takeshi-tasan）」という音声を感音難聴者がきくとどうなるでしょう。この例ですと，高い周波数で構成されている子音のみがきき取りづらく，「あえいああん（aeiaan）」となり，一体何を言っているのかわからないということになります（大沼 2017）。ですから，聴覚障害者は単に音がきこえないのではなく，

▷1　聴力
きき取れる最小のレベルを測定した結果が聴力である。聴力はdB（デシベル）で表される。たとえば聴力が60dBというのは，何とかきき取れる音の大きさが60dBであり，60dBよりも小さな音はきき取れないことを意味している。そのため，数値が大きい方が障害の程度が重いということになる。

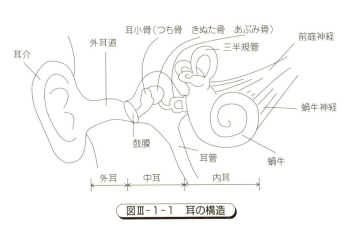

図Ⅲ-1-1　耳の構造

74

音の大きさ （dB）	いろいろな音の大きさ		きこえの程度*	
0----	会話の音声	日常の音	正常	普通の会話は不自由を感じない。
10----				
20----		人の心臓の音		
30----	ささやき声		軽度	ささやき声や小さな話声がきき取りにくい。
40----	静かな声	新聞をめくる音		ききまちがえが多くなる。
50----		コオロギの最大音		
60----	普通の会話		中等度	会議の場でのきき取りが困難になる。
70----				自動車が近づいて初めて音に気づく。
80----	大声の会話音	せみの声	高度	40cm以上離れると会話語がわからない。
90----	叫び声（30cm）	自動車の警笛（2m）		商店街などの大きな騒音がきこえない。
100----		太鼓		
110----		ホイッスル	重度	耳元の大声もききづらい。
120----				日常音はほとんどきこえない。
130----	耳が痛くなる			

＊きこえの程度の分類基準は一定しておらず，本稿においては『「きこえ」と「ことばの発達」情報室 (http://www10.big.or.jp/~ent/)』を参考に作成した。他にもWHOの基準（2003）では，正常（25dB以下），軽度（26～40dB），中等度（41～60dB），高度（61～80dB），重度（81dB以上）となっている。

図Ⅲ-1-2 聴力レベルときこえの程度

「音の情報の一部が欠落してしまう＝音を間違える」ことが多くなります。

聴覚障害者はきこえづらさを補うために，補聴器や人工内耳などの聴覚補償機器を使用します。補聴器は入力される音を大きくする機能をもっており，装用することで，比較的小さな音でもきこえるようになります。また，近年は人工内耳を装用するケースが増えてきています。人工内耳により重度の聴覚障害児の聴力は軽度難聴レベルになり，（リ）ハビリテーションにより音声把握や発音などの改善もみられることで「きこえる子ども」と誤解されるケースがあります。しかし，これらの聴覚補償機器を装用した場合でも，きこえの困難は残ることを忘れてはいけません。そのため，聴覚情報を正確に届けるための工夫と配慮や，視覚情報など他の感覚の活用も視野に入れた配慮が求められます。

聴覚の役割は，音声情報の内容や情緒的な側面の伝達などのコミュニケーションに加え，自動車が近づく音など情報の危険察知などに及びます。また，聴覚と言葉は密接にかかわっており，きこえの問題は言葉の獲得や読み書きの問題にも発展します。そのため，聴覚障害者は，人との関わりや聴覚障害者を取り巻く社会・環境との関わりにおいて様々な誤解を受けることがあり，精神的，社会的な痛みに直面する場合も少なくありません。

❷ 通常の学校での聴覚障害児への配慮

聴覚に障害のある子どもが通常の学級に在籍する場合，言語力や発音，学習

▷2 人工内耳は，内耳に直接電極を埋め込むことで，内耳のはたらきである音刺激を電気刺激にする機能を代替する機器である。そのため，人工内耳を装用するためには手術が必要となる。日本では，小児に対し，適応聴力90dB以上，生後12か月以上，体重8キログラム以上であることなどが手術ができる基準とされている（日本耳鼻咽喉科学会（2014）「幼児人工内耳適応基準」）。

▷3 （リ）ハビリテーション
人工内耳を埋め込んですぐに音がわかるわけではない。人工内耳は音情報の取り込み口の内耳の機能を補償するための機械にすぎないので，音情報を脳に伝えたとしても，それを実生活の中

で処理し生かす方法を知らなければならない。そのため，それ相応の時間と体験が必要になり，子どもの処理能力に応じたすべての活動の統合化と意味づけを伴う聴覚学習プログラムが必要となる。

▶ 4 　語音明瞭度
濁音を含む単音節の「あ」とか「ば」などをきき分ける検査によって得られる言葉のききとり能力のことである。日常会話をきき取るための60dBでの明瞭度％と，最高の語音明瞭度％を示す時の音の大きさなどを読み取り，支援や補聴器の調整に生かす。

▶ 5 　言語聴覚士
Speech-Language-Hearing Therapists を略して ST と呼ばれる。言葉によるコミュニケーションに課題のある幼児から高齢者までを対象に検査と評価を行い，訓練，指導やその他の援助を専門的な立場で行う専門職である。摂食や嚥下の問題も扱う。国家資格を有し，病院・発達センター・福祉施設・ことばの教室など，医療・福祉・教育を問わず，様々な機関に勤務している。

の理解，友人との関わり，集団生活上の行動など表面にあらわれる部分だけではなく，子どもの内面的なところにも困難が生じるものと考えてよいと思います。重度の聴覚障害児はもちろん，軽度・中等度の聴覚障害や片耳に聴覚障害がある場合にも学校生活に支障があると考えられます。それらに対応するためには，まず子どもの障害がどのような状況かを理解する必要があります。具体的には，子どもの聴力（補聴器をつけている状態と外している状態のどちらも把握しておく），**語音明瞭度**▶4，言語力，コミュニケーションの状況などを把握することから始めます。

また，子どものかかりつけの病院の医師や**言語聴覚士**▶5，通級指導教室の担当者，特別支援教育コーディネーターなど，子どもと関わりのある機関からの情報の他に，保護者との面談などを通じて配慮する事がらを確認します。通級以外の子どもの場合は，特別支援学級（難聴）や聴覚特別支援学校で教育相談を受け，専門的な立場からの助言を受けることが勧められます。

通常の学校での聴覚障害児童生徒への配慮事項

　次の3つの事がらに配慮し，支援に工夫が加わることで聴覚障害児童生徒の生活の質（QOL）がより豊かになると考えられます。なおこれらの配慮は，教員のみが行うのではなく，聴覚障害児童生徒が在籍するクラスや学年全体で実施することで，環境を整えていく必要があります。

① 話し方に関すること
　ききづらさに配慮した話し方が必要になります。具体的には以下の通りです。
・声は大きくなりすぎず，早口にならないようにする。
・不自然にならない範囲で，ゆっくりはっきり文節で区切って話す。

② 読話に関すること
　聴覚障害者はききづらさを補うために，聴覚以外の様々な情報を統合させながら話を理解しています。特に会話時においては相手の口形を見る読話（どくわ）という手段を活用しています。そのため，以下のような配慮が必要となります。
・話しかける前に，話者に注意が向いているかということを確認する。例えば後ろから話しかける際には，まず肩を叩くなどの注意喚起を行う。
・複数の人が同時に話さないように，話す人は誰かがわかるようにする。
・発表者は全員から見える位置に立つようにするか，立位で全員に注目を促してから話すようにする。
・教師の口元に加え，学級全体を視覚的に確認できるように，聴覚障害児童生徒の座席は，最前列から2番目から3番目にする。その後，児童生徒が座席の位置を自己選択できるよう学齢や実態を加味して段階的な支援を行うようにする。
・音声に加え文字・絵・写真・図・表などを活用する。

③ 騒音下でのきこえに関すること
　教室には静寂を保っていても50～60dBの騒音があります。騒音があると，聴覚

障害児のきこえづらさはさらに増すことが知られています。そのため，以下のような配慮が必要になります。

- 消音のために椅子や机の足にテニスボールをつける，家具用テープを貼る，あるいは，床素材を音吸収性マットまたはカーペットにするなど。
- 補聴援助システム^{▲6}を使用することでＳＮ比（エスエヌ）の向上をねらう。

▶6 補聴援助システム
補聴器や人工内耳を装用する子どもたちが，授業中に教師の音声をきき取るためには，周囲の騒音との差（SN比：S：音声，N：騒音）が10〜20dB程度あることが必要といわれている。騒音，反響音，音源からの距離に影響を受けやすい子どもの補聴環境を改善するシステムとして，音声を一度，磁波や電波に変えてから子どもの耳に音を届ける補聴援助システムがある。それが磁気誘導ループシステム，赤外線補聴システム，2.4GHz帯デジタル無線システムである。

具体的な配慮は以上ですが，生活の中で生じる学級の児童生徒に関わる事象は，リアルタイムに，あるいは事後であっても何が起こっているか（起こったか）を聴覚障害児童生徒に伝えることも必要です。たとえば，誰かが言った冗談に対してクラス全体が笑っているような状況では，聴覚障害児にとっては何が起こっているのかわからず困惑してしまいます。

一方，聴覚障害児童生徒が自ら障害を理解し，情報を得やすくするために自分から工夫したり，周囲に働きかけたりすることができるように段階的かつ計画的に支援をしていくことも大切になります。初めて聴覚障害児童生徒が在籍することになる学校や，他障害を有する児童生徒の対応に追われる学校などの場合には，外見的には落ち着いていて離席もない聴覚障害児童生徒への特別な配慮に手が回せないか，あるいは，事故を極力避けるために子どもへ様々な制限を課したり，保護者に協力要請を強いたりするなど，好ましいとはいえないケースもあります。聴覚障害児童生徒の障害を理解するために専門機関から講師を招き職員研修会を持つことや，専門家，保護者を交えて定期的に話し合い，互いに歩み寄りながら聴覚障害児童生徒と学級全体の成長を支援する体制づくりをすることが，聴覚障害児童生徒への配慮による環境の整備に留まらず，すべての子どもの学校生活における豊かな学びの醸成につながっていくと考えます。

3 聴覚特別支援学校での専門的指導

○聴覚特別支援学校とは

聴覚特別支援学校（2007年3月31日までは「聾学校」）は，聴覚障害のある幼児児童生徒が在籍する学校です。特別支援学校のひとつで，幼稚部，小学部，中学部，高等部，その上に高等部の専攻科があります。高等部には普通科の他に職業学科が設置され，障害の状態，発達の段階や特性，地域や学校の実態，学科の特色を考慮して理容・美容，歯科技工，産業一般などの学科が設置されることがあります。また，高等部の専攻科は理容・美容，歯科技工を設置し職業能力や資格取得を目標として教育が行われています。

聴覚特別支援学校で学ぶ幼児児童生徒の教育は，幼稚園に準ずる領域，小学校，中学校，高等学校に準ずる国語や算数・数学などの各教科，道徳，特別活動，総合的な学習の時間等，通常学校で学ぶ内容と同じ授業が行われています。

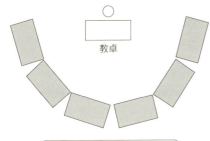

図Ⅲ-1-3　馬蹄形の座席

聴覚特別支援学校が通常の学校と異なるのは、授業全体を通して「きく」ことを補う配慮が行われていることです。一例を挙げれば、図Ⅲ-1-3のように、幼児児童生徒の座席は馬蹄形に並べられ互いの発言を読話しながらきくことができるようにされています。授業のチャイムは表示灯で、また、板書は学習内容と進行を子どもが見てわかるように工夫され、学習した語い・用法・教科内容・行事・生活の時系列や子どもに必要な情報などが教室・廊下を問わず掲示されています（図Ⅲ-1-4）。そして、教師の声を直接子どもの耳に届けるための補聴援助システム（磁気誘導ループシステム、デジタル無線システム等）が完備されています。

このように障害による学習上または生活上の困難を改善・克服を目的とする領域に「自立活動」の時間も教科以外に編成されています。自立活動の指導に当たっては、具体的には、補聴器や人工内耳をつけての発音指導、言語指導、手話や指文字などの多様なコミュニケーション手段を活用する指導に加え、中学部以降では自身の障害について学ぶ機会など、障害受容を促す指導も行います。

◯聴覚特別支援学校の子どもの成長

発達初期においては、子どもの発達の実態や保護者のニーズに応じ、乳幼児期から補聴器や人工内耳を常時身に付け、良好な親子・家族関係を通して生活の基礎づくりを行い、子どもの心理的な安定を図ります（その際、ケースによっては、音声のみでなくジェスチャーや手話・指文字なども使用しながら、お互いの気持ちを確実に伝え合うということを意識することもあります）。その後、年齢・学齢に応じた言語環境の中で、人間関係を学び学力を身に付けて、人間として調和的な発達が図れるよう学校生活を送っていきます。幼少期には、集中することができず落ち着かない、目が合いにくく、母親や支援者の簡単な指示をきいて理解できなかったりした子どもが、言葉の意味がわかるようになることでコミュニケーションの楽しさを味わいます。さらに、見通しのもてる生活の繰り返しの中で周囲が認識でき、より複雑な内容についても見て・きいてわかるようになります。それらの素地が形成されると、教科の学習も進んでいきます。また、子どもたちは聴覚特別支援学校の小集団の生活の中で、他者との関わり方を学びながら協調性を育み、自分の障害について考えることができるようになっていきます。

◯通級指導教室と指導の実際

2001（平成13）年、通級による指導における特別の教育課程の編成が示され、聴覚特別支援学校に通級指導教室が設置されました。さらに、学校教育法の改正（2006（平成18）年）により、特別支援学校のセンター化が進められ、本来の特別支援学校としての機能以外の役割が付加され、早期教育相談、就学後の教

Ⅲ-1-2 感覚障害児に対する教育と指導②

図Ⅲ-1-4　K聴覚特別支援学校小学部の教室掲示（左手が教室の前側）

学習中や学習済みの語いや表現を児童の目に入るように掲示し、日々の生活場面での使用を促す。壁面には行事の記録や生活場面でのトピックを、写真に文字を添えて時系列で掲示している。左手上部にチャイムの表示灯（「はじめ」・「おわり」）がある。

育相談及び通級指導など、対象範囲は拡大し、年々相談件数や派遣協力件数が増加してきています。

　センター的機能の一つである通級指導は、近隣の小中学校の通常学級に在籍する児童生徒を対象とし、聴覚特別支援学校で蓄積された専門性を生かした指導が行われています。主な支援内容は、子どもへの支援として、

① コミュニケーションの意欲や態度を育てる。
② 聴覚を活用し、ことばを広げて、理解力を深め、表現力を豊かにする。
③ 発音の学習や聴力の測定などを行う。
④ 聴力及び補聴器、人工内耳などの聴覚補償機器の管理を通して、きこえや聴覚補償機器について自己管理ができるようにする。
⑤ きこえに障害のある他の児童生徒との交流学習を行う。
⑥ 障害に対する正しい知識を促し、自己理解を深める。
⑦ 保護者への支援、児童生徒の在籍校への支援を行う。

など、その支援内容は多岐にわたります。

（塚本明美）

参考文献

大沼直紀監修編著、立入哉・中瀬浩一（2017）『教育オージオロジーハンドブック』ジアース教育新社。

原田公人研究代表『軽度・中等度難聴児に対する指導と支援のあり方に関する研究』国立特別支援教育総合研究所　平成22年度～23年度専門研究B。

原晃監修（2017）『聴覚検査の実際　改訂4版』南山堂。

白井一夫・小網輝夫・佐藤弥生編著（2009）『難聴児・生徒理解ハンドブック』学苑社。

文部科学省「特別支援学校の教育課程について」平成27年12月16日教育課程部会特別支援教育部会（第4回）資料4。

「きこえ」と「ことばの発達」情報室 http://www10.big.or.jp/~ent/2019.1.2検索

Ⅲ-1 障害のある子どもへの教育実践

3 肢体不自由児に対する教育と指導（特別支援学級）

1 肢体不自由とは

　肢体不自由という用語は，昭和初期にそれまでの差別的な用語を廃し，肢体不自由者に対する治療と教育を求める高木憲次によって提唱されました。現代において，国立特別支援教育総合研究所は「医学的には，発生原因の如何を問わず，四肢体幹に永続的な障害があるものを肢体不自由といいます。先天性に四肢体幹の形成が障害されたり，生後の事故等によって四肢等を失ったりすることなどによる形態的な障害によって運動障害が起こる場合と，形態的には基本的には大きな障害はないものの，中枢神経系や筋肉の機能が障害されて起こる場合があります」と定めています。運動障害の原因となる主要な疾患や心理学的・教育的側面から見た肢体不自由についても述べています。

　また，「学校教育法施行令」において「肢体不自由者」は次のように規定されています。

　① 肢体不自由の状態が補装具の使用によっても歩行，筆記等日常生活における基本的な動作が不可能又は困難な程度のもの
　② 肢体不自由の状態が前号が掲げる程度に達しないもののうち，常時の医学的観察指導を必要とする程度のもの

　医学的な側面，心理学的・教育的側面から実態を的確に把握し，一人一人のニーズに応じた教育活動を実施することが求められているのです。

2 肢体不自由特別支援学級について

○現　状

　学校教育法第81条第2項では，「小学校，中学校，高等学校及び中等教育学校には，次の各号のいずれかに該当する児童及び生徒のために，特別支援学級を置くことができる」とし，肢体不自由についても特別支援学級において教育を行うことが適当として定めています。特別支援学級の対象となる肢体不自由者は，文部科学省初等中等教育局長通知により，「補装具によっても歩行や筆記等日常生活における基本的な動作に軽度の困難がある程度のもの」，通級による指導の対象となる肢体不自由者は「肢体不自由，病弱又は身体虚弱の程度

▷1　定義の詳細については，安藤隆男（2015）「肢体不自由の定義」安藤隆男・藤田継道編著『よくわかる肢体不自由教育』ミネルヴァ書房を参照。

▷2　独立行政法人国立特別支援教育総合研究所（2015）『特別支援教育の基礎・基本改訂版　共生社会の形成に向けたインクルーシブ教育システムの構築』ジアース教育新社。

▷3　1962年3月学校教育法施行令の改正以後，改正を重ね現在では第22条の3に他の障害者と同じくその程度が定められた。

▷4　特別の教育課程については，学校教育法施行規則第138条を参照。

が，通常の学級での学習におおむね参加でき，一部特別な指導を必要とする程度のもの」と示されています。

特別支援学級（肢体不自由）の学級数及び在籍者数は，急激に増加してきました。特殊学級時代，1989（平成元）年は小学校・中学校合わせて383学級・1,049名であったものが，1998（平成10）年には1,123学級・2,067名にと2倍以上になっています。特別支援学級になっている2009（平成21）年には2,536学級・4,221名と急激に増加しています。その後は，2014（平成25）年に2,706学級・4,299名，2016（平成28）年には2,918学級・4,418名と増加しています。これからも増加が続くと予想されます。

○ 教育について

教育課程は，基本的には小学校，中学校の教育課程に準じ，各教科，道徳，外国語活動，総合的な学習の時間，特別活動の教育課程が編成されています。そのほかに，特別の教育課程により身体の動きや認知能力などの向上を目指した自立活動の指導も行われています。

また，指導に当たっては，児童生徒の個人差を考慮し，個別指導やグループ指導といった授業形態を積極的に取り入れたり，教材・教具の開発・工夫を行ったりするなどの配慮を行っています。さらに，通常の学級の児童生徒と運動会や給食等の場を通じて活動を共にするなど，社会性や集団への参加能力を高めるための指導にも配慮しています。

3 身体の動きを手がかりとした指導事例

自立活動の区分の「身体の動き」は姿勢の保持，運動・動作のコントロールが大切な課題です。徳永の述べる「動作法」では，基本的な4点「①動作の不自由な子どもを相手とする，②主体としての子どもを重視し，その子どもに働きかける，③不自由は，子どもの学習によって改善される，④学習の前提として，子どもと援助者のやりとりがある」が大切だとしています。この4点をベースに，参与観察に入っている特別支援学級のAさんの事例を考えてみたいと思います。

○ Aさんの状況

4年生担任当初の引き継ぎ事項

- 脳性麻痺による左足の麻痺，知的障害，ADHDの診断，自閉的傾向が強い。
- 名前が書けるようになったが，ひらがなは全部入ってない。
- 20まで数えられるが，数量としては理解できていない。
- したくないことは叫びまくってしないので，前担任は徹底的に指導する。
- 新しいことに興味を示さず，何事にも意欲が見られない。

これらを受け，担任はAさんとその保護者との信頼関係を築くこと，Aさん

▷5 平成14年5月27日付け14文科初第291号通知，その後平成18年3月31日付け17文科初第1177号通知。

▷6 定義の詳細については，安藤隆男（2015）「肢体不自由の定義」安藤隆男・藤田継道編著『よくわかる肢体不自由教育』ミネルヴァ書房を参照。

▷7 徳永豊（2002）「肢体不自由養護学校における動作法」『講座臨床動作学3 障害動作学』学苑社。

▷8 「動作法」：脳性まひ児の動作不自由の改善を目的として開発されてきた動作訓練を含め，障害のある子どもに動作を手がかりとしてアプローチする方法と理論をさす。詳細は，日本肢体不自由教育研究会（2007）『肢体不自由教育シリーズ1 肢体不自由教育の基本とその展開』慶應義塾大学出版会を参照。

第Ⅲ部　特別なニーズのある子どもとインクルーシブ教育

の好きなこと得意なことを見つけること，一緒に活動することに取り組みました。実態把握の中で，『はらぺこあおむし』が大好きなことを発見したのです。さらに，歌や音にも興味を示し，聴覚認知の優位性にも気づきました。そこで，『はらぺこあおむし』の曲を使い，動作法を取り入れたサーキットを作成しました。歌に合わせて挿絵の下で運動をします。「小マットとび→バランスボール→トランポリン→坂道ころがり→川わたり→机の下くぐり」と全身を使う運動遊びが仕組まれています（図Ⅲ-1-4～1-7）。

図Ⅲ-1-4　小マットとび

特別支援学級を初めて担当するB教諭は手探り状態で動作法に取り組んでいます。スタートは，「①動作の不自由な子どもを相手とする」ことだったでしょう。それは「②主体としての子どもに働きかける」ことにもつながりました。サーキット一巡後，B教諭と笑顔でタンブリンのハイタッチ。そして大好きな歌に合わせて大型絵本をめくります。おなかが痛くて泣く場面では，自分も目をこするのです。心理面にも働きかけています。

図Ⅲ-1-5　バランスボール

次の段階として，挿絵のカード合わせを提案しました。裏返したカードで，同じ絵を集めるというルールがわかりません。B教諭とカードめくりをすることから入り，一人でやれるように段階を踏みました（図Ⅲ-1-8）。やがて，特別支援学級や通常学級の友達へと活動の輪が広がりました。友達とゲームをする楽しさを知ったようです。動作法により，主体性や積極性が育まれたことが明らかです。

図Ⅲ-1-6　トランポリン

遊びのルールを理解することは，「③不自由は，学習によって改善される」ことにつながります。動作を含む行動の自己コントロールの向上が目標となりました。ルールが理解できた上で，すごろく遊びに進みました。しかし，サイコロを振ることができません。そこで，熱中しているというサッカーを取り入れました。ボールを蹴ることも体幹を鍛えるのに適したようです。この頃になるとみるみる体幹がしっかりし，転ぶことが減ってきたという成果も得られています（図Ⅲ-1-9）。

図Ⅲ-1-7　坂道ころがり

いつまでも蹴り続けるAさんに，止まった数だけ進めるというルールを理解させるのは難しいことでした。そこに，「④学習の前提として，子どもと援助者のやりとりがある」ことが働きます。B教諭は出た目だけ進むことを一緒に歩いて理解させました（図Ⅲ-1-10）。

この後，『きかんしゃトーマス』のすごろく遊びに発展させることもできました。

姿勢の保持が難しいAさんに動作法を取り入れたことで，身体の動きと共に心理面にも作用し，社会性やコミュニケーション能力を育むことにつながったと考えます。

図Ⅲ-1-8　カードめくり

4 今後の実践課題

○担当教員の専門性の向上

特別支援学級（肢体不自由）に在籍する児童生徒が増加の傾向にある中で，肢体不自由教育の経験がない教員が指導に当たることが増えてきました。さらに，在籍する児童生徒の障害が重い傾向にあることや，重複障害の割合が高いという実態も大きな課題です。特別支援学校教諭免許は義務とされていませんが，資質能力を担保するためには取得が望まれます。授業改善のための学内の研修の充実，学外の研修への積極的な参加によって専門性を向上していくことも大切になってきました。

○特別支援学級における自立活動

2018年の学習指導要領の改訂で特別支援学級における自立活動が取り入れられました。特別支援学校では自立活動の専任教員が配属されているところもあるほど，肢体不自由の自立活動には多様な専門性が必要とされます。これまでは身体の動きに関する指導が主流でしたが，最近ではコミュニケーションの指導にも重きが置かれています。自立活動の専門性を高めるためには，医師，理学療法士，作業療法士などの医療機関との連携も必要です。児童生徒の主体的な活動を引き出すために，効果的な指導体制を確立しなければなりません。

○保護者との連携

地域や保護者の特別支援学級（肢体不自由）に対するイメージは様々で，肢体不自由なのだから特別な場で教育がなされるべきと考える方もいます。地域や保護者と連携していくためには，インクルーシブ教育の視点に立った情報発信が学校に求められています。

（稲田八穂）

図Ⅲ-1-9 サッカー

図Ⅲ-1-10 すごろく

▷9 課題については，木舩憲幸（2015）「特別支援学級（肢体不自由）の現状と課題」安藤隆男・藤田継道編著『よくわかる肢体不自由教育』ミネルヴァ書房，を参照。

▷10 文部科学省（2018）『特別支援学校教育要領・学習指導要領解説 自立活動編』開隆堂。特別支援学級において実施する特別の教育課程の編成に係る基本的な考え方の一つとして，「障害による学習上又は生活上の困難を克服し自立を図るため，特別支援学校小学部・中学部学習指導要領第7章に示す自立活動を取り入れること」を新たに示した。

参考文献

文部科学省特別支援教育課（旧文部省特殊教育課）「特別支援教育資料（旧「特殊教育資料」）」平成元年度～平成28年度。

エリック・カール（1976）『はらぺこあおむし』偕成社。

第Ⅲ部　特別なニーズのある子どもとインクルーシブ教育

Ⅲ-1　障害のある子どもへの教育実践

 病弱児に対する教育と指導

 病気の子ども・保護者が困っていること

○医療技術の進歩と病弱教育

　日本は小児医療の進歩により，世界で有数の「子どもが死なない国」になっています。周産期においては低出生体重児の増加と新生児期の救命・長期生存率が向上する一方，人工呼吸器など医療的ケアが必要な子どもが増加しています。また慢性疾患の子どもも死亡率が低下し，治療を受けながら大きくなっていく子どもの割合が増加しています。少子化が進む中で，医療ニーズの高い，病気治療中の子どもの割合が相対的に高くなってきています。

　病気による症状や治療のため地元の学校での生活がむずかしい子どもを対象に，特別支援教育の一環として病弱教育が行われています。これまで，病弱教育といえば，病弱児・身体虚弱児のための特別支援学校や特別支援学級で行われる教育でした（入院中の子どものために，病院のなかで教育を受ける特別支援学級（院内学級）や特別支援学校からの「病院訪問教育」も行われています）。

　90年代以降，入院期間が短期化し在宅医療が主流になりましたが，いったん退院しても入退院を繰り返す子どもも少なくありません。在宅医療は，小児医療においては子どもの発達と生活を大切にする視点からとり入れられた方向転換ですが，同時に医療費削減の動きの反映でもあります。その結果，慢性疾患の子どもの8, 9割は，入院先の学校ではなく地域の学校（地元校）に在籍している実態が生まれています。

○入院していない慢性疾患の子どもの学校生活

　地元校での慢性疾患の子どもの学校生活は，「通学している」「登校したり休んだりしている」「退院したけれども通学はできていない」など様々です。また，入院するほどではないが何らかの心身の不調を抱え，学校生活に困難が生じている子ども（身体虚弱児）も少なくありません。病気により年間30日以上の長期欠席や不登校になってしまうこともあります。

○病弱教育と地元校

　他の障害と比べて，病気の子どもの場合，治療・病状によって生活や学習の場，集団が変わり，地元校との転出入が大きな特徴です。そして，病気の子どもと家族にとって，地元校に「在籍していること」「帰ること」はとても切実な願いです。病弱教育は特別支援教育ですが，本人・家族にとっては「病気だ

けれども障害ではない」というのが実感です。「二重学籍を認めてほしい」と，地元校に在籍した状態で特別支援学校・学級での教育も受けたいという要望があります。

○入院の際に生じる困難

子どもにとって入院はとても大きな出来事です。生活が変わり今までできていたことができなくなる，あきらめなければならないという状況に直面します。しかし，病気を治すことが優先となり，子どもの不安や葛藤は受け止めてもらいにくく，入院によって取り残されたような気持ちが強まります。地元校の友だちのこと，学校に戻ることは期待と希望ですが，不安要素でもあるのです。

入院が決まったとき，「入院中でも教育を受けられる」という情報が学校から提供されなかった，入院中に担任がお見舞いに来てくれなかった，学級だよりや学習プリントなどがもらえなかったなどへの失望が，保護者から多く聞かれます。

地元校は，入院が決まったときから帰ってくることを前提に，子ども・保護者とつながっていることが重要であり，院内学級と地元校の連絡・共通理解が不可欠だといえます。

○通学している子どもの学校生活での問題

通学していても友だちと同じような学校生活が送れず，病気の子どもが学校生活のなかで困っているということ自体が共感的に理解されていません。子どもの内面に気持ちを向けた配慮が必要だといえます。

よく聞かれるのは，学習活動の制限です。体育やプールなどでは，しばしば主治医が出した指示よりも厳しく活動を制限する傾向がみられます。見学を余儀なくされ，怠ける子どももいるため寒くても暑くても一律に見学させられたという苦情もよく聞きます。子どもにとって楽しみな遠足・宿泊行事の際に自宅学習や保護者の付き添いが求められます。

医療面への理解や協力も十分ではありません。一人しかいない養護教諭は多くの仕事に追われ，病気の子どもは保健室に入りにくいといいます。小児糖尿病の子どもがトイレで自己注射や補食をしている状況もいまだに聞かれます。薬を飲んだか声をかけてほしい・薬を預かってほしいと要望しても「責任が持てない」と断られる。施設設備の改善と安心できる環境も切実です。洋式トイレがない学校はなくなったようですが，人工肛門（ストマ）の子ども，関節リウマチ，血友病などの子どもが安心して使えるトイレが必要です。階段の昇降に苦労している子どももいます。学習の遅れが生じている子どもも少なくありません。学習は自己責任とみなされ多くの家庭では保護者が勉強を教えていますが，親子関係が険悪・中学生の勉強は無理，などの声が聞かれます。とくに求められるのは友人関係への配慮です。特別扱いではない見守りと気づきが求められます。

2 今後の実践上の課題

○「病気」という理由がつくと……

　以上のように慢性疾患の子どもの学校生活には様々な問題が生じています。子どもの命が救われ，おとなになっていく時代に，ゆたかな学校生活が安心して送れないのは重大な問題です。

　しかし，もうひとつ，入院するほどではない・明確な病名がついていない「身体虚弱」といわれる子どもの問題も忘れてはなりません。症状としては心身症，自律神経失調症，拒食症，肥満などの成人病予備軍などです。また近年は精神疾患の低年齢化も進んでいます。こうした子どもは心身の不調と学校不適応，家庭の養育困難などをかかえて学習や発達上の問題をかかえています。にもかかわらず，「病気だから」という理由がつくと見過ごされがちです。「不登校による長期欠席」が社会問題として注目されるのに比べ「病気による長期欠席」が問題視されず実態も明らかにされていないことに象徴されています。

○通常の学級での病弱教育の視点

　現在，病気の子どものほとんどは地元校に在籍しています。子どもの平均在院日数は約10日となり，病気の子どもの多くは通常の学級との転出入，通常の学級での学校生活があたりまえになってきた今日，子どもの健康問題に対する教育関係者の理解を進め，健康上の課題をもった子どものニーズに応えなくてはなりません。しかし，病気の子どもの学校生活では，病気・治療による制約だけでなく，心理面・学習面・生活面にわたる困難が重なってきます。そうした困難を理解し，支援することが必要です。

　病気の子どもといっても一人ひとり，状態もニーズも異なります。個別性に配慮した実践が必要です。「学校には親が話していたが自分は何も知らない」「学校には報告はしたけれど話し合った記憶がない」という子ども自身の声もあります。保護者だけでなく，子どもの声を聴き，一緒に考えていく過程が重要になります。いろいろな支援を活用して自分らしく生きる力につながります。支援員が配置され体育等のときに個別のプログラムが工夫できた，遠足等でその子どもに合わせたコースが実現できたという取り組みも生まれています。担任の努力任せではない教育条件整備も重要です。そして，ひとつの教材・指導法だけでなく多様な学び・活動を工夫していく必要があるでしょう。

　同時に通常の学級のなかには病気の子ども以外にも心理面・学習面・生活面の困難をかかえる子どもがいます。診断書のある病気の子どもだけを支援するだけでは本質的な問題解決にはなりません。学校の土台として，子どもの心理面・学習面・生活面をまるごと把握し，必要な支援を提供できる理念としくみが求められています。医療面の理解と配慮だけでなく，家庭への支援が必要な事例も多く，福祉との連携を一層，進めることが必要です。

○場と場を移っていく病気の子ども

　入院期間が短くなり，病弱特別支援学校や院内学級で過ごす日数も短くなって，同じような病気をかかえた仲間や医療関係者・病弱教育担当者などとの関わり合いのなかで，自分の病気を受け止めて自分づくりをしていく時間と経験が少なくなってきています。病気になった自分を受け止めきれず様々な不安や戸惑いを抱えて地元校に帰っていく子どもが増えています。

　こうした子どもの生活の変化，自分さがしの足取りを見守り，まさに就学前から卒業後までしっかりと援助していく「人」と「場」が必要です。これまでは，入院中の学校と病院のスタッフがチームとしてこうした役割を担ってきましたが，目まぐるしく場を移っていく子どもを見守り支えていく新たな援助者をつくる必要があります。子どもの生涯に関わる生活圏を考えれば，これからは地元校の役割が非常に大きくなっていくといえます。入院治療中など病弱教育固有の場における教育・学びを大切にしながらも，これからは地域のなかで病気の子どものよき理解者・支援者となり，その育ちをみていく地元校の機能と役割を改善し充実させる必要があります。これまでの病弱教育は，特別な場（病弱特別支援学校・学級）での実践を想定し，そのセンター的役割が重要な意味を持っていましたが，入院中の援助だけでは不十分です。安心して帰っていける地元校が求められており，地域・家庭そして学校でゆたかな生活を広げる協働がこれからの課題になるでしょう。

　ここでは病気の子どもが抱える困難を中心に述べましたが，彼らのニーズに応える実践のなかで，「『"病気"というハズレくじを引いた』と思っていた毎日から『"素晴らしい出会いに巡り会えた"というアタリくじも同時に引いた』と思える」ようになったという声が聴かれます[1]。闘病経験のある多くの子ども・青年たちが，自信をもって主体的に生きています。まさに医療が救った命にゆたかな人生をつなげる学校教育の役割が問われています。関係機関と連携して，地元校の視点から病気の子どもを含むインクルーシブ教育を構想していくことが，今日，現実的な課題として急がれています。

（猪狩恵美子）

[1] 齋藤淑子・佐藤比呂二・細野亜古（2012）「小児がん治療と進歩と病院内教育の新たな展開——国立がん研究センターいるか分教室における教育実践と課題」『障害者問題研究』40(2)：138。

参考文献

猪狩恵美子（2016）『通常学級在籍の病気の子どもと特別な教育的配慮の研究』風間書房。

猪狩恵美子・湯浅恭正・楠凡之編著（2018）『仲間とともに育ちあう貝塚養護学校　寄宿舎のある病弱養護学校の記録』クリエイツかもがわ。

第Ⅲ部　特別なニーズのある子どもとインクルーシブ教育

Ⅲ-1　障害のある子どもへの教育実践

 発達障害児に対する教育と指導（通常学級）

現状・実態：子ども・保護者・教師の困難

〇子どもの困難

　通常学級で学んでいる発達障害をもつ子どもたちの「困り感」には，大きく分けて，学習面での困難とそれに関連して起きてくる困り感，友だち関係での困り感，特別支援学級での対応からくる困り感，辛い状況や気持ちを先生や友だちに理解してもらえない困り感の4つがあります。

●学習面での困り感

　先生の話している内容や指示されていることがわかりにくかったり，書くことに困難をもつ子どもがいます。授業に集中できず友だちにちょっかいをかけたり教室を歩き回ったりする子どももいます。このような子どもは先生や友だちに注意されることが多く，自己肯定感が低くなったり自分は駄目だと思ってしまったりして自信を失くしていることが多いのです。

　こうした子どもたちも，自分の興味のある内容や具体的な教材・教具を使って作業したり実験したりする授業では集中できることが多いのです。

　どの子どもも一生懸命に頑張っているのですが，発達障害等からくる困難さによって，周りの子どもたちと同じ学習内容や同じ場所，同じ学習形態，同じペースではうまく学習に参加できなくて辛い思いをしており，そのことを教師や友だちに理解してもらえない困り感をもっています。

▷1　詳しくは Ⅰ-1-1 。

●友だち関係での困り感

　自分の興味のあることと友だちの話す内容が違い，友だちとの会話が噛み合わなかったり，話しかけるタイミングがわからなかったりして会話に入れない子どもがいます。友だちがほしくて一緒に遊んだり話したりしたいのに，友だちができにくくて寂しい思いをしています。

▷2　同。

●特別支援学級での対応からくる困り感

　最近は個別指導が重んじられる影響で，特別支援学級での授業が教師と子どものマンツーマンの学習形態だったり，プリント学習や通常学級での学習の遅れを取り戻すものであることが多く，少人数の友だちとの学びあいや具体的な教材を使っての授業が少なく，子どもにとって楽しい授業でないことも聞かれます。

▷3　同。

●正しく理解してもらえない困り感

作業に時間がかかったり，自分なりの納得や適度の休憩が必要なのでゆっくりと行動していたり，気持ちの切り替えに時間がかかったりする子どもが多くいます。しかし，特別なニーズをもつ子どものこうした行動や気持ちが正しく理解されていないと，教師や周りの友だちからは，怠けているように見えたりわがままだと思われたり自分の状況や気持ちがわかってもらえない困り感があります。

▶4 詳しくは Ⅰ-1-1。

○保護者の困難

わが子が家庭で宿題ができなかったり，しんどそうにしていたりする状況が学校の教師にわかってもらえないことがあります。また，学校で本人なりに頑張っていたり無理していたりするので，家庭では保護者に偉そうに言ったり暴れたりすることもありますが，子どもは学校ではそうした姿を見せないので，家庭での保護者の対応が良くないとか甘いと思われてしまうことがあります。いずれの場合も子どもの様子や気持ち，保護者の悩みが学校の教師に理解してもらえない哀しみと苦悩をもっています。また，特別支援学級や別室で時々ゆっくりしたり，子どもの発達課題とペースに合わせた授業をしてほしいと思っても実現しないで悩んでいる場合もあります。

○教師の困難

特別なニーズをもつ子どもの気持ちや困り感がつかめないで悩んでいる教師もいます。暴言や暴力をふるう子どもがいて学級づくりがうまくいかない，教室が落ち着かないといったことに直面している教師もいます。教師は盛りだくさんの学習内容を進めなければならず，配慮の必要な子どもも数人いて，一人では授業が進めにくい状況があります。楽しい文化的な取り組みを行いたいと思っても十分な時間がなく，授業の進度も気になり取り組めないのが現状です。また，「○○スタンダード」のように，学級経営や授業におけるマニュアル化によって，自由度や寛容度の高い学級づくりや授業づくりが行いにくく，教師が特別なニーズをもつ子どもを受けとめて，すべての子どもたちを大事にしたいと思ってもできない状況があります。その上，学校現場の教師は多忙をきわめています。保護者からの要求や願いに応えきれない苦しみや葛藤もあります。

▶5 同。

2 課題解決のための基本的な考え方と今後の実践課題

○発達障害の特性などの理解，発達的な子ども理解

子ども理解に大切なことは，教師がその子どもと仲良くなりいい関係をつくること，そして，子どもと向きあうことです。子どもの困っていることだけでなく子どもの好きなことや楽しめることも含めて，よく話をしたり観察したりして気持ちに寄り添うことが大事です。うまく話せない子どももいるので教師が想像してあげることも必要です。また，発達障害等の特別なニーズをもっているのか，あるいは発達的な遅れがあるのかを早くに把握することも大切です。

> 6 宮本郷子（2008）「小学校の生活支援と学級経営の実際④——どの子にも安心と自由が保障される学級集団づくり」『よくわかる特別支援教育』ミネルヴァ書房, 106-109。

○特別なニーズのある子どもへの個別の配慮と学級集団づくりの双方が大切

　個別の配慮は子ども一人ひとり違います。その子どもに合わせて，ゆっくり話す，指示は１つずつする，子どものがんばりを褒めるなどは大事なことです。しかし，それだけでなくどの子にとっても居心地がよく楽しい学級集団をつくることが大切です。個別の配慮と学級集団づくりは双方とも大切なことです。楽しい学級集団づくりには，みんなが楽しめる学級行事や絵本の読み聞かせ，一緒に遊べるおもちゃ作りなど，子どもたちの興味に合わせた取り組みがあります。筆者は小学校で"学級オリンピック"やお楽しみ会などをよくしました。特別なニーズをもつ子どもも，子ども同士の関わりのなかで相手の気持ちに気づいたり折り合いのつけ方を学んだりします。大切なことは，子どもに無理やり「させる」のではなく，子どもが主体的に取り組む，楽しむ，活動の「主人公」になることです。こうした取り組みのなかで周りの子どもの特別なニーズをもつ子どもへの理解も進み，どの子にも居心地のよい学級集団が育っていきます。

○どの子どもにも出番や居場所があり，どの子どもも大切にするという視点

　学級行事や当番活動で自分の得意なことが発表でき，活躍できる出番があることは子どもにとって嬉しいことです。子どものできないことばかりに目を向けるのではなく，子どもの好きなことややりたいことをして，輝けるところを引き出すことが大切です。また，様々な場面で教師は子どもを追い詰めないようにします。待つことで力を発揮できる子どももいるのでゆっくり待ってあげてほしいです。特別なニーズのある子どもだけではなく，どの子どもも大切にすることがやさしい学級，居心地のいい学級になっていきます。

○子どもの困り感や気持ちに寄り添い，解決方法を一緒に探る

　特別なニーズをもつ子どもの困り感や気持ちを聞き，友だちとの関わり方や授業参加の方法，学習形態などを本人や保護者と一緒に考え，学級の子どもたちの理解と協力も得て行うことが大切です。適度の休憩を必要とする子どもや自分で納得するまで行動できない子どももいるので，教師の臨機応変の対応が求められます。

○周りの子どもへの配慮

　特別なニーズをもつ子どもだけを気にかけすぎると「あの子ばかりずるい」という声が出てくることがあります。それは"わたしのことも大事にしてほしい"というサインだと受け止めて，声をあげている子どもに対してもよく声をかけたり一緒に遊んだりするなどして，どの子も大事にすることが必要です。

○特別なニーズのある子どもにも楽しくわかりやすい授業と学習形態の工夫

　どの子どもにとっても楽しくわかりやすい授業をすることは大切です。とりわけ特別なニーズをもつ子どもにとっては目で見てわかりやすいものや参加型のもの，わくわくするような教材の工夫が大切です。教師一人で悩まず同学年

の教師たちとの教材研究が必要です。授業が楽しくなると、特別なニーズをもつ子どもも参加できる場面が増えます。子どもによって学習しやすい環境や学習形態は違い、教科の単元ごとに学習目標も違うので、その子どもが学習目標を達成するために一番良い学習環境や学習形態を教師と子どもと保護者で話し合い柔軟に選べるようにすることが今後、大事になってくると思います。

〇小学校高学年頃からの子どもに障害特性も含めた肯定的な自分理解を

子どもによっては、小学校高学年頃から自分が他の子どもと違うことを感じ始めます。「わたしって、みんなと違うの？」などと聞くようになったら自分理解をするチャンスだと捉えて、保護者や教師が子どもの気持ちに寄り添い丁寧に聞き取って語り合うことが大切です。大切なことは、障害特性だけを取り出して語るのではなく、本人の得意なことや好きなこと、援助があったり友だちと一緒ならできること、少人数なら安心してできることなどを聞き取り自分理解を深められるようにすることです。ひとり一人、困り感も性格も育ってきた環境も違います。障害理解も含めた肯定的な自分理解が大切です。

〇制度や体制を改善していく、インクルーシブ教育について語り合う

インクルーシブ教育を進めるには、上記に述べたような担任教師の創意工夫に委ねられる事柄が多いのですが、担任教師の頑張りだけではその教師が疲弊してしまいます。校内での体制づくりと共に、何よりも通常学級の子どもの人数を大幅に減らすこと（欧米並みに15人程度）が必要です。加えて特別なニーズをもつ子どもに寄り添える専門的な知識と経験のある教諭をサポートとして配置することも必要です。もちろん教職員間の励ましや優しい声かけなどの同僚性も大切です。また、特別支援学級に在籍している子どもについては、特別支援学級でつけた力が通常学級にいった時に生かせるように、教師同士がよく話し合うことも必要です。特別支援学級や通級指導教室、通常学級がそれぞれの役割を果たしながら子どもが交流できるようにする必要があります。多様な学習環境や学習形態を保障していくことも含めて、インクルーシブ教育に関することや個々の子どもの発達的理解など教職員の共通理解が大切です。教育課程づくりも含めた通常学校における改革が求められます。特別なニーズをもつ子どもを含むすべての子どもが排除されず、"自分らしく生きていける"ように、どの子も大切にする、あたたかい学級づくり、学校づくりが大切です。

（宮本郷子）

参考文献

宮本郷子（2007）「通常学級でていねいなかかわりを求めている子どもたち」『発達障害と向きあう』クリエイツかもがわ。

宮本郷子（2015）「インクルーシブ教育を支える学級集団づくり・授業づくり」インクルーシブ授業研究会編『インクルーシブ授業をつくる』ミネルヴァ書房。

第Ⅲ部 特別なニーズのある子どもとインクルーシブ教育

Ⅲ-1 障害のある子どもへの教育実践

重度障害児のインクルーシブ教育①

重度障害児のインクルーシブ教育は可能か？

インクルーシブ教育の理念と「特別な場」における教育

インクルーシブ教育は言うまでもなく、「すべての子どもが同じ場で、ともに学ぶこと」を実現することが理念です。そのために、「子どもを変える」のではなく、「社会を変える」ことによって、できる限り分離しないで教育することを目指していくことが求められます。

しかし、こうした理念を「実践」に移していこうとすると、数々の障壁が立ちはだかります。この障壁は子どもの障害が重度であればあるほど大きくなるでしょう。

たとえば、知的障害と肢体不自由を併せ有する重度障害児を通常の学級に統合して指導しようと思ったら、学校がバリアフリーであることが求められるばかりでなく、学習内容をどのように理解させるかという点でも「バリア」があります。さらに、医療面でケアが必要な子どもがいた場合にはどのように対応するのか、また、通常の通知表を使って評価して良いのかなど、多方面にわたり検討すべき事項が浮かび上がってきます。

2 フル・インクルージョンの考え方と課題

以上のような子どもの実態に応じた対応を検討する中で、分離した場における教育は「差別」につながるので、どんなに障害の重い子どもでも通常の学校に統合して教育を行うべきであると主張する人もいます。こうした考え方を「フル・インクルージョン」と呼びます。

「フル・インクルージョン」の考え方では、「他の子どもと同じ場で学ぶ」という点に価値をおくので、特別支援学校や特別支援学級を廃止し、そこで使用していた予算を通常の学級に通う障害児に対するアシスタントの人件費等に充てて、教育を保障しようと考えます。こうした対応は、一見すると「子どもの特別なニーズ」に応じて対応しているように見えますが、通常の学校に重度障害児が通ったときの実践課題は、それほど簡単なものではありません。

たとえば、文字の読み書きが理解できない重度の知的障害児が小学校3年生のクラスの国語の授業に参加していたとします。他の子どもが教科書を読んで、登場人物の心情を考え、友だちと話し合っている時に、重度知的障害児は同じ場にいることはできたとしても、他の子どもと同様の学習はできないことが多

▷1 こうした対応をすることなく、ただ通常の学校に通わせているだけの状態は「ダンピング（投げ込み）」といわれる。フル・インクルージョンを主張する人たちも、予算や人的資源を確保し、子どもの支援をすることは必要であると考えており、「ダンピング」とは異なる。

いでしょう。これは，重度知的障害児は発達段階を大きく超えた学習課題には十全な参加は難しいということを意味しています。

仮にこうした子どもに特別支援教育支援員等が配置されていても，「問い」を易しくして他の子どもと話し合う機会を与えることも難しければ，他の子どもの意見を聞いて自分の考えを深めることも難しいと考えます。そのため，こうした学習場面で，アシスタントスタッフができることは，他の子どもとは異なる国語のプリント等を用意し，同じ教科を学んでいるように対応することになるでしょう。

❸ 教育課程を変更することは「分離」や「差別」になるか？

しかし，他の子どもが小学校3年生の教科書を使って国語の学習をしているときに，別のプリントを使って学習することは「インクルージョン」といえるのでしょうか。すなわち，「同じ場にいる」ということで，インクルージョンであると主張するならば，「特別支援学級」は「同じ学校のなかにいる」ということになり，この理屈で考えるなら，これもインクルージョンということになります。

このように，子どもの実態に応じた（あるいは発達の段階に即した）指導をしようと考えたら，「同じクラスで，同じ内容を，一人の先生から，同じペースで習う」ということは無理なこととなります。むしろ，多様な子どもが多様な場や方法で学ぶことを承認し合うことで「分離」や「差別」の意識をなくしていく教育を実践することのほうが，よりインクルージョンの理念に近いのではないかと考えます。

インクルーシブ教育をめぐる議論は様々にあり，十分な結論が得られていない点も多くあります。しかし，世界の潮流からみて，以上のような「多様性を認める」という視点からインクルーシブ教育を考えるほうが一般的であると考えます。こうした立場に立った教育実践においては，子どもの実態に応じて時には別の場で関わり，当該学年の他の子どもとは異なる学習内容であっても，「学習スタイルの多様性」の一つとして捉え，これもインクルーシブ教育であると捉えるべきだと考えます。

そして，子どもや学習スタイルの「多様性」への対応の一つとして，知的障害児のために教育課程の特例が設けられていると考えるなら，そうした教育課程のなかで学ぶこともインクルーシブ教育の一つとして捉えることができると考えます。

（新井英靖）

▶2 インクルーシブ教育の文献では，ダイバーシティ（diversity）という用語を使って論じていることが多い。これは価値を一律のものとして捉えず，様々な角度から見つめ，多元的に認め合うことを尊重することが重要であるとの考えからである。

第Ⅲ部　特別なニーズのある子どもとインクルーシブ教育

Ⅲ-1　障害のある子どもへの教育実践

 重度障害児のインクルーシブ教育②
知的障害児の教育とインクルーシブ教育

知的障害児の教育の目的と方法

　知的障害児は、その障害が重度になると同じ学年の他の子どもとは同じ内容・同じ進度で学習することは難しいので、特別な場において、異なる教育課程で指導することが認められています。しかし、だからといって、他の子どもと教育のねらいが大きく異なるというわけではありません。

　当然のことながら、教育基本法第1条（教育の目的）に定められている、「教育は、人格の完成をめざし……」という点は知的障害児教育においても変わりません。また、教育課程に関しても、「児童及び生徒の障害の状態及び特性等を十分考慮して」と注釈しながらも、「小学部においては、……小学校教育の目標」「中学部においては、……中学校教育の目標」を達成することに努めなければならないとされています。

　こうした共通点がある一方で、障害のある子どもの教育課程が通常の学級の子どもたちとすべて同じというわけではありません。特別支援学校学習指導要領には、「小学部及び中学部を通じ、児童及び生徒の障害による学習上又は生活上の困難を改善・克服し自立を図るために必要な知識、技能、態度及び習慣を養うこと」が目標の一つに掲げられています。▷1

　以上のように、障害のある子どもに専門的な指導が必要であると言っても、それは特別な内容を指導することばかりではありません。そうではなく、障害によって生じている困難に配慮したり、指導するという点を除いて、基本的に同じ教育の目的を達成するために教育は行われます。

2 知的障害児の特性と教育課程の特例

　ただし、教育の目的は同じであるといっても、通常の学級の子どもたちと同一の内容、同一の進度で指導することは難しいでしょう。すなわち、通常の教育と共通した目的で行うといっても、一人ひとりの能力に応じた内容と方法を提供しなければなりません。

　この点に関して、特別支援学校の学習指導要領では、こうした子どもたちのために、「知的障害者を教育する場合において特に必要があるときは、各教科、道徳、特別活動及び自立活動の全部又は一部について、合わせて授業を行うことができる」というように、教育課程の特例が設けられています。▷2 具体的には、

▷1　この目標に沿って行われる指導に「自立活動」がある。自立活動は休み時間や給食の時間などを含めて「教育活動全体を通じて行う指導」と、時間割のなかに位置づけて毎週、実施する「時間における指導」がある。知的障害児の自立活動の内容と方法については、佐藤まゆみ（2014）『1からはじめる自立活動』明治図書、を参照。

▷2　こうした特例が設けられた背景には、知的障害児の「学習上の特性」が次のように考えられてきたことが挙げられる。「学習によって得た知識や技能は断片的になりやすく、実際の生活の場で応用されにくいことや、成功経験が少ないことなどにより、主体的に活動に取り組む意欲が十分に育っていないことがみられる。また、実際的な生活経験が不足しがちであるとともに、抽象的な内容より、実際的・具体的な内容の指導がより効果的である」

「日常生活の指導」や「生活単元学習」「作業学習」「遊びの指導」を設定することができ，知的障害の子どもは体験を通して，さまざまな教科や領域を合わせた指導が展開されています。

また，重複障害者のうち，障害の状態により特に必要がある場合には，各教科等の目標や内容の一部を替えて「自立活動を主として指導を行うことができる」という特例も設けられています。自立活動は，「障害による学習上または生活上の困難を改善克服すること」を目的とした指導で，特別支援教育においてのみ設定することができるものですが，こうした特例を設けることで重度重複障害児の教育課程では，障害に常に配慮しながら柔軟に授業時間割を編成することができるようにしています。

③ 交流し，相互理解を深めることがインクルーシブ教育の第一歩

実際のところ，重度の知的障害児や重複障害児の教育は，以上のような教育課程の特例をうまく活用して，教育の目的である「人格の完成」を目指して発達を遂げています。現状では，そうした教育実践を通常の学級の子どもと「同じ場」で実現することは難しく，特別支援学校や特別支援学級といった通常学級とは異なる場で実践されていることが多いということです。

こうした実状に関して，早い時期からインクルーシブ教育の推進を掲げて取り組んできた英国では，「インクルージョンはプロセスである」と表現しています。すなわち，即座に特別支援学校を廃止して，急進的に通常の学級に統合しようとするのではなく，完全統合に向かって少しずつ前進しようとすることが重要であるという考え方です。

これは，完全に分離した場で通常の学級の子どもたちと何ら交流することなく教育が進められることは避けなければならず，機会をとらえて可能な限り同じ場で学べる機会を設けることを推奨するといった考え方でもあります。文部科学省では，こうした理念をふまえて，これまで「交流及び共同学習」を推進してきました。

具体的には，特別支援学校の子どもたちが年に数回，居住地の小学校や中学校に訪問し，交流する機会を設けるといった取り組みは全国的に展開されています。あるいは，特別支援学校の近隣の小・中学校が文化祭や総合的な学習の時間などを利用して，年に数回，学校間の交流活動を行っているというケースもあります。こうした取り組みのなかで，特別支援学校で学んでいる子どもたちのことを知る機会を得て，地域の中で暮らしやすくすることがインクルーシブ教育の第一歩であると考えます。

（新井英靖）

▶3 この点については，日本だけではなく，インクルーシブ教育を進めてきた欧米諸国においても同様であり，現状においては，特別支援学校における教育が残されている地域のほうが多い。

第Ⅲ部　特別なニーズのある子どもとインクルーシブ教育

Ⅲ-1　障害のある子どもへの教育実践

  重度障害児のインクルーシブ教育③
重度障害児の教育実践から学ぶ

 「身体」「感覚」を通して理解する重度障害児

　前節までに述べてきたように，重度障害児の教育は，障害の程度や発達の状態によっては他の子どもと異なる学習内容を用意することが必要な場合があります。こうした子どもたちへの教育も含めてインクルーシブ教育を実現しようとすると，「場」を同じにするのではなく，根本的な教育原理の共通性を追究することが重要です。

　具体的な授業を例に挙げて考えてみましょう。重度障害児の「算数」の指導では，いきなり「1」「2」「3」と数えるところから学習するのではなく，たくさんの物を抱えて持つ活動のなかで「いっぱいあるね」ということを実感したり，大きな袋にいろいろな物を入れて持ち運ぶ活動のなかで「重い」とか「軽い」ということを実感する学習を展開します。これは，数や量の「計数」や「計測」ができるようになる前に，身体的あるいは感覚的に数や量を理解することが重要であるという考え方が基本だからです。

▷1　遠山啓（1972）『歩き始めの算数』国土社を参照。

　こうした教育実践の考え方は国語の学習においても同様です。たとえば，絵本を使って国語の授業を展開するとしても，重度障害児の国語の授業では，絵本を読み聞かせたあとに，必ずしも「どのような内容だった？」と問うことをするわけではありません。ましてや，「この文章はどこで区切れるか？」などの段落分けを行うような授業展開はほとんど見られません。そうではなく，お話の展開にそって，オオカミに追いかけられたら「怖かったね～」という気持ちを表現できるように授業を展開したり，ももたろうのお話を読んで鬼をやっつけて，「やった～！」と声を上げるなど，物語の内容を自分のことのように感じながら理解するように授業を行っています。

　このように，重度障害児に対する授業は「言語」「認識」をベースにするのではなく，「感覚」「身体」を通した理解をベースに進められています。

2 通常の学級の授業づくりを改善する視点

　それでは，こうした重度障害児の授業づくりは通常の学級の授業とは異質のものなのでしょうか。確かに，重度障害児は30人のクラスで当該学年の教科書を使って進められたら，授業に参加することはできません。障害児一人ひとりの理解の仕方や特性を把握して教材を用意することも必要です。そのため，通

常学級担任が一人で指導できる範囲を超えていて，特別な場における指導が不可欠です。

その一方で，通常学級の子どもたちは，重度障害児の学びの基本である身体や感覚を大切にした学習指導は不必要なのでしょうか。たとえば，小学校1年生の国語の授業で「おおきなかぶ」を教科書で読んだあと，何人かの子どもが前に出てきて列になり，みんなで腰をもって「うんとこしょ，どっこいしょ」と声をあげながらかぶを抜くという学習活動は，言語的・認識的な理解を確かなものにするために，身体的・感覚的に「読む」ことであるといえます。

このように，小・中学生に対する指導であっても言語的理解だけをねらっているわけではなく，身体的・感覚的な理解に支えられながら学習が進められている側面もあります。

3 重度障害児の授業づくりから学ぶこと

以上のように，「理解」の根底に身体的・感覚的な側面が必ず含まれているということは，重度障害児の授業づくりを経験すると比較的すぐに気が付くものです。しかし，小学生や中学生に対して教科書を使って授業をすることに慣れてしまうと，言語的やりとりが可能な子どもが多いクラスでは，身体的・感覚的な側面が授業の背後に追いやられてしまうことも多くなります。

もちろん，小学生や中学生に対する授業では，最終的には言語的に理解できるように指導することが必要です。ただし，そこに至る過程において，重度障害児の教育においても共通する点が必ずあるということを意識して実践をすることがとても重要なのだと考えます。

これは，「実際に指導している内容」については異なるところもありますが，教育の目的，すなわち，目指しているところや大きな枠組みでとらえると，子どもの理解の過程は通常の学級の授業においても重度障害児の授業においても共通しているところがあるということを意味しています。いや，むしろ，重度障害児の「理解の過程」を意識することによって，小・中学校の子どもたちの学びがより実感をもって「わかる」授業へと発展させることができると考えるべきでしょう。そのため，重度障害児の教育実践は小・中学校の授業を改善する契機となると考えることもできます。

現状において，「学びの場」を即座に同じにすることが難しい重度障害児のインクルーシブ教育は，こうした共通した視点をもって授業改善を進めていくことが重要になると考えます。

（新井英靖）

▷2 身体的・感覚的な「わかる」を大切にした小・中学校の授業づくりの方法については，新井英靖（2016）『アクション・リサーチでつくるインクルーブ授業』ミネルヴァ書房に詳述した。

Ⅲ-2　多様なニーズに対応する教育実践

多様な性と教育・指導①
現状・実態：子ども・保護者・教師の困難

　2016年4月，文部科学省は「性同一性障害や性的指向・性自認に係る，児童生徒に対するきめ細やかな対応の実施等について（教職員向け）」という対応の手引きを発表しました。性同一性障害のある児童生徒とともに，同性愛や両性愛といった多様な性的指向や性自認のある児童生徒への対応は，これまで以上に求められています。

1　多様な性を生きる子どもへの実態調査

　学校教育における多様な性への対応は，多様な性を生きる当事者がいじめや不登校の問題にさらされていたり，着用する制服への配慮など性別違和のある子どもへの対応が必要となったり，学校現場で起こっている諸問題が可視化されはじめた結果であるといえます。たとえば「いのちリスペクト。ホワイトリボン・キャンペーン」が2014年に発表した調査では，性的マイノリティの68%が「身体的暴力」「言葉による暴力」「性的な暴力」「無視・仲間はずれ」のいずれかを経験したことがあるという結果が出ています。その内訳は「言葉による暴力」が53%でもっとも高く，いじめの加害者は「同性の同級生」とする回答がもっとも多いものの（男性85%，女性80%），担任教員という回答も12%見られます。さらに別の調査によると，性別違和のある者にいたっては69%が自殺念慮を抱いたことがあるとされています。学校教育における多様な性は，「児童生徒が抱える問題に対しての教育相談の徹底について（通知）」（2010年文部科学省）や，「自殺総合対策大綱」（2012年，2017年厚生労働省）といった政策とも相まって，次第に認知されるようになってきたのです。

2　多様な性を生きる子どもの学校での姿

　こうした問題が指摘されるなか，多様な性を生きるある児童は国語の時間，性別に合わせた一人称を使うことに苦痛で，「わたし」と書けないまま作文の授業をやり過ごしてきました。ある生徒は，テレビで観た男性同性愛者のキャラクターを揶揄する周囲に対し，自分が笑われているように感じ深く傷ついています。そして，同性に恋愛感情を抱くのは一過性のことであると自分に言い聞かせつつ，自身のセクシュアリティを隠すため異性愛者のふりをして学校生活を送っています。多様な性を生きる子どもたちは，周囲の無知や無理解のために自己否定を繰り返し，学校でのできごとと自分自身との間に，絶望的な

▷1　アメリカ精神医学会が2013年に発行した『精神疾患の分類と診断の手引き』第5版（DSM-5）では，性自認をめぐる苦悩を疾患ではなく個性と捉える向きから，「性同一性障害（Gender Identity Disorder）」が「性別違和（Gender Dysphoria）」と変更された。

▷2　いのちリスペクト。ホワイトリボン・キャンペーン，平成25年度東京都地域自殺対策緊急強化補助事業（2014）「LGBTの学校生活に関する実態調査（2013）結果報告書」を参照。

▷3　新井富士美・中塚幹也・佐々木愛子・安達美和・平松祐司（2008）「性同一性障害患者の思春期危機について」日本産婦人科学会編『日本産婦人科學會雜誌』60(2)：827，を参照。

距離感をもつことが少なくありません。その結果自己肯定感は低下し，表面的な思考が自動化してしまい，自分が思っていること・感じていることをつかみにくくなってしまうこともあります。自分の思いや考えを表面的にしか伝えることのできない毎日は，生活面だけでなく，当然，学力面にも影響を及ぼします。

3　多様な性を生きる子どもと保護者・教師

　こうした子どもたちは，自らの悩みや生きづらさを誰にも言えずに成長していきます。先の「いのちリスペクト。ホワイトリボン・キャンペーン」の調査では「生物学的男子」で53％，「生物学的女子」で31％が小学生から高校生の間，自らのセクシュアリティを誰にも言えなかったとされています。さらに，誰かに話したとしてもその割合は同級生が72％を占め，保護者や教師など，「大人」に話したと回答した者は「周囲のだれかに話した」と回答した非異性愛者では1割前後，性別違和のある当事者では約2～3割であると報告されています。

　つまり保護者や教師には，多様な性を生きる子どもの困難を知らない現状があります。こうしたずれは，多様な性を生きる子どもたちの自己否定や自己肯定感の低下を引き起こし，周囲と自身の間との絶望的な距離感，自動化された表面的な思考を生み出す一因となっています。ただし，子どもに自らのセクシュアリティを打ち明けられた保護者や教師は，多様な性への自らの無知を責める様子が多く見られます。異性愛や，性別二元論を前提としたこれまでの自分の言動が，子どもを傷つけたのではないかと悩む姿も見られます。「多様な性なんて，学校では教えてくれなかった」という保護者の声もあります。いっぽうで，子どもを生み育てる経験をしてほしい，子孫を残してほしいという根強い価値観に苦しんだり，子どもの幸せを願うあまり「マイノリティで幸せになれるのか」といった疑問に頭を悩ませたりする保護者も少なくありません。そして多様な性を生きる子どもたちは，こうした保護者や教師の思いを敏感に感じ取り，「親を傷つけたくない」「親や先生に自分を否定されるのが怖い」などと苦しんでいます。

（永田麻詠）

▷4　性別は女性と男性の2種類しか存在しないという考え方。

第Ⅲ部　特別なニーズのある子どもとインクルーシブ教育

Ⅲ-2　多様なニーズに対応する教育実践

2　多様な性と教育・指導②
今後の実践課題と課題解決のための基本的な原則や考え方

1　多様な性を生きる子どもへの対応：「知る」ということ

　学校現場に求められているのは，性別違和のある児童生徒に対して，制服や更衣室，トイレ，宿泊を伴う課外活動など，様々な面での合理的配慮を行うことだけではありません。「自分は異常なのではないか」と思い悩む多様な性を生きる当事者，無知や無理解から当事者を傷つける周囲の子どもたち，そして「多様な性なんて，学校では教えてくれなかった」という保護者の思いや，教師の認識不足に答えるためにも，まずは多様な性に関する正しい知識を得て，「知る」ことが大切です。

　たとえば岡山県倉敷市では，「性の多様性を認め合う児童生徒の育成」として2016・2017年度に授業研究が行われています。倉敷市の小・中学校で，学級活動，道徳，総合的な学習の時間，保健体育等の時間に，多様な性に関する取り組みが行われているのです。しかし，こうした取り組みは依然として少なく，実際の学校現場では多様な性が学校で対応すべき喫緊の課題であるという認識すら薄いことも多く，具体的な実践構想は発展途上であるといえます。「『同性愛差別の問題は，保健の先生が扱ってくれるだろう』といった他人任せの態度ではなく，自分自身の担当している科目で同性愛差別解消のためにどのような取り組みができるかを教師一人ひとりが考えることが必要」という指摘も見られるように，多様な性をめぐる学校教育の課題は，教科学習とも当然無関係ではありません。多様な性を「知る」学習が，まずは様々な授業で行われる必要があるのです。

2　「知る」学習を超えて

　しかし，いっぽうで「知る」学習だけでは多様な性に関する取り組みは不十分であるという指摘もあります。たとえば，「多様な性を扱っているはずの性教育実践が，セクシュアル・マイノリティをカテゴライズし，「自分たちとは別」であることを強調する，「かわいそうな人たち」を「差別しないようにしましょう」といった上滑りの「道徳教育」に陥っていく」というものです。「多様な性」とは，異性愛者やシスジェンダーなど，いわゆる性的にマジョリティとされる者も位置づけることのできる考え方です。マイノリティとマジョリティがグラデーションのように，連続した性のなかに位置づけられるという

▷1　松尾真治（2017）「市教委が主導で研究し，10小中学校で「性の多様性」を認め合う授業を実施」『総合教育技術』72(5)：63-65，を参照。

▷2　前川直哉（2012）「学校での同性愛差別と教師の役割」加藤慶・渡辺大輔編『セクシュアルマイノリティをめぐる学校教育と支援増補版――エンパワメントにつながるネットワークの構築にむけて』開成出版，70-86，を参照。

▷3　田代美江子（2016）「特集にあたって」『季刊セクシュアリティ』74：4-5，を参照。

▷4　生まれたときに診断され与えられた性別に違和感のない人を指す。トランスジェンダーに対応する語である。

考え方は，インクルーシブ教育そのものともいえます。それなのに，多様な性について「知る」学習によって，性的にマイノリティとされる当事者を自分事と切り離し，「そういう人もいるよね」「差別はよくないよ」などといった表面的な学びとなるのであれば，これは多様な性を生きる子どもをかえって排除することになりかねません。すなわち「知る」学習が，「「特別なニーズ」がある生徒として「性的マイノリティ」を位置づける」ことで包摂ではなく排除として機能し，結局は「知ってもらう客体としての「マイノリティ」と知る主体としての「マジョリティ」の権力構造の再生産」が起こるだけだということもできます。

▷5 岩川ありさ（2016）「「ようこそ，この教室へ」──異性愛主義と性別二元論を超えて」教育実務センター編『高校生活指導』202：48-51，を参照。

3 多様な性を包摂する教育実践

では，多様な性を包摂する教育実践にどう取り組めばよいのでしょうか。ひとつは，マイノリティ／マジョリティにかかわらず，子ども，保護者，教師を含め，多様な性を生きる私たちすべてが，自らの「普通」を問い続けることのできる批判的リテラシーの育成が考えられます。たとえば，小学校6年生の国語科教科書に「漢字の広場──5年生で習った漢字」（光村図書『国語六　創造』）という教材があります。本教材では5年生で学習した「婦」の復習を促すさいに，「新婦」という熟語を示し，男女の花婿・花嫁姿と思われる絵が示されています。こうした教材を教員や子どもたちが「普通」として受けとめたうえで学ぶのではなく，多様な性を前提に，「ちょっと待って」と立ち止まってことばの学習をはじめられるような，批判的リテラシーを育てることをめざしたいと考えます。そうした取り組みが行われれば，多様な性を「知る」だけの学習ではなく，また，マイノリティ／マジョリティが多様な性にともに位置づけられ，その権力構造を問題化できるような実践の可能性が開かれるでしょう。なぜ私（たち）は，「新婦」という熟語や，そこに描かれた男女の絵をつい「普通」と感じてしまうのか。こうした問いを，学習者と教師がともにもち続けられるような実践構想が，多様な性に対応する教育実践につながるのです。

▷6 渡辺大輔（2016）「「性の多様性を学ぶ」とはどういうことか」教育実務センター編『高校生活指導』202：56-63，を参照。

（永田麻詠）

Ⅲ-2 多様なニーズに対応する教育実践

3 吃音の子どもの教育・指導①
現状・実態：子ども・保護者・教師の困難

1 吃音のある子どもの現状・実態

　吃音の定義は様々にありますが，基本的には，難発（音が出にくい），伸発（音が伸びる），連発（同じ音を繰り返す），などの発話に特徴があります。吃音の有症率は約1%といわれています。つまり，35名が在籍する学級が1学年に3クラスあれば，そのいずれかのクラスにおいて，1名は吃音のある児童が在籍していることになります。

　吃音のある児童の多くは，幼少期より自分の話し方の特徴を自覚しています。また，吃音を理由に友人にからかわれたり，保護者や教員に注意・指摘されてきた経験があるため，話すこと自体を控えたり，発声しやすいことばに言い換えるなどして日々を過ごす傾向があります。このことから，吃音をめぐる当事者の悩みが周囲に気づかれない状況が続いています。吃音に詳しい大人は少ないため，吃音について学ぶ機会も少ないのが現状です。

2 吃音をめぐる子ども・保護者・教師の困難

　吃音当事者とかかわる支援者（保護者・教員・言語聴覚士等）の原則に「当事者のことばを受けとめる」というものがあります。これは，何をしたいかは当事者が決め，支援者の側では勝手に決めない，というものです。また，「吃音者であるかどうかは本人が決める」というものもあります。聞きとることが困難な発話を続ける本人が，実は何も気にしていなかったり，気づいていなかったりすることは少なくありません。逆に，とても流暢に話しているように聞こえる人が，「言いやすいことばに急いで言い換えているだけで，本当は話すのが辛い」と，「吃音者」であることを深く自覚している場合もあります。

　吃音は「関係性の障害」ともいわれています。吃音をめぐる困難は，子ども，保護者，教員の各単体の問題として考えることはできません。保護者の多くは自分の子どもに吃音が見られると，驚き，戸惑い，不安になり，何とかして「治療」させてあげたい，と考えがちです。しかし，当事者である子どもの側からすれば，まずは自分の話をしっかりと聞いてほしい／受けとめてほしい，と願っているのであり，保護者の善意による「治療」をめぐる言動が吃音の存在を否定することにつながり，結果として吃音のある子どもを深く傷つけることにもなります。

▷1　吃音をめぐる知識や学術的な動向を確認したい場合や，吃音のある子どもの実態や現状を確認する上では，参考文献に挙げた書籍を参照されたい。

また，国語の授業などで吃音のある児童に音読をさせるべきかどうか迷う教員がいますが，教員の側で判断するのではなく，本人が音読をしたいのかどうか，支援を求めているのかどうかについて，丁寧に確認することが大切です。吃音のある子どもが小学生の場合であれば，支援のあり方そのものが思い付かず，「先生や友だちに何をお願いしてよいのかわからない」というケースもあります。教員や保護者との話し合いの過程において，子どもが考えあぐねている様子が見られた際は，「音読を一人ずつではなく，二人ずつで読む」などのように授業の展開を変えてみる，あるいは，「音読の番になったときには先生と一緒に読むこと」などを提案し，本人が望めば，そのような支援をすることができるでしょう。また，言えないことばなどが出てきたら，「言えない」をあらわすプラカードを事前に児童と作成し，そのカードを上にあげたときは教員が代読する，あるいは隣の席の友だちが代読する，などの約束を教室全体で決めておくことも考えられます。

　吃音をめぐる子どもの思いや支援のあり方は，始業式を終えたあとの早い段階で，教室内で共有したほうがよいでしょう。吃音のある子どもの不安が和らぐだけでなく，まわりの児童，教員，保護者にとって，吃音のある子どもとのかかわり方の見通しがもてるからです。このためにも，吃音のある子どもとは，保護者や同僚とともに，学校内外での吃音の表明の仕方について話し合うことが求められます。

　本人が吃音をめぐる表明を希望しない場合であれば，今後起こり得るケースを出し合い，共有し，必要な対応のあり方について当事者とともに検討することが求められます。なお，吃音に限った話ではありませんが，国語科の音読や九九の口唱，日直当番の号令など，これらの活動が本当に必要なことなのか，教員は授業目標や教育効果の観点から絶えず検証していくことも必要です。

　教室内での発話の際，どんなにことばが出なくても，当の本人が「やりたい。できる。」と言っているのであれば，周囲が何も言うことはありません。つっかかっても，言いよどんでも，時に沈黙が長く続くような場合でさえ，それは本人が「やりたい。できる。」と公言して望んだことであり，他者がそれを勝手に心配することは，本人に対して失礼にあたることさえあります。

　今では，パワーポイント，手元における（小さな）ホワイトボード，タブレット端末などのメディア機器などを用いることで，発話の代わりに書きことば，絵，図，動画などで説明することも可能です。しかし，豊かなツールが意味をもつのは，吃音のあることばを受けとめようとする関係づくりの姿勢が背後にあることが前提となります。メディアの普及は手助けの一つとなりますが，どの時代であれ，「吃音当事者が感じる困難や生きづらさは周囲の人がつくりだしている」ということを，常に心にとどめておきたいものです。

（原田大介）

参考文献

伊藤伸二・吃音を生きる子どもに同行する教師の会（2010）『吃音ワークブック どもる子どもの生きぬく力が育つ』解放出版社。

小林宏明・川合紀宗編（2013）『特別支援教育における吃音・流暢性障害のある子どもの理解と支援』学苑社。

向谷地生良・伊藤伸二（2013）『吃音の当事者研究——どもる人たちが「べてるの家」と出会った』金子書房。

伊藤亜紗（2018）『どもる体』医学書院。

第Ⅲ部　特別なニーズのある子どもとインクルーシブ教育

Ⅲ-2　多様なニーズに対応する教育実践

 吃音の子どもの教育・指導②
今後の実践課題と課題解決のための基本的な原則や考え方

 実践課題としての支援者の吃音観

　吃音のある子どもへの教育や指導のあり方は，支援者の吃音をめぐる知識や考え方（吃音観）に強く左右されます。吃音とは何かを整理してみましょう。
　吃音は，言語障害の中でも謎の多い障害だといわれています。吃音という症状が生まれる原因は，未だに明らかにされていません。素因論，環境論，学習論，多因子モデル等，様々な仮説が研究の世界で提唱されてきましたが，いずれも仮説の段階にとどまるものです。近い将来，その原因が遺伝子レベルで明らかになるようなことがあったとしても，それが吃音をめぐる教育・指導の場に役立つような展開へとすぐに結びつくことは考えにくいでしょう。
　国際的なレベルで共通している事実として，吃音の発症率は5％，有症率は1％といわれています。この数字の差にあるように，4％は「自然治癒」という現象のもとに消えます。しかし，この4％は，幼児吃音と呼ばれる幼児特有の発話が小学校低学年頃までに消えてなくなるというものです。小学校中学年以降も吃音の症状が見られれば，成人以降もほぼ確実に吃音の症状が見られます。吃音は，当事者の発達段階によって意味づけが異なる点に特徴があります。
　また，吃音には「波」と呼ばれる現象もあります。日や年など，時間軸の単位で比較的流暢な発話が続いたり，反対に発話が難しくなったりと，吃音当事者のあいだでも差があります。人によっては，天気などの気圧の変化によって発話の調子が変わることや，話す場や相手によって症状が大きく変化することも確認されています。インターネットで「吃音が治った」などと声高に報告されているサイトもありますが，それは「波」という現象による比較的流暢な時期に限定して述べられていることが考えられます。より悪質なサイトでは，「吃音は絶対に治る」などの広告を打ち出しています。吃音を通して辛い思いや経験をした当事者が，高額なテキスト料や「治療機器」と称した商品の代金を請求され続けるケースも後を絶ちません。
　このように吃音は，確かに謎の多い障害です。一方で，事実として共有できることが二点あります。
　一つ目は，吃音は，疾病ではなく障害である，という事実です。「吃音症」などの表現も近年は見られますが，疾病の一つと誤解される可能性が生まれるために，支援者が用いることは避けた方がよいでしょう。また，近年は吃音当

事者のすべてが発達障害も併せ持つかのような情報も見られますが、吃音当事者の中には発達障害当事者である人もいれば、そうでない人もいる、という基本的な事実も押さえておきたいところです。

二つ目は、吃音という発話の症状は、変わり続けるものである、という事実です。吃音のあるなしに関係なく、豊かな生活を送るように心がけ、自分なりに発話を楽しんだり工夫したりする経験を続けていくことで、人間の発話の症状には少なからず変化が見られます。これは、吃音当事者による発話も同じです。ここでの変化とは、非流暢性の発話が比較的流暢なものになった、という観点だけではなく、言い換えがうまくなった、声の大小を使いわけるようになった、思いを伝えられるようになった、電話や言い換えができないような場面では人に頼ることができるようになった、発話に難しさがある自分の特徴を受け入れられるようになった、などの観点が挙げられます。

吃音は治るものではなく、態度や価値観も含めて、変わり続けるものです。このような吃音をめぐる知識をもつだけでも、支援のあり方は変わります。少なくとも、治療する指導のみを求める支援者の姿とは、大きく異なります。

❷ 多面的・包括的アプローチの有効性

とはいえ、吃音臨床の場では、「治療する対象としての吃音」という指導のあり方が根強く残っています。この考え方の背後には、「吃音を治療できる」ことで自身の役割を見出そうとする言語聴覚士や研究者の存在と、吃音をめぐって辛い思いや経験をしたことで「治す」ことへの希望を捨てきれない当事者という二つの存在があります。支援者と当事者とのあいだには、「治すこと」を互いに求め続けてしまう「不幸な共犯関係」が生まれているのです。

吃音のある子どもの教育・指導で大切なのは、吃音当事者がもつ吃音をめぐる価値や態度にアプローチすることです。吃音を発話という技能の問題だけで捉えるのではなく、吃音に関する知識の問題や、吃音とともに生きるための価値や態度の問題として受けとめる必要があります。

学習指導要領のような存在があるように、学校現場は政治的な場でもあります。学校で行われる吃音指導の場合は、支援者の側に、ある程度の折衷案が求められます。一つの方向性としては、「多面的・包括的アプローチ」が挙げられるでしょう。▷1 この研究アプローチも万能なものではなく、「治療する」という考え方が根強くあります。ですが、発話の治療という考え方以外にも、当事者の生活全体を理解しようとしたり、吃音をめぐる価値・態度に働きかけたりすることも提唱されている点は重要です。「多面的・包括的アプローチ」という学術用語を活用し、その解釈を、吃音をめぐる知識や価値・態度へと「柔らかくずらす」ことにより、発話の治療だけではない支援が実現できます。▷2

（原田大介）

▷1 多面的・包括的アプローチの考え方については、次の文献を参照されたい。小林宏明・川合紀宗編(2013)『特別支援教育における吃音・流暢性障害のある子どもの理解と支援』学苑社。

▷2 吃音当事者の価値や態度に働きかける支援を考える上では、参考文献に挙げた書籍を参照されたい。

参考文献

向谷地生良・伊藤伸二(2013)『吃音の当事者研究──どもる人たちが「べてるの家」と出会った』金子書房。

伊藤伸二・吃音を生きる子どもに同行する教師の会(2010)『吃音ワークブック どもる子どもの生きぬく力が育つ』解放出版社。

伊藤亜紗(2018)『どもる体』医学書院。

第Ⅲ部　特別なニーズのある子どもとインクルーシブ教育

Ⅲ-2　多様なニーズに対応する教育実践

 # 外国とつながりのある子どもの教育・指導

1　問題の背景

　国際化の進展に伴い，外国とつながりのある子どもが学級にいることが当たり前の時代となってきました。それに伴い，日本語指導が必要な子どもが格段に増加しています。「日本語指導が必要な児童生徒の受入状況等に関する調査（平成28年度）結果」では，「日本語指導が必要な外国籍の児童生徒数は34,335人で前回調査より5,137人増加した。また，日本語指導が必要な日本国籍の児童生徒数は9,612人で前回調査より1,715人増加した。」と報告されています。日本国籍であっても日本語が不自由なく使えない場合にも指導が必要となります。言語別ではポルトガル語，中国語，フィリピン語が半数以上を占め，教育課題も多様化複雑化している現状となってきました。

2　国の施策として

　日本語指導の需要が高まっていることを受け，文部科学省は「学校教育法施行規則の一部を改正する省令等の施行について」という通知を出しました。
　「帰国・外国人児童生徒等に対する日本語指導をいっそう充実させる観点から，当該児童生徒の在籍学級以外の教室で行われる指導について特別の教育課程を編成・実施することができるよう制度を整備する」とされています。日本語を理解し，使用する能力に応じた指導の充実のため，特別の教育課程の編成・実施がこれまで以上に求められているのです。指導においては他の学校で受けた授業も，特別の教育課程に係る授業とみなすことも認められています。
　指導内容としては，「児童生徒が日本語を用いて学校生活を営むとともに，学習に取り組むことができる」ことを目的とし，授業時数を「年間10単位時間から280時間までを標準とする」と規定しています。留意事項として，「児童生徒の日本語の能力を高める指導のみならず，日本語の能力に応じて行う各教科の指導」も含んでいます。さらに，「在籍する学年の教育課程にとらわれることなく児童生徒の学習到達度に応じた適切な内容にすることや在籍する学年についてもその年齢にとらわれなくてもよい」という弾力性も明記されました。日本語指導担当教員が中心となり，外国とつながりのある子どもの実態に応じた計画の作成や柔軟な指導が望まれているのです。

▷1　この調査において「日本語指導が必要な生徒」とは，「日本語で日常会話が十分にできない児童生徒」及び「日常会話ができても，学年相当の学習言語が不足し，学習活動への参加に支障が生じており，日本語指導が必要な児童生徒」を指す。文部科学省「日本語指導が必要な児童生徒の受入状況等に関する調査（平成28年度）」の結果について http://www.mext.go.jp/b_menu/houdou/29/06/1386753.htm

▷2　日本語指導が必要な日本国籍の児童生徒には，帰国児童生徒のほかに日本国籍を含む重国籍の場合や，保護者の国際結婚により家庭内言語が日本語以外である者なども含まれる（注1資料より）。

▷3　文部科学省「学校教育法施行規則の一部を改正する省令等の施行について（通知）」平成26年1月14日「学校教育法施行規則の一部を改正する省令（平成26年文部科学省令第2号）及び「学校教育法施行規則第56条の2等の規定による特別の教育課程について定める件（平成26年文部科学省告示第1号）」。

3 一人ひとりの子ども理解の上に

　日本語指導が必要な子どもたちが，ただ日本語を理解し使用できるようになればいいだけではありません。外国籍，日本籍，重国籍等と，一人ひとりの子どもに応じてその状況は様々です。もちろん，日本で生活するためには日本語を習得し，日本文化に慣れていかねばなりません。それぞれに応じて「日本語を学び」「日本語で学ぶ」という二重の学びが必要となります。しかし，それは母国語と日本語，母国文化と日本文化の中で生きていく子どもたちの，第一言語を否定するものであってはならないのです。

　佐藤学[4]は，学力の格差を人種や階級の言語に還元するのは単純であるとしながらも，東アジア出身のマイノリティが学校で成功する秘訣は自らの文化的アイデンティティを放棄して白人文化に自分を同一化している点にあるというオグブ[5]の論を紹介しています。さらに JSL 児童生徒（Japanese as a second language）についても次のように述べています。

　　近年，多数のニューカマーの子どもたちが学校に参入することによって，異質な言語や文化に対応しうる教室の創造が求められています。どのような教室のコミュニケーションを創造すれば，マイノリティーに対する差別，排除，同化を克服して文化の多様性を保証しうるのかが厳しく問われています。日本の教室文化の硬さや画一性が問い直される時代が到来したとも言えます。同一性を志向してきた日本の教育において，一人ひとりの差異が尊重され多様な文化が交流されるコミュニケーションを創造することが，これからの授業実践と授業研究の課題の一つになっています。

　一人ひとりの差異を尊重し，多様な文化が交流されるコミュニケーションの創造は，インクルーシブ教育の根本です。教室で規範化されている言語と日常生活の言語に差異があることを受け，外国とつながりのある子どもたちの言葉の学びの重要性を再認識し授業づくりをしなければなりません。

4 外国とつながりのある子どもの受け入れについて

　受け入れについては，「外国人児童生徒教育研修マニュアル」が参考となります。

○学校として

　管理職を中心に学校の受け入れ体制を整えます。関係の職員と保護者，必要な場合は通訳も交えた面談で，子どもや家庭の実態把握[6]をします。日本の学校の様子を伝え，保護者との信頼関係を築かねばなりません。気軽に相談できる場所や，カウンセラーの存在等を伝えることで安心感を抱いてくれます。

▶4　佐藤学（2010）『教育の方法』左右社，144，146。

▶5　オグブ（John. U. Ogbu）：カリフォルニア大学，人類学者，マイノリティ研究家

▶6　把握すべき内容としては，次のようなものが考えられる。
本人：生育歴，学習歴，認知発達，特性，母語の力，日本語力，在籍学級での学習の可能性，興味・関心等
保護者：来日の理由，生活の状態，日本語力，家庭内の言語等

○学級として

子どもの実態に応じて学年，学級を決定し，受け入れ準備をします。日本の学校文化は保護者にも子どもにもなじみのない場合が多いでしょう。丁寧な説明と必要な物的環境を整える必要があります。何よりも大切なことは学級の子どもたちの暖かい受け入れです。言葉や母国の問題を含め，その子自身を認められる学級づくりが基盤になります。

○指導の体制づくり

指導に当たる人材の役割分担や指導形態等を考慮して体制づくりをしなければなりません。教育委員会の方針や学校の状況に応じて人材は異なります。在籍学級担任，教科担当，日本語学級担当教員，日本語支援担当，地域ボランティア，大学生サポーター等の多様な関わりが考えられるでしょう。また，指導形態も在籍学級に支援者が入る指導，日本語学級での取り出し指導等状況に応じた工夫が必要です。子どもの実態を把握した上で，指導に当たる全員が指導方針を共通理解することが大切です。そのためには校内委員会を設置し，コーディネーターが統括することが望ましいでしょう。

5 実際の指導

実際の指導では，文部科学省の「JSLカリキュラム」や独立行政法人教職員支援機構の「外国人児童生徒等に対する日本語指導」が参考になります。

○JSLカリキュラム

日本語指導と教科指導を統合し，学習活動に参加するための力の育成を目指します。具体物，直接体験に支えられた学び，学習内容の理解を促すための日本語の工夫，日本語の力と学習内容の理解度の把握，個々の子どもに応じたカリキュラムづくり，実践を共有する仕掛けづくり等を通して，日本語による学ぶ力を育成します。2つのカリキュラムがあります。

①「トピック型」JSLカリキュラム

具体物や直接体験という活動，他の子どもとの関わりを通して，各教科に共通の日本語で学ぶ力の育成が目的です。図Ⅲ-2-1は中国籍の1年生に対する生活科と算数科の横断の取り出し指導の様子です。お店の探検については在籍学級で学び，お金の計算を取り出し指導しています。来日直後の子どもに実際の硬貨を使うことで，日本のお金に慣れること，計算できるようにすることをねらいました。計算が得意という子どもの特性を生かしたカリキュラムで，その後のお店やさんごっこでも意欲的に活動しました。

②「教科志向型」JSLカリキュラム

各教科特有の学ぶ力の育成を目指します。体験を重視し，実態や具体

図Ⅲ-2-1 硬貨を使う

図Ⅲ-2-2 国語科学習

物に触れながら抽象化していきます。教科を学習していく上で必要な活動（観察，情報の収集，思考，推測など）を組み立て，成果を日本語で表現できるようにすることがねらいです。図Ⅲ-2-2はインドネシアの5年生女児の，在籍学級における国語科学習の様子です。日常の会話は日本語で話せますが，物語文で登場人物の気持ちが推測できにくい特性がありました。日本語補助指導員と挿し絵や会話文に目を向けて読むことで，想像を広げながら自分の読みを発表することができたのです。
個に応じた読みのストラテジーを活用することが大切です。

図Ⅲ-2-3　絵本の読みあい

◯ 日常生活場面のことばの力

個別の指導計画の作成については「外国人児童生徒等に対する日本語指導」にわかりやすく説明されています。指導方法として，① 日常のコミュニケーションの力を育む「サバイバル日本語」，② 日本語の知識・技能を育む「日本語基礎」，③ 読み書きの力を育む「技能別日本語」，④ 学習言語能力と教科の知識の獲得「日本語と教科の統合学習」が紹介されています。図Ⅲ-2-3は外国にルーツのある子どもたちの「絵本の読みあい活動」です。在籍学級の子どもたちとの読みあいも可能です。日常生活の様々な機会を捉えて日本語に触れ，楽しむ場面をつくることが大切です。

▶7　コンスタンス・マクグラス，川合紀宗訳(2010)『インクルーシブ教育の実践』学苑社，は「読みの環境調整・課題改善」としていくつかのストラテジーを提案している。

6　課　題

◯ 子どもたちの多様化

外国とつながりのある子どもの増加に伴い，様々な課題を抱える子どもたちが増えています。特別支援教育や学校心理士等とも連携した理解が必要です。また，子ども自身の将来に対する展望も含めた長期計画の作成が必要となります。

◯ 日本語担当教員や補助支援員等の専門性の向上

日本語担当教員等に専門性がない場合もあります。日本語教育の一層の体制整備のために専門的な人材の配置と日本語学習支援者の育成が望まれます。

◯ 関係機関や保護者との連携

母国の文化を受け入れ，積極的な声掛けをする地域ぐるみの交流が，保護者の支援にもつながります。関係機関とも密に連携することが必要です。

（稲田八穂）

【参考文献】

文部科学省初等中等教育局国際教育課(2014)『外国人児童生徒教育研修マニュアル』海外子女教育，帰国・外国人児童生徒教育等に関するホームページ　http://www.mext.go.jp/a_menu/shotou/clarinet/003/1345412.htm

文部科学省初等中等局国際教育課「JSLカリキュラム開発の基本構想」http://www.mext.go.jp/a_menu/shotou/clarinet/003/001/008/001.htm

独立行政法人教職員支援機構「外国人児童生徒等に対する日本語指導」http://www.nits.go.jp/training/002/006.html

文部科学省(2016/06)「日本語指導が必要な児童生徒の受入状況等に関する調査（平成28年度）の結果について」http://www.mext.go.jp/b_menu/houdou/29/06/1386753.htm

第Ⅲ部　特別なニーズのある子どもとインクルーシブ教育

Ⅲ-2　多様なニーズに対応する教育実践

6　多様なニーズとインクルーシブ教育①
ギフテッド（Gifted children）の捉え方と対応の原則

1　ギフテッドの子どもたちの困難

　特別支援教育の特徴は，通常の子どもとの差異を的確に捉え，その差異に対応するための「特別な支援」を提供することにあります。ただし，本章で示してきた「多様なニーズ」を有する子どもたちは，そうした差異に対応する方法論では十分な対応とはならないこともあります。このことは，ギフテッド（Gifted children：秀才児）▷1への対応でもいえます。

　ここで取り上げるギフテッドの子どもは，知能水準が他の子どもと比べて有意に高く，通常の授業の進度や内容では「わかりきった学習」になるので教室で不適応を示すことが多いというようなケースです。

　知能水準を示す分布図でいうと，平均から有意に低い水準にある子どもを「知的障害」と呼びますが，ギフテッドはその逆で平均から有意に高い水準にある子どもを指します。これらの子どもは，知能の高さでは大きく異なるが「平均から逸脱している」と捉えるならば，どちらも同じであるといえます。

　こうした理由から，アメリカでは早い時期からギフテッドの子どもを特別教育（special education）の対象とし，特別な対応を展開してきました。

　一般的には，「知能が高いのは歓迎すべきこと」と思われますが，知能が高いゆえに，ギフテッドの子どもには，様々な配慮や支援が必要です。たとえば，周囲の子どもが答えられないことが理解できずにイライラしたり，先生が普通に質問してくる問いがとても幼稚な質問のように思えて馬鹿にされていると感じたりするなど，社会・情緒的側面で支援が必要になることがあります。

2　「補償」的アプローチの限界

　こうした社会・情緒的困難は「発達障害」の特徴とも重なるものであり，近年では，こうした子どもたちを「発達障害と優れた才能を併せもち，二重に特別なニーズのある児童生徒」と捉えて特別な対応の必要性が指摘されています▷2。その対応とは，発達障害への対応である特別教育と才能教育（gifted education）の両者を併用するものであるとされ，アメリカでは1980年代以降に実践が広がってきました▷3。

▷1　Gifted children を秀才児と訳している文献もあるが，日本人が古くからイメージしてきた秀才とは異なる概念であることを示すために，こうした子どもたちを「ギフテッド」とカタカナ表記をして論じている研究が多い。

▷2　こうした子どもへの対応を「2E（トゥーイー）（twice-exceptional：二重に特別な）」教育と呼んでいる。

▷3　詳しくは，松村暢隆（2016）「アメリカの2E教育の新たな枠組――隠された才能・障害ニーズの識別と支援」『關西大學文學論集』66(3)：143-171，を参照。

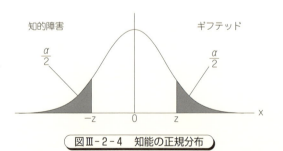

図Ⅲ-2-4　知能の正規分布

こうした実践・研究の知見を総合すると，ギフテッドの子どもには，特異な才能を伸ばすことに加えて，専門的な教員が特別支援教育を提供することが必要であると考えられています。たとえば，数学オリンピックに出場するなどして学習意欲を支えるといった実践も紹介されています。そのため，障害や困難をアセスメントし，その困難を取り除くための特別な支援を提供するといった「補償」的アプローチだけでは不十分となります。

一方で，他者と交流しながら学習する支援をすることも重要な課題です。たとえば，知能を個別的に伸長させるアプローチを他の子どもとは別の場で展開しながらも，クラスの他の子どもはどのような気持ちをもっているのか，友だちを傷つけない言い方をどうするかなど，ソーシャルスキルを学ぶような時間も必要であると考えられます。

❸ 差異化と多元化を併用する

以上のように，ギフテッドの子どもに対しては，子どもの能力や困難に応じて個別的な対応を提供するとともに，ギフテッドの子どもと他の子どもを学校や社会のなかで結ぶような意図的な取り組みを進めていくことも重要です。

たとえば，ギフテッドの子どもが考案したことを学級会で検討してみたり，クラスの児童生徒の疑問をギフテッドの子どもが聞いて解決策を考えるなど，「つながり」をもって学校生活が送れるかどうかはとても重要です。こうした実践は，完全に統合された場における「つながり」（つまり，通常の学級に在籍した形）でなくてもよいでしょう。特別支援学級などで特別教育を受けているギフテッドの子どもと，通常の学級の子どもが存在を認め合い，関係を保つきっかけを意図的に設けることもインクルーシブ教育の一つであるといえるでしょう。

もちろん，こうした実践は，ギフテッドの子どもにのみ必要なことではありません。学校に「多様なニーズのある子ども」がいるのだとしたら，そうした子どもたちに対して個別的に差異化されたアプローチを提供することと，学校の一員として「つながり」ができるように価値を多元化していくことの両輪が重要です。

そして，こうした原則を学校全体で共有することが多様なニーズに対応できる学校改善であり，インクルーシブ教育においてめざすべき姿なのだと考えます。

（新井英靖）

第Ⅲ部　特別なニーズのある子どもとインクルーシブ教育

Ⅲ-2　多様なニーズに対応する教育実践

 多様なニーズとインクルーシブ教育②
貧困家庭の子どもへの教育福祉とインクルーシブ教育

1　貧困家庭の子どもの教育課題

　2015年に日本の相対的貧困率が約16％という統計が公表されました。これは高齢者も含めた数値ですので，必ずしも子どもがいる家庭の実態ではありませんが，日本の社会において貧富の格差が拡大していることを示すデータであると考えます。

　学校教育では，経済的に援助が必要な家庭には「就学援助」という制度があり，生活保護家庭やそれに近い経済状況の家庭を財政的に国や自治体が援助しています。そうした就学に関する援助を受けている家庭が日本全体でどのくらいいるのかという統計データもあり，そこでは全国平均で約15％となっています。

　ただし，この数値は都道府県によって大きな差があることもわかっています。筆者がいろいろな地域の教育現場に出入りをして感じていることは，同じ自治体の中でも，就学援助率が国の平均を下回る比較的裕福な家庭の多い学校と，就学援助率が国の平均を大きく超える学校がどちらも存在しているということです。そのため，自治体ごとの平均を見て対応策を検討することはあまり有効な方法であるとはいえないと考えています。

　もちろん，経済的に貧しい家庭でも，親は子どものことをとてもよく面倒を見ていて，食事や学用品などの援助を十分に行えば子どもが健全に成長していく家庭も多くあります。そのため，貧困家庭だから子どもが特別なニーズをもつといった印象を与えることのないように対策を進めなければなりません。

　しかし，その一方で，日々の生活に必要なお金を稼ぐことに精いっぱいである家庭は，子どもとの会話が減少し，休日にどこにも連れて行ってもらえないことも多く，情緒的な不安定や社会的な経験不足が生じてしまうことも相対的に多くなると言わざるを得ません。こうした家庭には，学習面においても特別な配慮が必要です。

2　学習困難の実態と社会的不利

　このように，貧困家庭の子どもは家庭に対する福祉的援助と子どもの社会的・情緒的な状態を捉えて学校と家庭をつなぐソーシャルワークを提供することが必要です。しかし，その一方で，学習上の困難にも目を向けることが必要

▷1　詳しくは，内閣府・総務省・厚生労働省（2015）「相対的貧困率等に関する調査分析結果について」を参照した。

▷2　就学援助の統計データについては，文部科学省（2017）「『平成26年度就学援助実施状況等調査』等結果」を参照した。

▷3　教育とソーシャルワークとの関係については，鈴木庸裕（2018）『学校福祉論』ミネルヴァ書房，を参照。

です。

　たとえば、小学校の国語の授業で、物語文を読解するときに、どのような力が必要でしょうか。原則では、小学校1年生の段階では文字の読み書きができない状態で入学しても、1年生の授業は理解できることになっています。しかし、実際には入学した段階でクラスのほとんどの子どもが文字を読むことができていて、文字を書けるようになっている子どももかなりの数です。こうした中で、小学校1年生を担任する教師も、幼児教育においてある程度、文字の読み書きができていることを前提にした授業を展開してしまうことがあります。

　こうしたなかで、貧困家庭の子どもは小学校入学段階で（社会的に）不利な状況におかれることが多いのも事実です。それは、貧困家庭の子どもは幼児期に家で絵本を読む機会が少なく、お絵かき（塗り絵）や工作などで遊ぶ機会が他の子どもに比べると圧倒的に少なく、文字の読み書きの基礎となるべき経験が不足した状況のなかで小学校に入学することになってしまうからです。こうした社会的不利は学校の授業のなかでどのように配慮し、どのような授業を展開することが必要なのでしょうか。

▷4　幼児期から小学校にかけてどのように学習を接続させるかという点については、Ⅳ-4においても詳述している。

❸ 授業を教育福祉的に展開する

　家庭での絵本の読み聞かせや、お絵かき（塗り絵）が文字の読み書きの基礎となるのなら、経済的に厳しい状況に置かれている子どもが多く通う地域の学校は、家庭で不足していたこれらの取り組みを学校のなかで少しでも補うことができないかを考えることが必要です。

　たとえば、国語の授業で「スイミー」（レオ・レオニ作）の話を読む授業を例にして考えてみます。この話は幼児期に家庭や幼稚園・保育園で多くの子どもが絵本を読んでもらったことのあるお話だと思いますが、授業で取り上げるときにもう一度、先生が絵本を読み聞かせるところからスタートさせるという教師もいます。あるいは、物語を読んでも、社会的な経験の不足から、その情景を十分にイメージできない児童が多くいるクラスでは、教科書の挿絵に色塗りをさせて読んだときの「印象」を表現させている教師もいました。

　こうしたていねいな授業は、必ずしも貧困家庭の子どもにのみ有効な方法ではなく、低学力の子どもたちには共通して有効な取り組みとなります。一方で、こうした実践は、子どもの「障害」を改善するという取り組みではなく、日々の生活の中で効果的な関わりや活動を意識的に提供するという実践です。貧困家庭の子どもの教育実践は、こうした意味で「特別支援教育」と呼ぶべきものではなく、効果的な教授・学習過程をていねいに生み出す「インクルーシブ教育」であると考えます。

（新井英靖）

▷5　新井英靖（2016）『アクション・リサーチでつくるインクルーシブ授業』ミネルヴァ書房、を参照。

第Ⅲ部 特別なニーズのある子どもとインクルーシブ教育

Ⅲ-2 多様なニーズに対応する教育実践

多様なニーズとインクルーシブ教育③
多様なニーズに対応できる学校改善の視点

1 学校は社会を補うことはできないのか？

かつて教育社会学者のバーンスティンは，「教育は社会を補うことはできない」という有名な言葉を残しました。これは，どんなに学校が多様な教育プログラムを用意しても，どんなに特別な支援を精緻に提供したとしても，家庭を中心とした社会のなかで養育されるべきすべてのことを学校教育が補うことはできないという意味です。

貧困家庭の子どもの学力を学校がどのように向上させていくかという現代的教育課題は，以上のように50年前にすでに述べられた社会学の理論に反することであり，解決困難なミッションの一つです。そのため，貧困家庭の子どもも等しく学力を向上させられる万能な対応が存在すると考えるのではなく，地域の実情や時代の要請に従って，できる限りの対応と工夫を考えていくことが求められます。

2 「コミュニティ・スクールの建設」という視点をもつ

貧富の格差に対して敏感に反応する地域では，近年，様々な学校改革あるいは社会改革を行っています。たとえば，英国で「コミュニティ・スクールの建設」をうたっている学校は，「7 to 7」という標語を掲げている地域があります。「7 to 7」とは，「朝7時から夜7時まで学校を開けている」という意味です。希望者には朝7時から8時の間に学校にくれば，朝食をとることができるサービスを提供しているところもあります。

日本においても，近年，NPO団体等が運営する「無料塾」が少しずつ増えてきました。こうした取り組みは，必ずしも学校が主体となって行っているものではありませんが，退職した教員が民家を借りて，放課後の居場所を用意しようとしているものもあります。小学生には遊びと補充的学習の場として，中学生や高校生にはわからなくなった学習を補ったり，受験勉強のサポート（受験参考書等の貸し出しなども含めて）をするといった学習支援を提供しているところもあります。加えて，小学生にはおやつを出し，夕食の時間まで残って勉強をする中学生には夕食を出す無料塾もあります。

このように，学校の授業を改善するだけでは，家庭の機能を完全に補うことができないのなら，教育のシステムのなかに家庭の機能を組み込むような大胆

▷1　Bernstein, B. (1970). Education cannot compensate for society. London：New Society, 38. 344-347.

▷2　英国では，貧困家庭の子どもは「無償給食サービス（free meal service）」の対象児となっていることが多い。このサービスを受けている子どもは，朝食を提供している学校に通うと，朝と昼に無償で給食を食べることができる。

▷3　詳しくは，文部科学省（2014）「子供の貧困対策に関する大綱〜全ての子供たちが夢と希望を持って成長していける社会の実現を目指して〜」。

▷4　詳しくは以下を参照。勝野一教（2016）「居場所を求める子どもたちと付き合う──地域で学習支援に取り組んで」『生活指導』727号：58-65。
岸田久恵（2016）「地域生活指導の扉──猫の足あとハウスへようこそ」『生活指導』728号：54-61。

な変革が必要です。今後，学校が地域のなかに根差した「コミュニティ・スクール」となっていくためには，こうした視点を取り入れた学校改革が不可欠です。

❸ 学校のなかに「居場所」をつくることの重要性

　先に紹介したような，NPO団体等が行ってきた放課後支援を充実させていくことは，彼らが「自分たちは社会から見捨てられた存在ではない」ということを感じながら生活できるという点で，極めて重要であると考えます。しかし，そうしたNPO団体等の取り組みが充実すれば，貧困家庭の子どもの教育・福祉のニーズをすべて充足できるというわけではありません。

　それは，放課後に行っている学習支援は，昼間に通っている学校での学習が基礎となっているので，そこでの学びが充実していなければ，「補充」的に指導されても十分な学力に到達することは難しいからです。とりわけ，学校では授業を受けている時間がほとんどであるので，授業が充実したものとなっていなければ，放課後の居場所には通ってくるけれど，昼間の学校は不登校になるというケースも出てきてしまいます。

　こうした意味で，教育の中に福祉的視点を取り込み，学校を改善していくためには，授業改善が不可欠です。具体的には，学校の授業のなかで家庭や社会の視点がどのくらいあるかということが問われます。たとえば，理科の生物を扱うときに，いろいろな生物を勉強するなかでも，帰り道で見かける虫を使うなど，経験が不足している子どもたちでも理解しやすい題材を取り上げる授業を行うことなどが考えられます。

　また，身近なところでイメージしにくい内容が多くなる中学校の授業では，単に経験を話し合わせるだけでなく，映像や実物を見せたり，触らせたりして，その授業の中で得られた情報をもとに「話し合い活動」が行われるように，授業を展開することが重要です。

　もちろん，こうした多くの子どもが興味をもつ学習は，補充的な学習の時間において実施しても良いでしょう。近年，多くの都道府県で夏休みに子どもを集めて，国語や算数の補充的学習を実施していますが，こうした自由に学習指導を展開できる時間こそ，地域の実状に応じた取り組みが必要です。以上のように，学校は社会の欠陥のすべてを補うことができませんが，工夫次第でその一端は乗り越えていくことができます。こういう発想ですべての子どもの学習参加を促していくことが，インクルーシブ教育を進めていく第一歩であると考えます。

（新井英靖）

▶5　学習困難児でもイメージできる授業の内容と展開（方法）については，Ⅳ-4 を参照。

第Ⅲ部　特別なニーズのある子どもとインクルーシブ教育

Ⅲ-3　現代の子どもの心理社会的ニーズと教育

不登校の子どもの教育・指導①
現状・実態：子ども・保護者・教師の困難

　文部科学省は，「何らかの心理的，情緒的，身体的あるいは社会的要因・背景により，登校しないあるいはしたくともできない状況にあるために年間30日以上欠席した者のうち，病気や経済的な理由による者を除いたもの」を「不登校」としています。2017年度の不登校生は小学生3万5,032名，全体の0.5％で，中学生10万8,999名，全体の3.2％で，年々増加傾向にあります。要因は，小学生「不安の傾向がある」36.8％，「無気力」27.7％，中学生「不安の傾向」32.1％，「無気力」30.6％です。「遊びや非行」の要因が減少し，「不安」が増加傾向ですが，様々な要因が複雑に重なり合っています。

▷1　「平成29年度 児童生徒の問題行動・不登校等生徒指導上の諸課題に関する調査結果について」（平成30年10月25日）

●発達の保障の問題

　後追いしても振り向いてもらえず，"泣かない幼児"の存在を保育士から耳にしました。幼児の遊びでは，安全や親たちからのクレームが重視されるためか，滑り台の順番を保育者が決め，人と関わる力を獲得できなくなっているという実態も見られます。ものを放り投げたり，噛んだり，「いやだ」と言えることをくぐり抜けてこなかった幼児たち，話をいっぱい聞いてもらえず，愛されない幼児たち，これら，乳幼児期の基本的な発達の保障が十分にされずに育った子どもたちが，小学生，中学生になりちょっとしたきっかけで不登校になっていくことが考えられます。

●自己肯定感が低い

　不登校になった中学生が，小学4年生の時期のつらかったことをよく語ります。不登校の原因は様々ですが，それはきっかけにすぎないと考えます。小学校1，2年生で，"自分が大好き"になることができていたか，具体的な現実の世界を抽象的に考えることができる小学校3，4年の時期をうまく乗り越えることができたかが重要だと考えます。自分だけの世界から，周りが見え始める小学4年の時期に，ぐっと自己肯定感が下がります。

　渡辺弥生は，その著書の中で，「ローゼンバーグは，自分の弱いところや未熟なところがすべて見えてしまい，自分に厳しくなり，自尊心が低下するという研究成果を発表している」と述べています。

▷2　渡辺弥生（2011）『子どもの「10歳の壁」とは何か？──乗りこえるための発達心理学』（光文社新書）。

　そのように，自尊感情が低下し，不安な小学中学年時期に，「みんな仲良く」「120％の力を」「完食」といった同調圧力や目標圧力に追い込まれています。人間のもつ弱さや，やさしさを表出でき，失敗が許される空間が必要だと考えます。

◯発達障害の問題

発達障害を抱え，真相を受け止める力が弱いために，人とのコミュニケーションがうまくとれず，集団生活が難しい子どもたちが多くいます。できることとできないことのでこぼこが大きい子や微妙なグレーゾーンの子どもたちが，十分周りから理解されず，支援もされずに生きづらさを抱え傷ついて生きています。

◯家族の問題

家庭が安心できる場になっていないことが多くあります。夫婦間のトラブル等で，罵り合っているのを見ている子どもたちは深く傷ついています。また，本人の登校願望はあるが，精神疾患の母に取り込まれて家から出られないケース，衣食住を与えてはいるが，家から子どもを押し出す力のない保護者がいるケースがあります。

◯身体的な問題

睡眠障害，起立性調節障害，うつ，ゲーム依存などの問題を抱えている場合があります。

朝起きられない，体調不良等で登校できない子どもたちの中には，病気と診断される場合もあります。発症当初は甘え，なまけととらえられることが多く，苦しんでいます。最近ではうつ病の低年齢化も指摘され，見逃されやすく，本人も保護者も気付かぬうちに悪化するケースがあります。

◯子どもの"本意"の読み違い

小学4年生の教師の事例です。登校渋りのB男の存在があったため，学級目標を「みんな安心」にしました。教室前面に貼ってある子どもたちの手形を見たA男が登校渋りのB男の手を見て，「学校に来れないから手が小さいんだわ」と言いました。とたんに教師は「安心できる学級ではないから手形をはがしてしまおう」と叱責しました。はたしてA男は，冷やかしたのでしょうか？ 手形が，小さいのは事実です。"学校に来ればもっと大きくなるのに"という思いがあったかもしれません。見たままの発言をし，突如教師に一喝されたA男は，今後どう言葉を発したらいいのか不安にならないでしょうか。また，叱責を見ている周りの子どもたちの心中はどうでしょうか。教師が，本意の読み違いをすることで，傷ついていく子どもたちがいます。かつて，「学校へ来ない，保健室にいることが認められている子や認めている先生，真面目に学校に来ている私に負担をかけるこの人たちが大嫌い」と，語った子がいました。教師は善意で，不登校児とつながる子どもたちに援助を求めがちですが，それに負担を感じている子どもたちもいます。クラスの子どもたち一人ひとりが，力を発揮できるようにし，学校に行けない個別のニーズをもつ子どもたちの事情をしっかりと把握することが求められています。

(丹下加代子)

Ⅲ-3　現代の子どもの心理社会的ニーズと教育

不登校の子どもの教育・指導②
今後の実践課題と課題解決のための基本的な原則や考え方

　今後も不登校は増えていくと予想されています。個別のニーズに応じた個別の対応策が求められています。問題解決は，想像力を働かせ，その子が何に困っているのか考え，多面的なものの見方をしていくことが望ましいです。いくつかの事例を挙げてみます。

1　さまざまな学びを

○自分の将来を考える学び

　不登校の子は，将来に不安を感じています。「興味をもっていることは何か」と聞き，「それにはどんな仕事があるか」「その仕事をするためにはどんな力が必要か」「そのために今，どんなことをしたらよいか」と，目標を見つけ出し，具体的な筋道を一緒にイメージしていきます。また，「チョコレート会社を立ち上げる」ためには，どんな人たちがどんな仕事をしているか考えさせます。「ココナツを採取」「輸送」……たくさんの仕事があることを発見します。パティシェ，保育士など，大まかな仕事を考えていましたが，「会社のユニフォームをデザインする人」「給料計算をする人」と，細部にわたって考え出し，自分にもできそうな仕事があることに気づいていきます。

○自己を確立する学び

　いじめで不登校になった中3女子と，国語の授業の論説文「『批判』の言葉をためる」（光村図書―竹田青嗣―）を学びました。自分理解のために言葉を「ためる」ことをします。「批評する言葉」としてたまるのはちょうどこの年代からです。自分なりの価値基準の根拠を明確にし，物事を評価すること，友達どうしで批評し合う，そして，友達と自分の「自己ルール」を確かめ合い，認め合い，調整し合うことを大切にします。それを通して自己ルールを理解していきます。言われて「むかつく」だけでなく，自分が言われる道理がないこと，なぜ暴言を言ってはいけないか，深く思想として捉えることを通して，いじめを客観化し克服していきました。

○睡眠・ストレスの学び

　十分な睡眠をとり，起床して朝日を浴びるという生活のリズムを整えることで，成長に必要なホルモンが分泌され，脳にとっても活力になっていくという学びを取り入れます。
　ストレスとは何かの学びをとおして，己を知り，ストレスとうまく付き合う

方法を考えます。

2 成長過程での発達を促す

○集団に慣れさせる

母子の一対一の関係から抜けられず，小学校時代も群れて遊ばず，二人での交友関係を続けてきた中3女子は，教室に入ることができませんでした。可能な限り，三者関係を取り入れるようにしました。徐々に話し合いや勉強で複数の人との活動を取り入れました。「大勢の中にいると，誰と話していいかわからなかった」と言っていましたが，教室に入れるようになりました。

○真相を受け止める力をつける

クッキーを焼いていた隣のグループの子どもに「へたくそ」と言われていると思い込み，「死ねー」と攻撃をかけていった小6女子がいました。静かな空間で，じっくり話を聴き，誤解を解いていきました。「私にはへたくそと聞こえたのよ」から「ごめんなさい」に受け止め方が変わっていきました。

根気よく，受け止め方の誤解を解く話し合いを繰り返していくうちに，人とすれ違うだけで，こぶしを挙げていましたが，周りを信頼していくようになりました。

○見たままの発言について

自分の発言に対して周囲からとげとげしい反応が返ってきて，かたく殻を閉ざしていた子に，周りの人たちの気持ちを伝え続けました。みんなが笑う場面で笑うことができませんでしたが，努力して同じタイミングで笑えるようになりました。ツールとしての笑いですが，それができることで周りとの関係をスムーズにしていけるようになりました。

○自己肯定感を高める

ほめられても納得がいかないと，心に入っていきません。スモールステップの課題で，ほめたり，同じことで繰り返しほめるなど，ほめ方の工夫をすることが大切です。

3 周りとの連携をとり，チームで支援を

不登校の数だけの原因があり，一人ひとり，支援が異なります。「その子」を取り巻く周りの支援者と連携してケース会議を継続し，どんな支援が必要なのかを明らかにし，チームで動くことが大切です。

（丹下加代子）

参考文献

近藤卓（2016）『子どものこころのセーフティネット――二つの自尊感情と共有体験』少年写真新聞社。

渡辺弥生（2011）『子どもの「10歳の壁」とは何か？――乗りこえるための発達心理学』光文社。

山田ルイ53世（2018）『ヒキコモリ漂流記 完全版』角川文庫書店。

第Ⅲ部　特別なニーズのある子どもとインクルーシブ教育

Ⅲ-3　現代の子どもの心理社会的ニーズと教育

非行問題と学校・教育の課題

 校内暴力期の学校・教育とその後

　少年非行は戦後2度のピークをたどりながら1970年代後半から1980年代前半の第3のピークへと向かいました（図Ⅲ-3-1参照）。

　第3のピークは校内暴力期といわれ，全国の中学校が非行問題に揺れた時期ですが，その特徴をこれまでの現実反抗型の非行から遊び型非行への質的の変化を指摘する声もありました。しかし，受験体制化した学校と落ちこぼし問題を背景に子どもたちの息苦しさが大きな背景となった事態だと言えます。遊び型非行というとらえ方は，それまでの貧困を中心にした理解しやすい非行の背景に比べ，わかりにくい背兼であったことの現れだといえます。

　校内暴力期の非行問題の中心には，貧困を背景とした学力不振を抱える生徒だけではなく，能力主義的学力競争から撤退した生徒が混在していました。また同根の息苦しさを抱える多くの生徒たちが，非行少年たちに同調するなかで学校の荒れを広げていったのです。

　校内暴力事態に対して，生徒の自治を育てながら克服する実践はあったものの，多くは警察権力の導入に代表される管理の強化が対策の中心として進められました。受験体制化した学校は変わることなく，生徒への管理だけが強化される中で校内暴力事態が鎮静化したのちに，不登校の増加といじめ問題が学校の病理として引き継がれたのは必然の結果と考えられます。

2 非寛容・厳罰化の進行の中で

　校内暴力事態が鎮静化したのち，少年の非行問題は減少傾向に向かいますが，新たに少年による重大事件が発生しました。1997年の神戸連続児童殺傷事件はその後，少年非行への非寛容の強まり，少年法の改定へと影響しました。

　少年法の改定は厳罰化と呼ばれる制度変更です。2001

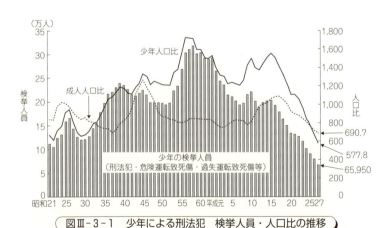

図Ⅲ-3-1　少年による刑法犯　検挙人員・人口比の推移

（出典）警視庁HP。

年・2007年の改定について、羽間京子は著書『少年非行——保護観察官の処遇現場から』において次のように述べています。「少年法に限らず、子どもに関する法令は、子どもの意見を踏まえて制定されているものではありませんから、法令の内容あるいは改正が示すものは、私たち大人のこども観が『保護すべき存在』から、一人前の人格を有し、大人と同様の責任主体であるとする『小さな大人』観に移行しているということです。」少年法改定後の教育基本法改定において、子どもの義務・親の責任が強調される改定となっていることは、まさに『小さな大人』観の現れといえます。この子ども観は学校現場において、規範意識の寛容・問題行動の未然防止の名のもとに、触法行為は警察連携、秩序・規律違反は相応のペナルティーを課すことを当然とするゼロ・トレランスが進行しています。

▷1 羽間京子（2009）「あとがきにかえて 2.いわゆる厳罰化をめぐって」『少年非行——保護観察官の処遇現場から』批評社。

3 包摂と排除の空間から共感と共闘の空間へ

社会に浸透する子どもに対する小さな大人観とゼロトレランスによる学校の変化は、また新たな学校生活の息苦しさを高めています。子どもたちは、スタンダード化された行動を求められ、そこから外れる行動は秩序違反として取り締まられる生活にストレスを抱えるのは必然です。スタンダードの強要は、スタンダードな生活を保障されていない子どもや、発達に課題を抱える子どもと親を苦しめると同時に、スタンダードに適応する子どもを排除の恐怖のもとに小さな子ども親のもとに包摂するものとなります。学校はまさに現行社会への「包摂と排除」のシステムとなっているということです。現在の不登校問題やいじめ問題の根っこがここにあると考えます。

さらに重要なことは、このような学校の在り方の中で、教師自身が小さな大人観にとらわれ、子どもを保護すべき存在だと捉えられなくなっていることです。子どもの起こす問題に「なぜ」と問うことが指導の上では大切なことですが、「なぜ」を問うことなく指導という名のもとにペナルティーを課し、謝罪を求める指導が教師の仕事になってしまい、必然として非行問題は警察・司法の問題と教育の対象から排除する感覚が広がっています。

統計的には少年非行は減少しています。しかし、不登校・ひきこもり問題は深刻化し、いじめ問題も一向に改善の気配はありません。また、高校進学率は限りなく100パーセントに近づいていますが通信制高校への進学者、全日制高校から通信制高校への編入・転入者の多さは問題と認識されない現状があります。しかし、15歳から18歳年代の、全日制高校在籍者以外の子どもたちの抱えるリスクの高さは社会の課題としては認識されていません。

包摂と排除の学校から、生きづらさの共感をもとに、子どもが子どもとして生きる権利の側に立ち学校・社会の在り方を問い直すことが今求められています。

（藤木祥史）

第Ⅲ部　特別なニーズのある子どもとインクルーシブ教育

Ⅲ-3　現代の子どもの心理社会的ニーズと教育

　ひきこもりの子ども・若者の学校・教育の課題

　A男は小5から高1まで不登校でうつと診断されました。20歳までひきこもり状態が続いているA男の事例を通して「自立」への支援を考えてみたいと思います。

　現状・実態：子ども・保護者・教師の困難
　　～「うつ」と診断されたA男の「学び直し」への道・面談記録より～

　　○「不安・不信」によりそう→A男のやりたいことに付き合う

　A男は20歳。小5から中3まで不登校。単位制の高校も1か月で中退。「うつ」と診断され，体調のよい時のみ叔父の店の皿洗いをしていたが，店が閉店になり，父親（離婚後連絡だけは取っている）が，ハローワークに行くと，就労支援の地域若者サポートステーション（以下サポステ）を紹介された。家族とは顔を合わせず，食事も別にとり，昼夜逆転の生活。

　自転車で来られるT駅で初回面接。A男は下を向いたまま歩こうせず，そのままベンチで面談。「電車乗れないです」と言うので，次回面接はA男の住むM市のG電気の前で待ち合わせをすることにした。
◎同行1回目…唯一の外出先というG電気の中を案内してもらう。ゲームのことを息もつかず話す。「ごめん。知らないことばかりで」と言うと私の方を向いて丁寧に説明してくれた。そして，ポツリと「新宿の本店に行きたいが，トイレに行きたくなるので（過敏性腸症候群），一駅ごとに降りる」と言った。「その夢をかなえるためにゲームの発売日をめざしてすこーしずつ電車に乗る練習してみる？」と聞くと，わずかにうなずいた。
◎第2・3回往復同行…1駅だけ乗り，行きたかった公園や図書館へ
（切符の買い方。人の目が気にならない方法→座席・立ち方・ヘッドホーン）
◎第4回往復同行…3駅乗り，雨だったので傘をさして4キロ散歩。
（雨の日は傘をさすので外出しやすい。面談前日は眠れないと本音が言えた。お腹の調子が悪くなったらすぐ下車。駐輪所も無料の場所を自分で探した）
◎第5回往復同行…5駅乗り，サポステと居場所（サポステに通所する若者のフリースペース）の見学。帰りの電車では私は隣の車両に乗る。
◎第6回往復同行…7駅乗る。お互い見つからないように電車に乗りH市（サポステがある）まで行くことを課題にする。居場所見学。
　　○楽しいことに出会う→パスあり，休んでもOK

　4回目の同行で私が路線を間違え，払い戻しをお願いしている姿を見た時か

ら，A男は私の前に立って歩くようになった。「歩きながら面談」を3時間。A男は「中3で精神科に行き，薬を飲むと吐き気とめまいがひどくなり，体が鉄の鎖で縛りつけられたみたいだった。トイレの水の音も気になる。俺，生きても死んでもいない」淡々と話す。

　ある時，サポステの居場所でオセロをやると滅法強く，A男の連勝。「携帯でゲームやってるからね」という顔を見て，「楽しいこと」を実践の軸にしようと考えた。楽しいことのためなら家から出て居場所にやってくるのではないか，そしてそのことが生活のリズムづくりになるのではないかと思ったのだ。

　◎トランプ大会◎オセロ大会◎将棋トーナメント（強いと評判になり利用している若者が次々と対戦を申し込む）◎アートワーク（木のスプーンをナイフで掘る。講師の先生にも褒められ，夏祭りで販売）

　ほどなく週2〜3回の来所になり，電車にも一人で乗れるようになったので，休む日をA男自身が決めることにした。「休んでもまた始められる」「自分のやりたくないことは断る」ことができたらもっと楽に生きられると思ったからだ。

○自分の夢に向かう→自己有能感。いろいろな困難を解決していく力を

　A男に夢を聞いてみると「バイクの免許が欲しい。今僕には身分を証明するものが何もない。怪しまれる」と言った。免許取得のため，居場所のプログラム「学び直し」に，火・金曜日の午前中参加することを自分で決めた。A男はバイクの学科の学習を始め，2か月半ほどで合格点を取れるようになった。しかし，申請の手続きがなかなか進まない。

　◎ATMの使い方を知り，残高を知る（思ったよりお金が残っていて交通費や免許取得費用など大丈夫）◎写真を撮るために1年半ぶりに床屋に行った（母が車に乗せ連れていってくれた）◎免許用写真の撮り方がわからず，スタッフと練習◎住民票を取る（母と市役所へ）◎申請書類を取り寄せ，書く（スタッフサポート）。自主的に交通機関を使って試験所の下見もやった。

　10月見事合格。顔写真入りの免許証を見ながら，「成人式の時，親は背広を作り，無理やり引きずりだそうとしたけど体が動かなかった」と話し始めた。免許証取得は「彼の成人式」だったのかとふと思った。

○人と交わる力の回復→サポステのプログラムに参加

　11月，5日間，「カフェの皿洗い」の職トレ（10時から13時）をやった。「職トレはやればよいこともあるが，まだ寝る前に不安になる。でもなぜかな。前あんなにいやだった面談や学び直しがもういやでなくなっている」と感想を書いた。このころ朝食が食べられるようになり，母と約束した洗濯物の取り込みも定着してきた。

　A男は「学び直し」で，半年前フィリピンから来た日本語が話せないB子に算数の繰り下がりを教え始めた。この「学び直し」に26年間引きこもっていた帰国子女のC男と統合失調症のD男も加わり，B子を中心に「学びの輪」がで

きた。定時制高校見学には参加したが「今は無理に進学しない」と言ってきた。
　しかし次の面談で「苦手な漢字をやりたい」と漢検に取り組み，分数・小数・中1～3の数学の学習もやり始めた。また，サポステの利用者と一緒に自分で希望するプログラムに参加するようになった。
　◎社会人って何だろう講座◎パソコン◎アサーション◎メモ取り講座◎雑談力講座◎職業人講座◎農産物販売◎いいことし隊◎将棋部◎フットサル◎アートワーク◎身だしなみ講座等

○失敗しても大丈夫。多様なものの考え方ができる→就職か高校進学か

　通所から1年3か月後のケースカンファレンスでA男の今後の方向について話し合った。① 臨床心理士から発達障害の疑いもあると指摘があった→発達障害への理解とその支援について学習，② 働くことについての体験と学び，③ 高校進学（定時制・通信制）。いずれもA男の悩みや揺れに付き合い，自己選択の応援をすることを確認。①→A男は発達検査を受け，自分の特性について学び，就労移行支援等の支援について学んだ。②→障がいや支援についての学び，働くイメージを持つためにB型の作業所の職トレを1日6時間5日間行った。その後A男はアルバイトをしながら定時制の高校に通うことを自己選択し，様々なサポートを受けながら合格することができた。
　1年後の面談で平均82点の成績をとり，バイトも始めたので相談は一旦終了。3年後A男に電話をすると，あと1年で卒業を迎えること，引っ越しのバイトも夏休みなどで疲れない程度にやっていると話してくれた。「生きても死んでもいない」A男の人生が動き始めた。

❷ 今後の実践課題と課題解決のための基本的な原則や考え方

○ひきこもりを「社会からの孤立」とみる

　不登校のままひきこもり状態になるというケースでは，貧困やネグレクト，発達障がい，学力不振，いじめ，対人関係のトラブル等，抱えている生きづらさが多く語られます。一方，それまで不登校経験はないが，大学等卒業後就活の失敗や職場でのトラブルがひきこもりの引き金になる若者も多く，まじめに努力をし，我慢してきたのに，なぜうまくいかないのかわからないと訴えます。二者に共通しているのは「内向きの怒り」です。どちらも自分を責め，家族を責め，特定の個人への恨みはあるが，学校体制や地域，社会への怒りはあまり聞くことがありません。これは「社会的孤立」ではないかと考えました。家庭の中で，学校で，職場で，彼らは自分の気持ちを伝えることができず，たとえ訴えたとしてもそれを聞いてくれる人に巡り合えなかったのではないでしょうか。

○社会的孤立から社会的自立への道

　学校や社会の中で「間違いなく，はやく」を常に求められ，それができない

自分はダメな人間だと思わされ，孤独感の中で生きてきた彼らが，家族以外の人との関係性をもち，社会的自立ができるか考えてみたいと思います。

① 「不安・不信」によりそう→A男のやりたいことに付き合う

　困っていると言える関係づくりが「はじめの一歩」だと思います。寄り添ってくれる誰かとして存在できるかどうかが，今後のサポートが成立するかの大きな分岐点です。たとえ実現しなくても試行錯誤しながら実践する姿に，彼らが心のかぎを内側から開けてくれるのではないかと考えます。

② つらさによりそう→楽しいことに出会う

　自分はダメな人間だ，「生きても死んでもいない」という彼に，まず楽しいことを体験する実践を試みました。ひきこもっていて「やること」が見つからないことが辛いという若者が，活動する中で「なかなかの自分」に出会い直し，活動のエネルギーを再び燃やしていく姿を幾度か目にしました。

　また，やりたいことを選ぶ自己選択の力や，やりたくないことは断ることができるという体験も重要だと思います。「パス」しても大丈夫，休んでもまた再開できるという体験ができることも大切だと思います。

③ 自分の夢に向かう→自己有能感。いろいろな困難を解決していく力を

　免許を取るというA男の夢は，社会へ一歩出る自立への道を歩み始めることにつながる取り組みです。しかし実現するには困難な課題があり，自分も頑張るが誰かの支援も必要になってきます。スタッフ，家族，仲間に「ヘルプ」を出せることが，今後の彼の自立ための大切な体験であり，課題を乗り越えていく力，「つながる力」を育てると思います。「自分はだめな人間だ」と思い込まされてきた価値観からの脱出であり，次の夢へつながる道であると考えます。

④ 人と交わる力の回復→サポステのプログラムに参加

　「社会的孤立」からの再生は「共同の世界」から生まれると考えます。「学び・活動・語り合い」などの中で多様な価値観と出会い，寄り添い要求し合う関係性を創っていく仲間の存在が彼らを「社会的自立」へと導くと思うのです。生きづらさや悲しみを共有し，時には要求しあえる関係をどう創っていくか問われるところです。多様な人々に出会い，ゆったりと楽しく活動をしていくことで，自分の中の「多様な自分」に出会い，何度でも生き直していくことができるのだと思います。「社会」の中で傷ついたこころは，「社会」の中で癒され，再び生きる力を獲得していくと考えます。

○これからの課題

① 学校・医療・福祉・行政・家庭の連携とそれらを「つなぐ」システム
② 通信制高校やサポート校生への当事者参加の個別支援計画の作成
③ 15歳から60代のひきこもり状態にある人々の実態把握と支援方法

　ひきこもりの若者の存在は，社会への警鐘であり，誰もが幸せになれる社会づくりへの問題提起をしていると思えてなりません。

（篠崎純子）

参考文献

竹内常一・佐藤洋作（2012）『教育と福祉の出会うところ——子ども・若者としあわせをひらく』山吹書店。

楠凡之（2002）『いじめと児童虐待の臨床教育学』ミネルヴァ書房。

第Ⅲ部　特別なニーズのある子どもとインクルーシブ教育

Ⅲ-3　現代の子どもの心理社会的ニーズと教育

心理・社会的困難を抱える子どものインクルーシブ教育①
インクルーシブ教育の推進を阻む行動上の困難

1　共に学ぶことが難しい子どもの学習困難

インクルーシブ教育は「すべての子どもが可能な限り同じ場でともに学ぶこと」を理念とするものです。しかし，こうした理念を実現するのが難しいケースが存在します。たとえば，知的障害がとても重度で，他の子どもと同一の学習内容ではその子どもにとってふさわしい学習内容とならないことなどがその一例です。また，知的障害がなく，認識能力としては同一の課題でも十分に学習することができるケースのなかにも同じ場で教育することが難しい場合があります。それが行動上の困難を抱えるケースです。

このケースは本人や保護者がどれだけ通常の学級で指導を受けることを望んだとしても，他の子どもの学習を妨害する場合には，やむを得ず分離した場で対応することも多くあります。アシスタント等の人的資源を投入したとしても，なお他の子どもと同一の場で教育を受けることが難しい場合には，こうした別室での対応を行うことは現実的な対応としてあり得ることだと考えます。

本節では，こうした行動上の困難を伴う子どもの背景に，どのような心理・社会的課題があり，どのような対応が必要であるかについて考えていきます。

2　行動上の困難の背景にある心理・社会的発達

まず，行動上の困難が生じる背景について考えてみます。人は他の動物と異なり，生理的に未成熟な状態で生まれ，大人に養育してもらわなければならない存在として人生の初期を生きるといわれています。たとえば，生後直後の乳児は，一人で食べ物を探しに行くこともできなければ，体温を維持するための行動や危険を感じたときに避難するための行動を取ることもできません。

こうした理由から，養育者が近くにいてお世話をしなければ乳児は生きていくことができません。このため，人は「人とつながらなければ生きていけない」存在であり，これがすべての人が有する「社会的」な側面です。

そして，その「つながり」を維持していくために人間に備わっているシステムの一つがアタッチメントです。アタッチメントは，乳児が何か不快を感じたときに泣いたり，養育者にくっついたりするなどして，危機感・不安を訴える行動をとることから始まります。そうした乳児の行動を見て，その子どものそばにいる大人（主たる養育者）は，ミルクを与えたり，おむつを替えたり，寝

▷1　必ずしも生みの親でなければならないということではないので，「養育者」と記述した。

▷2　日本語では「愛着」と訳されてきたものであるが，「愛情」の有無や強さが大切なのではなく，人とつながるための適切な応答関係を形成しているかどうかが重要であるので，近年では「アタッチメント」とカタカナで表記している文献が多い。詳しくは，遠藤利彦・数井みゆき（2005）『アタッチメント』ミネルヴァ書房，を参照。

▷3　アタッチメントの解説と乳幼児期にどのような関わりが大切であるかについては，金丸隆太（2016）「3つ子の魂100までも？」茨城大学教育学部編『楽しく遊んで子どもを伸ばす』福村出版，を参照。

かしつけてみたりして、その子どもの欲求に応えようとします。

　こうした関わり（つながり）を通して、信頼関係が形成され、子どもは養育者のことを「自分のお世話をしてくれる人」「いつもそばにいる人」と認識するようになります。これがアタッチメント（基本的信頼関係）の形成であり、その後、こうした信頼できる他者（養育者）を安全基地にして、人は社会的な活動を広げていくようになります。

③ 行動上の困難を抱える子どものアタッチメント

　それでは、何らかの理由でこうしたアタッチメント（養育者との適切な応答関係）を築くことができなかった子どもはどのようになるのでしょうか。

　たとえば、自閉症の子どものなかには他者の表情を読み取ったり、他者からの働きかけの意図を感じ取ることがとても苦手なケースがあります。このような子どもの場合には、親がどんなに献身的にお世話をしても、安心できる他者を意識することが難しいので、情緒が不安定になりやすく、自閉症児はパニックやこだわり行動などの行動上の困難を表面化させやすくなります。

　同様に、暴力的行為を繰り返すいわゆる「非行少年」のなかにも、こうしたアタッチメント形成が不十分だったと考えられるケースが多く存在します。たとえば、乳幼児期から親に暴力をふるわれ、不安と恐怖に支配された家庭環境で養育された子どもは、成長して学校などで他者と関わる際にも、常に「警戒信号」が発令されていると考えられるケースもあります。

　こうした子どもは、ほんの少しの不安にも耐えられず、自己防衛的に相手を殴るなどの暴力行為に出てしまうことが多くなります。そして、こうした行動が繰り返されていくと、ある時、暴力によって自分の思い通りになったことがあると、そうした経験のなかで「暴力をふるえば思い通りになる」といことを学んでしまい、暴力的にしか他者と関係を築くことができなくなるという悪循環が生まれてしまいます。

　さらに、暴力行為を繰り返すケースのなかには、いじめの加害者も含まれます。いじめをやめることができない子どものなかには、親は子どもに愛情を注いでいるケースもありますが、その親子の関わりがどこか大人本位のものであるケースが見られます。こうした多少、ゆがんだ親子関係のもとで、子どもに過度なストレスがかかり、学校で自分よりも弱い立場にある人をいじめの対象として暴力行為に及んでいると考えられます。次節以降ではこうした行動上の困難を示す子どもの理解と、そうした子どもへの対応方法についてみていきたいと思います。

（新井英靖）

▶4　アタッチメントの研究では、おおむね3歳くらいになると信頼できる他者がいない場面でも、その人を心にとどめることができるようになると言われている（アタッチメント対象の内面化）。

Ⅲ-3　現代の子どもの心理社会的ニーズと教育

6 心理・社会的困難を抱える子どものインクルーシブ教育②

心理・社会的な「つながり」を形成する指導方法

1 「いじめ」問題の根底にある心理・社会的ニーズ

　いじめ問題への対応に関して，かつては「いじめられている子どもにも悪いところがある」という声は少なからずありましたが，近年では，こうしたとらえ方はほぼ否定されています。一方，いじめている子どもがクラスにいたのでは，他の子どもが安心して学習することができないので，いじめている子どもを厳しく指導し，時には出席停止を含めて毅然とした態度を示すことも重要であるという風潮が高まってきました。

　しかし，こうした対応をするだけでは「いじめ」問題の根本的な解決にはなりません。最近の「いじめ」は「いじめる側」と「いじめられる側」が容易に交替する特徴があるといわれており，いじめ問題の解決はそれほど単純ではないからです。

　いじめが生じる背景には心理・社会的な側面が大きく関係していると考えられています。すなわち，子どもはもともと「個性的」な存在なので，みんなの前で目立ちたいし，時には優越感を味わいたいと感じることはごく普通のことです。しかし，家では「どうしてできないんだ！」と否定され，学校では「平等であること」が（無意識的に）求められ，個性を発揮する場が少なかったりすると，子どもの自己承認欲求が内面で抑圧され，鬱積していきます。

　このような生活を送っている子どもは，「自らの存在」をアピールできず自己顕示欲が満たされません。このとき，学校が一人ひとりに十分目を配り，みんながどこかで活躍できる場が与えられれば，自己顕示欲は暴発せずに済みます。また，学校外で自分をアピールできる場があったり，家族や友だちに認められる機会があれば，学校でストレスを感じても耐えられるでしょう。

　一方で，中学生や高校生という時期は，家庭や社会がこうした子

もともと子どもは「個性的」
そもそも学校は「組織的集団」

「学校の勉強はダメだけど，自分は〜ができるからまあいいか」というように，自己を肯定できる生活を送っていれば「いじめ」は減る。

固定した価値観の中で個性を発揮できる場が少ないと…
↓
自己の存在を誇示したいのに，できない
↓
日々のストレスを発散する場を求めて自分より弱い友達を「いじめる」

図Ⅲ-3-2　「いじめ」の背景にある集団

どもの自己顕示欲をうまく受け止めることができないと、子どもの欲求不満はマグマのように蓄積していきます。そして、こうしたマグマが、ある些細なきっかけ（たとえば、「鈍くさい友だちのせいで、順番が後になった」などといった理由）で爆発すると、「いじめ」へ発展していきます。

「いじめ」が生じる背景やプロセスを上記のように捉えたとしたら、経済的に裕福であったとしても、いじめの加担者になることも理解できます。

❷ 「いじめ」問題を解決するための教育活動

「いじめ」の発生には以上のような子どもの心理・社会的側面が関係しています。そのため、「いじめ」の予防的な対応は、以下のような点が重要であると考えられます。

1）学校の教育活動に一人ひとりが参加していると実感できること
2）教師が子どもを評価する尺度を多様にして、社会とのつながりを感じられる機会を多様に用意すること
3）心理・社会的に抑圧されていると感じている子どもが、教師や友人に本音で話せる雰囲気のある学校にすること

以上のような対応には、日常的な教師の子どもに対するかかわり方や、学校全体の雰囲気を大きく変えることが必要です。たとえば、忘れ物の多い子どもに対してどのように対応するかなど、ごく些細な教師と子どもの関わりあいの中に、子どもが自己の存在を実感できる関わりが存在していると考えます。

たとえば、朝、子どもが登校してくるときに校長先生が率先して子どもたちに声をかけ、明るい雰囲気をつくることなども自己の存在を確かめる契機となります。もちろん、校長と他の教員との間で明るい雰囲気をつくることができるかどうも重要です。こうした地道な関わりこそが、「いじめ」を予防する学校づくり・学級づくりの道筋であり、すべての子どもが共に学ぶインクルーシブ教育の実践に結びついていくのだと考えます。　　　　　（新井英靖）

▷1　いじめが生じるメカニズムについては、内藤朝雄（2001）『いじめの社会理論その生態学的秩序の生成と解体』柏書房、を参照。また、同様の論述を以下の書籍でも行っている。新井英靖（2009）「生徒指導を通して子どもを理解する」丸山広人他編『「子どものことがよくわからない」と悩む先生へのアドバイス』（明治図書）。

▷2　インクルーシブ教育においては、学校づくり・学級づくりが重要であることはさまざまなところで論じられてきた。本書においても、第Ⅱ部において詳述している。

Ⅲ-3 現代の子どもの心理社会的ニーズと教育

心理・社会的困難を抱える子どもの インクルーシブ教育③
被虐待児の行動問題の理解と支援

1 被虐待児の心理的特徴

被虐待児は暴力や暴言などの行動上の困難が生じることが多くあります。こうした子どもの心理的な特徴は，「トラウマ」「感情調節障害」「解離性症状」の3つの側面から説明できます。

まず，被虐待児に多く見られるトラウマ反応から見ていきます。たとえば，昨日，父親がイライラしていて，大した理由もなく子どもを殴る，叩くなどの虐待を行ったとします。そうした虐待が始まるときは，必ず父親が自分の頭の上からにらむように子どもを見ていました。そうした生活を送っていた子どもは，学校で父親と同じくらいの年齢，背格好の男性教師に，「何をしているの？」と覗かれると，昨日の虐待されたシーンが脳裏をよぎり，不安と恐怖に支配されてしまいます。

これがトラウマ反応です。つまり，日常的に不安と恐怖のなかで生活していると，時間と空間が錯綜し（認識で処理できなくなり），学校と家の場面が混同してしまい，パニックに陥るのです。そして，こうした極度な不安や恐怖から逃れようとして，他者に暴力をふるったり，奇声を発するなど，行動上の困難が顕著になります。

もちろん，子どもはこうした行動を取ることは不適切であると頭では理解しています。しかし，自分のなかで生じた情動（不安の気持ち）を自らコントロールできなくなっています。これが感情調節障害です。

さらに，こうした子どものSOSに周囲の大人が適切に対応しなかったら，子どもは現実世界で生きていくよりも，空想の世界に自分を逃避させるほうが楽だと判断します。こうした症状を「解離（かいり）」と呼び，被虐待児に時々，見られる症状です。こうした症状が出ているときは，大人が被虐待児を指導しようとしても，「いつもと目つきが変わる」「別の人のように見えたり，やりとりが生返事でボーっとしているように見える」などといった様子がよく見られます。

2 被虐待児に対する心理・社会的支援

こうした子どもには，まず，「学校や教室が安全な場所である」ということを子どもにわかりやすい形で伝えることが必要です。特に，小さな子どもは，

▷1 被虐待児の心理的特徴については，西澤哲 (1999)『トラウマの臨床心理学』金剛出版，を参照。

認識的に理解できないことも多いので、安全・安心を伝える際に、背中をさするなど、身体的なコミュニケーションが有効なことがあります。

特別支援学級や特別支援学校では、こうした子どもの困難に対して「自立活動」という教育課程が用意されています。たとえば、「向かい合って座り、両手を握り合ったり、引っ張り合いながらバランスを取り、立ち上がったりする活動」や、「背中合わせになり、タイミングを合わせて前後に揺れる活動」など、乳幼児期の親子がよくやっている身体遊びを教育プログラム化した取り組みなどが自立活動として実践されています。また、「楽しみながら体を大きく動かす活動を行うことで、気持ちが安定する」というねらいをもって、ボールを投げたり、やわらかい物を思い切り叩いたりする活動（たとえば、「鬼をやっつけろ！」というようなゲームなど）をやりながら、教師や友達と一緒に活動することも紹介されています。

3 学校全体で実感のある教育活動を用意する

特別支援教育の自立活動で「心理的安定」をねらって上記のような活動が行われるのは、子どもの心理・社会的つながりを形成するためには、「他者と身体的な実感を共有する活動」が効果的であると考えるからです。

ただし、「他者と身体的な実感を共有する活動」が効果的であるからといって、必ずしも特別支援教育で行われている「自立活動」の時間でなければできないというものではありません。たとえば、休み時間に外で思いっきり遊ぶことや、運動会や競技に没頭するなども、心理的安定をはかり、社会的なつながりを形成することに寄与する活動となります。

もちろん、日々の授業においても、美術や音楽、体育などの芸術活動や身体表現が可能な科目などは「他者と身体的な実感を共有する活動」になりやすいといえます。そもそも教科学習にはこうした側面があると考えるならば、国語や数学などの認識力を中心とした教科においても「知的」に揺さぶられ、実感をもって「わかる」と思える学習を展開できるかどうかが、子どもの情緒の安定にはとても重要です。

このように、学校のあらゆる教育を「他者と身体的な実感を共有する活動」となるように改善していくことこそが、心理・社会的困難を伴う子どもに対する安全・安心を感じられる教育的アプローチです。インクルーシブ教育では、すべての子どもが学校で安心して学べることが大前提であると考えるなら、こうしたアプローチをすべての学校で実践することが大切です。　　　（新井英靖）

▷2　詳しくは佐藤まゆみ（2014）『1からはじめる自立活動』明治図書、年を参照。

▷3　特別支援教育の教育課程で設定されている「自立活動」については、Ⅲ-1-5-2 で紹介している。

第 IV 部 インクルーシブ教育とカリキュラム・授業づくり

Ⅳ-1 インクルーシブ教育とカリキュラム

カリキュラムと差異

1 カリキュラムづくりが抱えるジレンマ

　学校で行われる教育は，原則として，顕在的なカリキュラムに沿って計画，実施，評価されています。顕在的なカリキュラムは多くの場合，人類が蓄積してきた文化的な知識を伝えるために，社会からの要請に応じて，先行する世代である大人が学習内容や順序を決定してきました。大人が共通のカリキュラムを決定することで，子どもたちに，合理的で効率的な学習をさせることができ，教育の機会均等が実現できると考えられてきたからです。

　他方で，大人が共通のカリキュラムを決定することで，子どもたち一人ひとりの特性（学習の速度や興味関心等），そして自主性や創造性の発揮を阻害しているのではないか，という批判もなされてきました。たとえば，子どもの権利について研究したエレン・ケイは，「子どもたちが入学のときもっていた知識欲や自発的行動力や観察能力は，修学年限が終わる頃には，普通は全く消えてしまって，しかもそれが別のものにもなっていないのである」と述べています。一元的に決められたカリキュラムが先にあり，そこに子どもを当てはめるような教育では，子どもの自主性や創造性を奪うことになりかねません。

　子どもは，自身に関係する事柄を決めるときには意見を述べる権利をもっています。そして教育は，自己と他者の権利を尊重し，行使できるような人間の育成をめざして行われなければなりません。

　学校教育は，先行する世代が決定したカリキュラムを子どもたちに「強制」するだけでなく，大人が予測できない子どもの「自主的」「創造的」な興味関心や活動の広がりを尊重する必要があります。とりわけ，多様な子どもたちが学び合う授業づくりには，「カリキュラムの柔軟さ」を保証する必要があります。

2 インクルーシブなカリキュラムとは

　インクルーシブ教育のカリキュラムの特徴は，国連のサラマンカ声明で確認されました。その内容としてたとえば，「カリキュラムの柔軟さ」という項目では，カリキュラムを子どものニーズに合わせること，そして，通常のものと異なったカリキュラムによってではなく，通常のカリキュラムの中で必要な支援を受けるべきであること，教育内容は高い水準に合わせなおかつ子どものニーズに合っていること等が挙げられています。

▷1　顕在的なカリキュラムとは，意図的で明示的な教育の計画のことである。無意図的に伝達される潜在的なカリキュラムに対置して使われる用語で，たとえば，学習指導要領や学校教育目標，教師が計画し実施する年間の指導計画や週案等は，顕在的なカリキュラムといえる。

▷2　エレン・ケイ，小野寺信・小野寺百合子訳 (1979)『児童の世紀』冨山房，279-280頁を参照。

▷3　このような状況を乗り越えるために，子どもたちがカリキュラムづくりに参加するような教育実践のあり方を模索する動きもある。Ⅳ-1-4 を参照。

▷4　子どもの権利条約を参照。

前述の内容について、どの子どもにも現行の通常教育のカリキュラムをそのまま押しつけて良いと解釈するのは誤りです。インクルーシブ教育では、通常教育のカリキュラムをどの子どもにとっても参加可能で学び甲斐のあるカリキュラムに変えてゆくことが求められます。学び甲斐のある授業とは、たんに教材の水準を下げたり、学習内容を薄めることではありません。子どもたちの実態に合わせた高い水準の学習内容を系統的に構成する必要があります。

その際には、子どもの「発達の最近接領域」に意識的に働きかけていくことが重要です。子どもが「わからないけどわかりそう」と感じる領域（Zone）の中に学習課題を設定することで発達を促すことができます。

教師は、日々変化してゆく子どもたちの実態に合わせた高い水準の学習内容を年間の指導計画や単元計画としてデザインし、発問や教材提示の工夫によって取り組みやすいものに変えてゆく教材研究の力を備える必要があります。

③ カリキュラムに余白をとる：「教科か，生活か」を超えて

これまで日本の教育課程は、通常教育と特別支援教育で異なる特徴をもった編成原理に基づいて行われてきたとされています。「教科の系統性」に基づいた授業を行う通常教育と、通常教育に準ずることを原則として教科の枠組みを超えた「生活単元学習」も行う特別支援教育です。もちろん、知的障害児教育でも、教科の源流である科学的な認識を系統的に学ぶ「原教科」の実践が行われた実践的蓄積もあります。他方、通常教育の教育課程は系統主義と経験主義の「振り子構造」で捉えられるように、教科の枠組みを基本としつつ子どもの経験や認識と教科学習とのつながりが論点とされてきました。

子どもの認識は、もともと教科ごとに区切られてはいません。教科書通りに授業を行うことを意識しすぎると子どもに正答ばかりを求めがちになり、正答以外を排除することになりかねません。一方で、教科の系統性は子どもがわかりやすく学ぶ順序の目安となることもまた事実です。教科の系統性を生かしつつ、必要に応じて教科の枠を超えた子どもの興味関心を授業に反映させることができるようにあらかじめ設定するカリキュラムに余白を残すことが重要です。

平成29（2017）年告示の学習指導要領では、教科横断的な学習の考えが含まれるカリキュラム・マネジメントの重要性が改めて確認されています。教科間の知識や教科学習と生活認識を単に「つなぐ」だけでなく、子どもたちが科学的概念を学習することで生活認識を問い返すこと、生活の視点から科学的概念を吟味できるような仕掛けを授業の中に設定することが必要です。

多様な子どもたちが一緒に学ぶことで、さまざまな生活認識が交流されます。子どもたちの認識は、大人があらかじめ計画（予想）したカリキュラム通りとは限りません。実施の際には、子どもの応答を取り入れて改良していくこともまた柔軟なカリキュラムといえるのではないでしょうか。

（田中紀子）

▷5　子どもの教育的ニーズに応じた支援を行わずに、通常教育の場に通わせることを「ダンピング（dumping）」といい、このような対応は子どもの人権や学習権の侵害とみなされている。

▷6　「発達の最近接領域（Zone of Proximal Development）」は、レフ・ヴィゴツキー（Lev S. Vygotsky）によって理論化された。

▷7　名古屋恒彦（2016）『わかる！できる！「各教科等を合わせた指導」――どの子も本気になれる特別支援教育の授業づくり』教育出版、を参照。

▷8　遠山啓編（1992）『歩きはじめの算数――ちえ遅れの子らの授業から』国土社、を参照。

▷9　志水宏吉（2005）『学力を育てる』岩波書店、を参照。

▷10　教科の枠組みを超えた学習や、教科内容を相互に関連させた学習等を指す。

▷11　Ⅳ-1-3 を参照。

参考文献

Prengel, A. (2005) "Heterogenität versus Lehrplan?— Perspektiven der Grundschul- und Kindheitsforschung", In: Knauf, A., Liebers, K., Prengel, A. (Hrsg.): *Länderübergreifende Curricula für die Grundschule*. Klinkhardt, Bad Heilbrunn, 81-92.

第Ⅳ部　インクルーシブ教育とカリキュラム・授業づくり

Ⅳ-1　インクルーシブ教育とカリキュラム

社会に開かれた教育課程

❶　「社会に開かれた教育課程」の意味

　2017年版学習指導要領では，「よりよい学校教育を通じてよりよい社会を創る」という目標を学校と社会が共有し，連携・協働しながら，未来を切り拓くための資質・能力を子どもたちに育むための「社会に開かれた教育課程」の実現を求めています。さらに，「社会に開かれた教育課程」の重要な点として以下の3点が挙げられています。

① 社会や世界の状況を幅広く視野に入れ，よりよい学校教育を通じてよりよい社会を創るという目標を持ち，教育課程を介してその目標を社会と共有していくこと。

② これからの社会を創り出していく子どもたちが，社会や世界に向き合い関わり合い，自らの人生を切り拓いていくために求められる資質・能力とは何かを教育課程において明確化し育んでくこと。

③ 教育課程の実施に当たって，地域の人的・物的資源を活用したり，放課後や土曜日等を活用した社会教育との連携を図ったり，学校教育を学校内に閉じずに，その目指すところを社会と共有・連携しながら実現させること。

　学校教育を通じてよりよい社会を創るという目標を実現させるためには，どのような社会が「よりよい社会」なのかを私たちは問わなければなりません。そのために，障害，性，家族や労働をめぐる諸課題，そして貧困問題等，私たちが社会のなかで「生きる」ということに関わる現代的課題を学ぶことが不可欠です。

　すなわち，各教科固有の教科内容を学ぶということを基盤としながらも，教科・教科外活動の両方を通して現代的課題に関していかに学ぶかを構想することが，教育課程を社会に開いていくことにつながるでしょう。

❷　「学びの地図」の批判的検討

　学校における教育課程の基準を定めるのが，学習指導要領です。2017年版学習指導要領は，「子供たちの多様で質の高い学びを引き出すことができるよう，子供たちが身に付ける資質・能力や学ぶ内容など，学校教育における学習の全体像を分かりやすく見渡せる『学びの地図』として役割を果たすことが期待されています。

　「学びの地図」として示された2017年版学習指導要領ですが，その「目標」

▷1　中央教育審議会(2016)「次期学習指導要領等に向けたこれまでの審議のまとめ」17。

▷2　中央教育審議会(2016)「幼稚園，小学校，中学校，高等学校及び特別支援学校の学習指導要領等の改善及び必要な方策等について」1。

「内容」「内容の取扱い」について確認していくと，従来の学習指導要領よりも細かく具体的に記載されていることが分かります。とりわけ，各教科「内容」の項目では，身に付けるべき「知識及び技能」，および「思考力，判断力，表現力等」が詳細に示され，同様に「内容の取扱い」に関しても具体的な記述になっています。

　このことは，法的拘束力のある学習指導要領体制下での国による教育の内容と方法に関する規定をますます強めていることを意味しています。学習指導要領の記載内容が詳細になればなるほど，決められた内容をいかに行うのかという営みにならざるを得ません。

　つまり，2017年版学習指導要領，授業のスタンダード化など，授業内容や指導方法を厳しく規定する様相を強めている今日において，学習指導要領が「学びの地図」として描かれるということは，個々の教師の専門性を活かした創造的な意味での教育活動の創意工夫を妨げることを意味します。

　なぜならば，授業において学習する課題や内容はすでに「学びの地図」（＝学習指導要領）上に配置され，規定されているために，教師はそこに行き着くまでの道のりをどのように工夫（指導）するのかということに専念することになるからです。

　そうではなく，自己，他者，世界とのつながりの中で，学習主体である子どもたち自身が，自らの「学びの地図」そのものをつくりだす学びを創造していくことが必要です。

3　「学びの展開図」を創造的に描く

　子どもたちが「学びの地図」そのものをつくり出すために，① 子どものつまずきや理解の仕方を含めた学習における「現在地」の把握，② 学習の方向性としての「見通し」と学習の「歴史」を蓄積するという2点が重要な要素として指摘されています。

　この2点の要素を踏まえたうえで，子どもたちが自分自身の「学びの地図」づくりに主体的に参加していくために，「学びの展開図」を創造的に描きだすことが不可欠です。立方体でたとえるならば，その展開図は11種類もあり，展開の仕方によって展開図は様々な形となって現れます。

　人間・自然・社会に関わる様々な現象は，複数の要素が複雑に絡み合い，立体的に構成されています。それゆえに，特定のものの見方や考え方のみを示して一つの決まった形として学習させるのではなく，一つの現象に対する見解の複数性を保障することが大切です。立場や意見の相違によって世界は異なって見えることを実感しながら，「学びの展開図」を創造的に描いていくことが，子ども自身の「学びの地図」づくりをより充実化させていくでしょう。

（今井理恵）

▶3　詳細については，以下を参照のこと。深澤広明・吉田成章編（2018）『学習集団づくりが描く「学びの地図」』渓水社。

第Ⅳ部　インクルーシブ教育とカリキュラム・授業づくり

Ⅳ-1　インクルーシブ教育とカリキュラム

3 学校改革とカリキュラム・マネジメント

① 通常学校をインクルーシブな学校へと改革する

　インクルーシブ教育は障害児に限定するものではなく、人種、民族、性、被虐待児、不登校、貧困の子ども等を含めて、学校における学習と生活に困難さのある「すべての子ども」が対象児となります。

　よりよい社会とはどのような社会なのかを私たちが問うなかで、誰もが排除されない社会、つまり、インクルーシブな社会の創造に参加することを可能にする学びの保証が不可欠です。

　日本においても、共生社会の形成に向けたインクルーシブ教育システムの構築がめざされており、特別支援教育を推進していくことが必要不可欠と指摘されています。しかしながら、特別支援教育制度の対象児は、通常級に在籍する発達障害児にまで拡大されたとは言え、障害児に限定されています。先述したように、インクルーシブ教育の対象児は障害児に限定されるものではありません。それゆえに、インクルーシブ教育の推進を特別支援教育のみの問題に矮小化せず、通常教育全体の改革の問題として捉えていく視点が重要です。

▶1　文部科学省（2012）「共生社会の形成に向けたインクルーシブ教育システムの構築のための特別支援教育の推進（報告）」。

② インクルーシブな学校へと改革するためのカリキュラム・マネジメント

　2017年版学習指導要領は、教育課程を軸に教育活動や学校経営などの学校教育の全体的なあり方を改善・充実させる「カリキュラム・マネジメント」を実現させることを重要な柱としています。

　では、インクルーシブな学校へと改革するためのカリキュラム・マネジメントとはどのような取り組みを志向することなのでしょうか。その手掛かりとしてたとえば、不登校児を実践の柱に据えて学校改革を行うことで、不登校児が学校教育から排除されない取り組みを行った教育実践があります。

　そこでは、学年教師や相談室の講師、教育相談に携わる教師も含めて不登校児の分析を行い、①相談室で集団をつくる意義と取り組み方、②授業時間割を組み替えて、空きの教師が入れるようにする、③たくさんの仲間といると楽しいことがあるという共通の思いを体験させるために、レクを取り入れる、④学習障害のある不登校児の特支学級の入級を視野に入れて、特支学級との合同の授業とイベントの企画、⑤相談室で学習するときには、教育相談部の担当も交えて四者懇談をし、メリット／デメリットを説明する、という方針を

▶2　中川拓也（2013）「『K』を柱にすえた実践を進めるために」全国生活指導研究協議会『生活指導』10／11月号：22-29。

共有し，実践上の合意をつくり出しています。

不登校児それぞれの実態を丁寧に分析し，教育方針を教職員集団で共有することで，教科と教科外活動を含めた教育課程の変更（＝カリキュラム・マネジメント）を積極的に行っていることがわかります。加えて，この実践の注目すべき点は，当該の不登校児のためだけに個別的な教育課程の変更をするのではなく，不登校児を取り巻く周囲の子どもたちにも「クラスの多くの子どもたちは，仲間のことを考えることによって，少年期から思春期の課題に迫れる良い機会になる」と捉えて，学校全体のカリキュラムを構想していく点にあります。

カリキュラムの変更を不登校児のみに閉じず，すべての子どもたちに開いていくことで，「なぜ教室に来ないのか」という周囲の目に抑圧感を感じるという不登校児との学校内での出会い方を想像したり，「同じ不登校でも，事情が違うと接し方も変えなければならない」ことを子どもたちは学んでいきます。

教科・教科外活動含めた教育課程全体を通して，困難さのある子どもの課題を丁寧に捉えたカリキュラムを構想し，すべての子どもにカリキュラムを開くことを追求するのです。

すべての子どもの学習と生活における参加を保障するために，通常教育の改革を「終わりなきプロセス」として進めていくことがインクルーシブ教育の理念です。それゆえに，カリキュラム・マネジメントにおける計画・実践・評価・改善のサイクルは，トップダウン式に降りてくる教育政策をうまくこなすためのものとしてではなく，子どもに働きかけたプロセスと結果を不断に問い直しながら，場合によっては計画（目標）や実践のあり方そのものを刷新することも含んで構想されることが求められます。

3 カリキュラム・マネジメントにおける子ども－教師－保護者の共同

インクルーシブな学校を志向したカリキュラム・マネジメントを行おうとする際の柱としてまずは，教職員集団の共同をつくり出すことが不可欠です。特別な教育的ニーズを有する子ども理解の視点や指導方法について教職員同士で自由に対話できる関係性や場を丁寧につくり出していくことが求められます。

公式な場としての校内委員会や校内研修等での議論を充実させていくこととあわせて，日常的な議論の場を保障していくことで，互いの実践において抱えている困難さや苦悩がききとられ，共感し合いながら子ども理解の共有を図り，指導の方針を共同で立てていくことが可能になります。

さらに，学校を子どもにとって意味ある学習と生活の場にしていくためにも，カリキュラムづくりへの子どもの参加を保証し，子どもと共同してつくるという視点が不可欠です。同様に，子どもの教育に対する責任を共同で担う大人として保護者の参加を保証することで，子ども－教師－保護者の三者によるカリキュラム・マネジメントのあり方を追求していくことが課題です。 （今井理恵）

▷3　他にも，授業づくりに関して子どもの学習要求と発達要求を学びの柱にすえたカリキュラム・マネジメントを展開している例としては，以下の文献を参照のこと。鈴木和夫（2005）『子どもとつくる対話の教育——生活指導と授業』山吹書店。

▷4　学校全体で教職員が連帯，共同する学校づくりを行った示唆的な実践として次の文献が挙げられる。湯浅恭正・越野和之・大阪教育文化センター編（2011）『子どものすがたとねがいをみんなで——排除しない学校づくり』クリエイツかもがわ。

▷5　詳しくは，Ⅳ-1-4 を参照。

【参考文献】
北川剛司・樋口裕介（2018）「学習集団研究からみた『カリキュラム・マネジメント』の課題」深澤広明・吉田成章編『学習集団づくりが描く「学びの地図」』溪水社。

第Ⅳ部　インクルーシブ教育とカリキュラム・授業づくり

Ⅳ-1　インクルーシブ教育とカリキュラム

カリキュラムづくりへの子ども参加

 学校における学習と生活に参加する権利主体としての子ども

　学校での教育の営みが，教師からの一方的な指導のあり方に傾斜すればするほど，子どもたちは教育における客体としての位置に置かれ，教師からの指導に対して受動的な存在となってしまいます。受動的な存在としての子どもは，やがて問うことや考え，追求することを諦め，学校で学ぶ意味すら感じられなくなっていくでしょう。

　学習指導要領体制下で学校における教育実践を縛るシステムが強められている今日だからこそ，学習権宣言に代表される子どもの学習する権利や，子どもの「生きる権利」「守られる権利」「育つ権利」「参加する権利」を定めた子どもの権利条約の今日的な意味を改めて確認する必要があります。▷1

　権利はそれとして掲げられているだけでは，子どもにとって意味あるものとはなりません。子どもの権利条約が示す権利について，具体的な学習と生活の場面の中で子どもたちが実感を伴いながら学ぶことで，他者との相互関係において行使される権利の意味と責任について問い直されていくのです。

「当たり前のことが当たり前にできる」という価値を問い直す

　子どもが自分たちの権利を自覚し，実感を伴って権利行使の主体として立ち上がっていくためにも，子どもの学習要求・発達要求に応答するカリキュラムづくりの視点が大切です。その際，学校での学習や生活において，子どもがどのような苦悩や課題を抱えているのかを丁寧にききとり，その子どもに寄り添いながら，学習や生活場面における暗黙のルールや授業のあり方そのものを問い直していくことが鍵となります。

　学校現場では，「当たり前のことが当たり前にできる子」という目標を掲げることが少なくありません。しかしながら，「当たり前のこと」とは，何を指すのでしょうか。教師，学校，もっというと多数（マジョリティ）の側が「当たり前」としている事柄は，特別な教育的ニーズのある子どもにとっては決して「当たり前」のことではないのです。

　多数の側が決めた「当たり前」を強要され，それが「当たり前にできない」ことで，生きづらさを抱え込まされて最も困っているのが，特別な教育的ニーズのある子どもたちです。しかしながら，「当たり前のことを当たり前にでき

▷1　子どもの権利条約における意見表明権（第12条），表現の自由（第13条），思想・良心・宗教の自由（第14条），結社・集会の自由（第15条）を含めて，子どもの教育を受ける権利（第28条）を正当に位置づけた教育課程編成が求められる。

ている」ように見える子どもの中にも，苦悩や生きづらさを感じている子がいることを見逃してはなりません。

学校や社会における「当たり前」とは何かを子どもと問いながら，合意できる価値世界を子どもと共につくり出していくことこそ，子どもの学習要求・発達要求に応答し，豊かな未来を創造する子どもたちを育てるカリキュラム構想につながるのではないでしょうか。

③ カリキュラムづくりへの子ども参加を保障する

子どもの学習要求・発達要求を教育課程編成に正当に位置づけていくことを志向するとき，カリキュラムづくりそのものへの子どもの参加を保障していく取り組みが欠かせません。

それはたとえば，授業における「特別なルール」を設定する実践として展開されてきました。授業におけるいわゆる「当たり前」を前提とするのではなく，学びの場のあり方について学級のみんなで問いながら，対話と合意に基づく「特別なルール」を設定し，柔軟な授業参加のあり方を承認していく方法です。

「特別なルール」の設定などに代表される柔軟な授業参加を認めていく実践提起は，多様なニーズをもつ子ども，排除されている子どもも含め，一人ひとりの子どもが学習への参加の方法をめぐって互いの意見を表明し，それについて共に吟味していくことで，学びと生活に参加していく権利主体として立ち現れてくることを指導するものです。

他にも，荒れているクラスで，ダメだダメだと言われている子どもたちが，「和室で算数をやったら今より授業もできるかもしれない」と考え，和室を授業で使うための「和室憲法」をつくり出す実践が提起されています。教室のカーテンはちぎられ，掃除ロッカーのドアもなくなるほどの荒れをみせている子どもたちが，学習の場として和室を使うためのマナーとルールとしての「憲法」をつくりだし，みんなで決めたことをみんなで守るということを見事にやり遂げ，学習につなげた実践です。

子どもたちの要求を受け止める学級担任の存在はもちろんのこと，「和室憲法」を認めてくれた校長の存在があり，自分たちの呼びかけに対して誠実に応答してくれる他者の存在を支えにして，子どもたちは学習の場を組織する力＝カリキュラムづくりに参加する力を形成することができたのです。

一方で，特別な教育的ニーズのある子どもは，自己選択することや，意見表明を行い，決定するということができる子どもばかりとは限りません。

そのため教師は，学習と生活の場面において子どもが示す姿を洞察し，既存のカリキュラムに対する子どもの異議申し立てとしての学習要求と発達要求をつかむことが必要です。子どもの声にならない声の代弁者としてカリキュラムづくりに反映させていく教師の力量も問われています。

（今井理恵）

▶2 篠崎純子・村瀬ゆい（2009）『ねぇ！ 聞かせて，パニックのわけを──発達障害の子どもがいる教室から』高文研，141-142。

Ⅳ-2　学習集団と教師の指導技術

1　授業と集団

❶　「主体的・対話的で深い学び」の意味

　2017年版学習指導要領において、「主体的・対話的で深い学び」いわゆる「アクティブ・ラーニング」の視点からの学びをいかに実現するのかという視点が強調されました。

　そこでは、「どのように学ぶか」という学びの質が問われており、子どもたちが「主体的に学ぶことの意味と自分の人生や社会の在り方を結びつけたり、多様な人との対話で考えを広げたり、各教科等で身に付けた資質・能力を様々な課題の解決に生かすよう学びを深めたりすること」が、学びの質を高めると考えられています。

　一方で、「主体的・対話的で深い学び」の方法について、「形式的に対話型を取り入れた授業や特定の指導の型を目指した技術の改善にとどまるものではなく、子供たちそれぞれの興味や関心を基に、一人一人の個性に応じた多様で質の高い学びを引き出すことを意図するもの」であることが示されています。

　「話し合い」をさせて一見「対話型」のような授業形態をとっていたとしても、教科書にすでに書いてあることを見つけさせるだけの「話し合い」や、指導技術のマニュアル本をそのまま子どもに当てはめるだけでは、子どもたちにとって学びがいのある魅力的な授業とはならないでしょう。

　今日、何のために学習するのか、学習することの意味や意義がわからないまま、言われたことを言われたとおりにこなしていく子どもや、学習することをあきらめたり、放棄してしまう子どももいます。

　こうした学びの状況は、学習を通して「できる」「わかる」ということが、自己や他者、世界を発見すること、さらに、生きるということにつながるということの実感をもてていないことの表れではないでしょうか。

　すなわち、「主体的・対話的で深い学び」とは、学ぶ対象を批判的に問い、子どもの生活現実や社会における現代的課題などに応答し、世界を再構築していく「対話」のある学びを実現していくこと、その学びの過程に他者とともに参加していくことだと思われます。

❷　学習集団を基盤とした多様な学習活動を構想する

　今日求められている「主体的・対話的で深い学び」の実現のためには、授業

▷1　中央教育審議会(2016)「次期学習指導要領等に向けたこれまでの審議まとめ」23。

▷2　同上。

における学習集団を形成していくことがその基盤となるでしょう。

　学級によっては、教師の管理的な指導によって能力主義・競争主義的な傾向が強められることで、「間違うこと」や「わからなさ」が非難と嘲笑の的となり、排他的な関係性となっている集団もあります。このような集団性を帯びた学級では、安心して間違うことや失敗することができないために、「主体的・対話的で深い学び」は決して実現されないでしょう。

　学びを共にするはずの他者との関係性において、暴力的、排他的、差別的、無気力、無関心といった生きづらさを抱えながら生きているのであれば、そのことを問題視し、学びを媒介にして民主的・平和的な学習集団へと変革させていく指導が不可欠です。学習を通して、能力的な枠組みで他者を捉えている見方を問い直したり、競争相手ではない他者の発見をしていくのです。

　学習集団研究では、集団性や共同性を授業研究の中核として、学習における他者の存在に早くから着目してきました。今日においても、学習主体としての子どもを育てる授業づくりの方法論は、学習集団研究の質的発展を遂げながら追求され続けています。

　今日の特別支援教育における個別指導計画の広がりや、個別指導のニーズが高まっていることをふまえると、個々の子どもの発達要求、学習要求から生じる特別な教育的ニーズに沿った個別指導をしていくことはもちろん重要です。発達障害児のなかには、学習内容によっては個別に取り組んだ方が落ち着いて学習することができるという場合もあるでしょう。

　個別に学習することの意義を踏まえつつも、集団のなかでこそ子どもは育つということを教育学は明らかにしてきました。学習を通して学ぶ楽しさや分かる喜びを友だちと共有するなかで、友だちの良さや違いを感じ取ることができるのです。さらに、頼り頼られながらお互いを認め合っていく関係性を育てることで、「あんなふうになりたいな」「すてきだな」と友だちに憧れを抱いたり、友だちと学び合うなかで「もっとできるようになりたい」「わかるようになりたい」につながる意欲が引き出されます

　子ども一人ひとりの生活現実が違えば、興味や関心も異なります。子どもの生活に根ざした興味や関心から発せられる問いを交流し、学びの世界へつなげていくことが求められます。たとえば、朝の発表会で子どもが「ミミズがいる庭はいい花が咲く」ということを紹介したことで、ミミズからブドウ、そしてパンへとつながる総合学習へと発展させていった実践があります。この実践では、「子どもの生活の中から生まれたちいさなつぶやきは、共同で学ぶことによって大きな世界へとつながった」学びのあり様を私たちに示してくれています。

　ヒト・モノ・コトとの具体的、相互作用的な出会いを通して問いを生み出し、確かな実感のある、思わず語りたくなるような体験を学習おいて学級の友だちと共に積み重ねていくことが重要です。

（今井理恵）

▶3　代表的には、吉本均（2006）『学級の教育力を生かす　吉本均著作選集1〜5』明治図書。

▶4　広島大学教育方法学研究室　深澤広明・吉田成章責任編集（2016）『いま求められる授業づくりの転換』渓水社。

▶5　渡辺恵津子（2016）『競争教育から"共生"教育へ──仲間と育ちあう教室づくりのヒント』一声社。

第Ⅳ部　インクルーシブ教育とカリキュラム・授業づくり

Ⅳ-2　学習集団と教師の指導技術

2 授業における参加と共同

1 授業に参加し，共に学ぶ

　授業における活動を構想し，考慮した教材を用意してもその活動の場に参加することを拒否する子どももいます。その場合に「参加させなくては」と焦って参加を強要すると余計に子どものパニックを引き起こし，拒否感を強めてしまうことにもつながります。

　参加を強要するのではなく，参加を拒むには何か訳があると捉え，その子どもなりの拒否する理由を丁寧にききとっていく姿勢が求められます。子どものこころとからだが友だちとの活動に向けて動き出せる瞬間を「待つ」ということも必要です。

　一見すると授業での活動を拒否しているようにみえる子どもでも，その子どもの好きなこと，得意なことを取り入れた楽しそうな活動を展開することで，その活動の世界に気持ちを向け，活動に取り組む友だちの様子に関心を示す姿がみられます。こうした子どもの姿は，友だちと関わりたい，一緒に授業に参加して活動したいという願いをどの子どもももっていることを表しています。

　たとえば，小学校3年生当時，文字を読むことも書くこともできず，友だちとのトラブルの絶えない健太が書いた「健太文字」の解読を学級のみんなで取り組む実践があります。

　健太は，口頭作文の取り組みを通して，自分の思いをききとってくれる教師がいること，自分の思いが文字化されること，さらにそれを読んでくれる友だちや保護者がいることに心地よさを感じ，「自分も表現したい！」「クラスの友だちに知らせたい！」と思うまでになっています。文字の書けない健太が「健太文字」をつくり出し，それによって自己の思いを表現し，学級のみんなに解読されていくことで，「キレて暴れる子」と否定的に見ていた学級の子どもたちの健太への見方が変わり，健太との新たな関係性がつくりだされています。

　「自分は何もできない」と思い込んでいた健太が少しずつ自信を取り戻し，文字の習得や6年生では支援学級のリーダーとして活躍するまでに成長したのは，表現したいと願う健太の学習要求と発達要求を引き出した教師の指導性，表現された健太の思いを受け止め，共に学び合う子ども集団があったからこそです。

　教師が子どもの障害特性等を分析し，それに見合う教育的サポートを提供す

▷1　佐藤寛幸 (2011)「オレかて書きたいことあるねん！」『クレスコ』大月書店。

ることは重要ですが，授業における学習のあり方の選択と決定をめぐる議論のプロセスに特別な教育的ニーズのある子どもを含めて子ども一人ひとりが当事者として主体的に参加できる回路を多様に構想する指導の視点が求められます。

2 特別な教育的ニーズのある子どもと共に学ぶ意味

　発達障害の子どもは，授業中に遊んでいるかと思えば，関心のある内容が耳に飛び込んでくると授業の進行に関係なく自分の知っていることを唐突に話し出したり，パニックになるなどの授業妨害ともとれるような行動を起こすことがあります。

　発達障害のみならず，荒れている子などを含んだ特別な教育的ニーズのある子どもで，特に授業妨害が激しい子どもの場合，学級からは「あの子がいるから学習できない」という周囲の子どもの声や，「うちの子の学力保障はどうなるの」という保護者の声が出てくることも少なくありません。これらの声は，「あの子がいなければいいのに」という発想に容易に結びつく敵対的な関係を生じさせてしまう排除的な見方です。

　このような排除的な見方は，学習において他者の存在を必要としない見地と学習の効率性のためだけに他者を必要とする見地が混在したところに現れます。効率性が追求される学習においては，非効率的とも思える特別な教育的ニーズのある子どもの存在はあからさまに排除されてしまうため，学びにおける共同的，応答的存在として受け止められる余地が生まれません。

　インクルーシブ教育システムの構築が目指される今日だからこそ，あらためて特別な教育的ニーズのある子どもと共に学ぶ意味について考え，学びにおける共同的，応答的他者としての位置づくことを追求する必要があるでしょう。確かに，発達障害児などの独特な認知の仕方やこだわりの世界を理解していくことは容易ではありません。しかしそうだからといって，そのまま分かり合えない関係性を維持しておけばよいという問題では決してありません。子どもの小さなこだわりの世界が共同で追求されることによって大きな学びの世界へと開かれていくことが明らかにされているように，発達障害児のこだわりの世界もまた同様に学びの世界を広げていく可能性をもっているのです。

　学びにおけるインクルージョンとは，排除されている側からの呼びかけに対して，多数の側がその呼びかけをききとることで自分たちのあり方を問い，価値や認識の変革を伴いながら，既存の世界を共々に生きられる新たな世界へと再創造していく営みです。それゆえに，誰もが排除されることのないインクルーシブな授業において，特別な教育的ニーズのある子どもと共に学ぶ意味は，ニーズのある子どもの側からのものの見方，考え方，感じ方が提出されることで，教師や通常の子どもが当たり前にしている認識世界のあり方，さらには自己の生き方までをも鋭く問い直すことを要請しているのです。　　　（今井理恵）

▷2　Ⅳ-2-1を参照。

参考文献

インクルーシブ授業研究会編（2015）『インクルーシブ授業をつくる――すべての子どもが豊かに学ぶ授業の方法』ミネルヴァ書房。

湯浅恭正・新井英靖編著（2018）『インクルーシブ授業の国際比較研究』福村出版。

第Ⅳ部　インクルーシブ教育とカリキュラム・授業づくり

Ⅳ-2　学習集団と教師の指導技術

 インクルーシブ授業の指導技術

▷1　教えることの技術については，吉本均（1982）『ドラマとしての授業の成立』明治図書，などを参照。

▷2　ユニバーサルデザインの視点を取り入れた授業づくりについては，次の論考などで検討されている。赤木和重（2017）「ユニバーサルデザインの授業づくり再考」『教育』853（2017年2月号），田上美由紀・猪狩恵美子（2017）「日本におけるユニバーサルデザイン教育をめぐる研究動向——インクルーシブ教育の実現を目指した通常学級改革の視点から」『福岡女学院大学大学院紀要発達教育学』3，原田大介（2018）「国語科教育における「授業のユニバーサルデザイン」の検討——多様性を包摂する授業の構築に向けて」『臨床教育学研究』6，など参照。なお，本稿で取り上げたユニバーサルデザインの授業づくりとは別に，現在アメリカのCAST (Center for Applied Special Technology) が提唱している「学びのユニバーサルデザイン (UDL)」という理論枠組みが日本でも注目され始めている（トレイシー・E・ホールほか編著，バーンズ亀山静子訳（2018）『UDL学びのユニバーサルデザイン』東洋館出版社，など参

1　教えることの技術

　教えることが，個人的な「かん」や「こつ」といった「技能」ではなく，客観的，普遍的な「技術」として確立することは教授学において議論されてきました。その中で，教えることの技術とは，家を建てる「技術」といった「物作り」のことをいうのではありません。教えることの技術においては，一人ひとり個性やニーズの異なる子どもたちを「学習する主体」へと成立，発達させることが重視されてきました。

　こうした教えることの技術とは，教師が子どもに働きかける手段の体系と考えられます。特に，授業場面での指導技術は，説明，発問，指示，助言，評価活動などを含んだ手段の体系を意味し，そうした教授行為から子どもの能動的な応答を引き出さなければなりません。

　さらに，これらの指導技術は，子どもの主体性を引き出す具体的な行為自体だけではなく，教科内容の解決や分析に基づく働きかけという手段を介する，つまり，教えねばならない内容は子どもたちに直接教えるのではなく，教師の技術によって「媒介」されねばならないのです。それゆえ，教えねばならないものが子どもたちの学び取りたいものに転化することも技術として考える必要があります。

2　障害特性をふまえた指導方法の問題点

　2007年に特別支援教育が開始され，すでに10年以上が経過しました。通常学級では，発達障害のある子どもへの指導のあり方が注目されるようになりました。今日ではユニバーサルデザインの視点を取り入れた授業づくりが注目され，「LD傾向の子どもには〇〇の支援が必要」といった障害特性をふまえた視覚支援や環境整備などが多くの学校で導入されるようになりました。このようなユニバーサルデザインの授業づくりは，障害特性をふまえた指導方法を実践現場で議論する契機をつくり出しました。

　しかしながら，ユニバーサルデザインの授業づくりのように発達障害のある子どもへの指導方法については，学級全体に向けて実践した際に他の子どもへの対応がおろそかになる点や，そうした指導についていけない子どもが「排除」される点も指摘されています。発達障害の子どもにとって有効な支援をす

146

れば，多様な子どもたちのニーズにすべて対応できるわけではありません。というのも，授業において困難を抱える子どもには，発達障害児のみならず，被虐待児，トラブルや問題行動の絶えない子どもをはじめ，社会的背景を要因とした特別なニーズのある子どもも含まれるからです。

こうした問題点の背景には，指導方法の極端な画一化や教師間の指導方法の平準化（マニュアル化やスタンダード化）により子ども一人ひとりの違いや多様さに応じた指導が失われていること，または定められた手順どおりにスムーズに終わらせる授業や明確な成果に導く授業が求められていること，が考えられます。こうしたやり方は先述した指導技術とは異なります。

❸ インクルーシブ授業において求められる指導技術

インクルーシブ授業において求められる指導技術とは，特別なニーズのある子どもとともに学級の子どもにも，障害特性をふまえた特別な指導方法などを受け止めたり，折り合いをつけたりする力やその指導を超えていく学びをつくり出す力，さらには学習の場において子どもたちの差異が生かされ，教材を共同して解釈する「差異と共同」の関係を育てることです。それゆえ，ここでの指導技術とは，授業を手順どおりに流す，こなす，終わらせることではなく，また特定の指導方法に適応させることでもありません。インクルーシブ教育の視点から大切なポイントとして次の2つが挙げられます。

第一に，インクルージョンとは，「包み込む」のではなくすべての子どもに「開く」ことです。インクルージョンとは「包摂」，つまり「包み込む」ことをイメージします。しかし，このイメージでは，「みんな仲間」「みんな同じ」と称して学級全体を同化し，特別なニーズのある子を排除することになりかねません。そうではなくて，一人ひとりが大切にされ，異質・共同に「開かれていく」学びの場と学びに値する集団を当事者の目線からつくる必要があります。

第二に，特別なニーズのある子どもに学びが生まれるだけではなく，その子どもの学びによって他の子どもにも学びが生じる必要があります。それは，特別なニーズのある子どもが授業に参加し，学びが生じた「包摂（インクルージョン）」の状況とともに，その学びから，他の子どもたちが感化されたり影響を受けたりして，他の子どもにも学びが生まれる「再包摂（リ・インクルージョン）」の状況です。こうした「包摂」と「再包摂」での学びが交互に生まれるサイクルによって，障害特性をふまえた指導を超えた授業が生じるのです。

こうしたポイントをふまえ，インクルーシブ授業では，多様なニーズのある子どもたちの目線から，「なんのために（だれのために），何をこそどんな仕方で」という教育の目的・内容・方法の結びつきの中で，改めて指導技術を問うことが求められます。

（吉田茂孝）

照）。

▷3 ユニバーサル・デザインを提唱したロナルド（ロン）・メイスの定義には「可能な限り最大限に使いやすい製品や環境のデザイン」と述べられているように，ユニバーサル・デザインとは，「可能な限り最大限に」を追い求めていくことである。それゆえ，何かのマニュアルに従えばユニバーサル・デザインになるわけではない。むしろ試行錯誤の繰り返しなのである（川内美彦（2006）「ユニバーサル・デザインについて」村田純一編『共生のための技術哲学』未來社，96-109，参照）。

▷4 「包摂」と「再包摂」での学びが交互に生まれるサイクルについては，原田大介（2017）『インクルーシブな国語科授業づくり』明治図書，などを参照。

参考文献

新井英靖（2016）『アクション・リサーチでつくるインクルーシブ授業』ミネルヴァ書房。

インクルーシブ授業研究会編（2015）『インクルーシブ授業をつくる』ミネルヴァ書房。

成田孝・廣瀬信雄・湯浅恭正（2015）『教師と子どもの共同による学びの創造』大学教育出版。

深澤広明・吉田成章編（2016）『いま求められる授業づくりの転換』溪水社。

吉本均（2006）『学級の教育力を生かす吉本均著作選集全5巻』明治図書。

Ⅳ-2　学習集団と教師の指導技術

4 多様な学習方法・学習支援の場の保障

▷1　Ⅳ-2-3 参照。
▷2　Ⅰ-2-1 参照。
▷3　吉田茂孝（2009）「どの子にもわかりやすい授業展開の工夫」湯浅恭正編著『芽生えを育む授業づくり・学級づくり』明治図書，104-105，など参照。
▷4　吉田茂孝（2012）「同一教材異目的追求の授業」渡邉健治・湯浅恭正・清水貞夫編著『キーワードブック・特別支援教育の授業づくり』クリエイツかもがわ，20-21，参照。
▷5　ここで大切なのが，「統一した学習の場」という同一教材・同一場面と，「分化した学習の場」という子どもたち一人ひとりに目的の異なる学習課題を保障する場面である。こうした「統一と分化の原理」から，学習課題は異なっても同一教材・同一場面を設定することで，分化しても子どもは相互に意識しながら学習に挑むことが可能になる（湯浅恭正（2008）「教師に求められるカリキュラム開発力とは」湯浅恭正・新井英靖・小川英彦・高橋浩平・広瀬信雄編『特別支援教育のカリキュラム開発力を養おう』黎明書房，11-12，参照）。
▷6　湯浅恭正・新井英靖・吉田茂孝編（2013）『特別支援教育のための子ども理解と授業づくり』ミネルヴァ書房，など参照。

1 通常学級のみに閉じた学びから開かれた学びへ

　インクルーシブ教育は，障害の「ある」「なし」を前提にするのではなく，また通常学級を単なる場の統合に終始させることでもありません。あらゆる子どもたちの多様性を認めながら，あらゆる子どもを「包み込む」という考え方です。それは，あらゆる子どもを「みんな同じ」と称して同化するということではなく，異質・共同に「開かれていく」学びの場と学びに値する集団を当事者の目線からつくる必要があるということです。
　サラマンカ声明において特別支援学級・学校の存在意義が確認されているように，通常学級だけではなく，特別支援学級・学校も含めて多様な学習方法，学習支援の場の保障が求められています。つまり，インクルーシブ教育は，すべての子どもの学習活動を問い直そうとする学校改革として唱えられているのです。

2 多様な学習方法の保障

　通常学級では特別なニーズのある子どもの学習方法は多様に存在します。学習参加の視点から次の3つの局面が考えられます。発達障害の子どもは，周囲の情報に左右されやすいので，席は黒板に注目しやすい場所にするなど，①「学習の『場』への見通しをもつ」個別支援が必要です。さらに，授業の途中でわからなくなる前に子どもへの支援として，黒板にあらかじめ学習の手順を書くことや，学習の予定表をつくることが実践されています。そうすることで，②「学習活動への見通しをもつ」ことができます。最後に，授業中には，教師の話がわからなくなって困っている子どもや，教師の発問に答えたり友だちと話し合ったりすることが苦手な子どもがいます。こうした「わかり方」や「でき方」の交流への参加が難しい子どもは，自分に自信がもてなくなっています。そこで「繰り返し」によって習熟する活動を取り入れ，自分の力を発揮し，自信をもたせる取り組みが必要です。そうすることで，獲得した力を集団の中で発揮させ，③「学習活動を広げたり深めたりする」ことにつながっていきます。
　またこのような学習方法以外にも，同じ学級において同一教材を用いて同一場面で学習し，子どもの認識や技能の「わかり方」や「でき方」に応じて，一人ひとり異なる目的の学習課題を追求しながらも，子どもが相互に意識し，か

かわり合うような「同一教材異目的追求の授業」が挙げられます。この考え方は、個人差を考えた「個別化」とも通底します。また個別化の問題については学習集団編成の授業理論として、「統一と分化の原理」も挙げられます。「統一」とは、子どもたちの発達に差異はあるものの統一した学習の場での授業展開を意味し、「分化」とは、子どもたちの発達の差異に応じて分化した学習の場での授業展開を意味します。

これら以外にも、「取り出し」指導の場を設定することも考えられます。ただし、「取り出し」指導では、通常学級とは離れていても、自己の存在を肯定し、また支える学級の仲間との関係づくりも必要です。

③ 多様な学習支援の場の保障

インクルーシブ教育では、多様な職種が協働して子どもたちに多様な学習支援の場を保障することが求められます。それは、学級担任の教師だけではなく、特別支援学級の教師、養護教諭、支援員、時として、スクールカウンセラー、スクールソーシャルワーカーなどの参加も必要です。すなわち、学級担任の抱えている困難は個々の学級のみで対応するのではなく、学校全体の課題であるという認識が重要です。学級担任の困難を学校全体の課題として捉えない限り、インクルーシブな学校は成立しません。というのも、子どもたちにとって多様な学習支援の場の保障や居場所を創造することが必要だからです。たとえば、特別なニーズのある子どもを通常学級に適応させるのではなく、その特別なニーズのある子どもの居場所をめぐって、特別支援学級の教師や保健室の養護教諭の役割が注目され、通常学級の担任と共同していく次のような実践が挙げられます。

この実践では、制度として居場所を与えるのではなく、子どもが当事者として居場所、学びの場を自覚し、選択する過程を教師集団で支えていました。みんなで共に過ごす場（通常学級）もあれば、一人でほっとする場（別の教室や通常学級の中にあるスペースなど）も必要です。また複数の居場所を支えにすることも重要です。その際、通常学級に戻すことばかりを考えるのではなく、特別なニーズのある子どもと共に居場所を見つけようとする共同の視点に立った指導観が求められます。それは、指導姿勢として、結論を出すことを目標にするのではなく、教師集団をはじめ、多職種のメンバーで話し合う場づくりをめざし、その過程を大切にする「共同の世界」をつくることを意味します。

以上のような学校づくりのあり方については、2017年版学習指導要領において、「社会に開かれた教育課程」の実現や、学校のチームとしての取り組みが必要となるなどカリキュラム・マネジメントについても言及されています。こうした点もインクルーシブ教育の観点から検討することが求められます。

（吉田茂孝）

▷7 Ⅱ-3 参照。
▷8 この点で、ホール・スクール・アプローチの取り組みは参考になる。ホール・スクール・アプローチは、1980年代のイギリスにおいて、展開された実践である。「文字通り、学校全体の責任において、学習上の困難を経験しているすべての子どもに対応することを信条として…（中略）…通常学級だけではなく特別支援学級・通級指導教室などの多様な校内リソースを含めた"学校全体"の指導構造」を問い直す上で大きな可能性をもっている（窪田知子（2015）「学校全体の指導構造の問い直しとこれからの学校づくり」インクルーシブ授業研究会編『インクルーシブ授業をつくる』ミネルヴァ書房, 35, 参照）。
▷9 湯浅恭正ほか編（2011）『子どものすがたとねがいをみんなで』クリエイツかもがわ、参照。
▷10 Ⅱ-3-1, Ⅳ-1-3, Ⅴ-3-3 参照。

参考文献

インクルーシブ授業研究会編（2015）『インクルーシブ授業をつくる』ミネルヴァ書房。
深澤広明・吉田成章編（2018）『学習集団づくりが描く「学びの地図」』溪水社。
湯浅恭正（2006）『障害児授業実践の教授学的研究』大学教育出版。
湯浅恭正・小室友紀子・大和久勝編著（2016）『自立と希望をともにつくる』クリエイツかもがわ。

IV-2　学習集団と教師の指導技術

 学習集団の質的発展

▷1　IV-2-3 参照。
▷2　赤木和重（2017）「ユニバーサルデザインの授業づくり再考」『教育』かもがわ出版（2017年2月号）：77-78，参照。
▷3　学習集団づくりについては、吉本均（2006）『学級の教育力を生かす吉本均著作選集全5巻』明治図書、を参照。
▷4　学習集団の質的発展については、ここでは紙幅の都合により、学習規律を中心に述べたが、学習規律以外にも指導的評価活動、発問と集団思考、授業展開のタクトをはじめ、発言形式から教材の内容に関わる「接続語」によるかかわり合いなどについても言及されている（深澤広明・長谷川清佳・真嶋正文・溝上大輔（2008）「学習集団づくりの組織方法と言語技術の指導体系との関連に関する一考察」中国四国教育学会編『教育学研究紀要』54，参照）。
▷5　「規律」と「きまり」については、高田清（2017）『学習集団の論争的考察』溪水社、などを参照。なお、近年では、授業のスタンダード化との関係で規律についても言及されている（子安潤（2016）「生成的学習集団への転換」深澤広明・吉田成章編『いま求められる授業づくりの転換』溪水社、など参照）。

1　授業のスタンダード化が招く問題と学習集団をつくり出す意味

通常学級での特別支援教育が注目されることで、授業づくりにおいては、見通しをもたせ手順どおりに授業を進めることや、明確な学習ルールを守ってスムーズに授業を終わらせることなどに関心が集まってはいないでしょうか。近年、ユニバーサルデザインの視点を取り入れた授業づくりが注目され、学校全体で指導方法をスタンダード化しようとする動きが見られます。たとえば、学習ルールの導入では、ルールを守るという体験が少ないため、ルールを守る体験が求められたりしています。そのため授業においてもルールを明確にして、ルールの徹底がなされています。

授業のスタンダード化の背景には、特別支援教育の「成果」の名のもと、特別なニーズのある子どもには「統一した対応が望ましい」とされ、「全学級・全学年」で指導方法の平準化が試みられています。けれども、このような指導に対して、教師は統一された基準を守ることが第一義になり、その指導が目の前の子どもに対してどのような意味をもつのか考えなくなるといった問題が指摘されています。このように、統一された基準は子どもたち一人ひとりのニーズに応じた指導を失わせ、指導になじまない子どもを学級から排除することにもつながります。

子どもたちは最初から「共同」の関係にあるのではありません。むしろ「同化」と「排除」の世界の中で、周りの様子をうかがいながら、身のおきどころを探しているのではないでしょうか。それゆえ、一人ひとりの差異が生かされ、教材を共同して深めるインクルーシブ授業の世界を実現する学習集団をつくり出すことが求められます。そもそも、学習集団づくりとは、学級を「学習するための集団」にしていく教育的な営みです。その営みのプロセスを「づくり」という用語に込めてきました。それゆえ、自分たちの所属する学習集団にとって、たとえば、今どのようなルールが必要なのかを合意し、つくり変える力を育てる学習集団の質的発展がインクルーシブ授業には求められているのです。

2　学習集団の質的発展：学習規律を中心に

学習集団づくりでは、安心して「まちがい」や「わからない」ことを出せる学級へ向けて、ルール（一種の「きまり」）と規律の違いを大切にしてきました。

ルールは授業における「手段」として存在し、それが授業のなかで守られ、その「結果」として規律が形成されるのです。それゆえ、ルールと規律とは区別することが重要です。学習ルールである「ベルが鳴れば席に着く」「学級の仲間の方を向いて発言する」「発言に対してうなずく」などは、活動の「型」でしかありません。ルールを「手段」としながら「結果」として子どもの内面に規律が形成されるのです。

ただし、ルールを自己目的化して、挙手をするときは「ピンと手を挙げる」ことばかりが追求されたり、ルールが破られたときには罰を与えたりするなど、教師が管理するためにルールを「手段」として用いるのではありません。そうではなくて、教科内容の習得を目指して、自覚的な規律にまで高めること（＝学習規律）が求められます。それゆえ、学習規律とは、「わからない」ことがあれば、「わからないから、もう一度言ってください」と反応し、班（ペア）でわかっていない子どもがいると、「班（ペア）で考えさせてください」というように、学習要求の自主的・共同的な表現行為としてあらわれてくるものでなければならないのです。つまり、学習規律づくりとは、授業に対する子どもたちの主体的参加の行為形態をつくり出すことなのです（＝学習主体づくり）。

❸ 学習規律をつくり出す方法

学習規律をつくり出すためには、次のような2つがその骨格になります。第一に、授業において学習ルールを守ることで学習が深まった、よくわかった、という実益感を子どもたちがその都度もつことです。たとえば、発表者の方を向いて聞いたら、話している内容がよく理解できた体験や、「わからないからもう一度言ってください」と教師や友だちに要求発言することで教師や友だちが丁寧に説明してくれてわかった体験が大切です。

第二に、授業において学習ルールを守られたことをその場で肯定的に評価し定着させつつ、その価値を学級のほかの子どもにも広げていく、指導的評価活動を行うことです。指導的評価活動とは、子どもたちをほめながら、認めながら育てることを言います。すなわち、教師が直接指示して学習ルールを守らせるのではなく、間接的に子どもたち自身にある「ねうち」を気づかせ（発見）、その価値を刻々と学級全体に広げていくことが指導的評価活動です。

なお、ルールは合意形成に基づいて学級でつくり、学級で守ります（点検と評価）。そのさい、一人ひとりの不利益には抵抗し、ルールの改廃を要求し、達成感とともに次のルールに挑んでいきます。こうした合意形成と改廃のプロセスにおいて、ルールを強制されたり、当事者である子ども一人ひとりの視点に立ってルールづくりが行われなかったりした場合は、インクルーシブ授業の世界を実現することはできません。それゆえ、こうしたプロセスを、教師を含む学級全体でつくりあげていくことが求められます。

（吉田茂孝）

▷6　なお、班の固有の役割については、山口隆・宮原順寛（2016）「子どもたちと達成感を共有する班づくり――『班』の再定義」深澤・吉田編、前掲書、91-92、を参照。

▷7　吉本均著、久田敏彦・深澤広明編（2006）『学級の教育力を生かす吉本均著作選集第3巻　学習集団の指導技術』明治図書、190-209、参照。

▷8　三村和則（2014）「学力形成の基盤としての学習規律の形成と学級集団の創造」深澤広明編『教育方法技術論』協同出版、174-175、参照。

▷9　なお、指導的評価活動については、長谷川清佳・八木秀文（2016）「子どもたちが出会い直すための指導的評価活動――評価の再定義」深澤・吉田編、前掲書、などを参照。

参考文献

深澤広明「連載　学級の教育力を生かす学習集団の再構築」『心を育てる学級経営』（2004年4月号～2005年3月号）、明治図書。

深澤広明・吉田成章編（2016）『いま求められる授業づくりの転換』溪水社。

深澤広明・吉田成章編（2018）『学習集団づくりが描く「学びの地図」』溪水社。

湯浅恭正・新井英靖編（2018）『インクルーシブ授業の国際比較研究』福村出版。

第Ⅳ部　インクルーシブ教育とカリキュラム・授業づくり

Ⅳ-3　授業づくりの実際

国語科①　目　標

1　学習指導要領における国語科の目標の位置づけ

2017年版『小学校学習指導要領』において，国語科の目標は次のように記載されています。

> 　言葉による見方・考え方を働かせ，言語活動を通して，国語で正確に理解し適切に表現する資質・能力を次のとおり育成することを目指す。
> (1)　日常生活に必要な国語について，その特質を理解し適切に使うことができるようにする。
> (2)　日常生活における人との関わりの中で伝え合う力を高め，思考力や想像力を養う。
> (3)　言葉がもつよさを認識するとともに，言語感覚を養い，国語の大切さを自覚し，国語を尊重してその能力の向上を図る態度を養う。

▷1　文部科学省（2018）『小学校学習指導要領（平成29年告示）』東洋館出版社，28。

なお，目標にある(1)は「「知識及び技能」に関する目標」，(2)は「「思考力，判断力，表現力等」に関する目標」，(3)は「「学びに向かう力，人間性等」に関する目標」をそれぞれ示したものです。

2008年版学習指導要領と比較すると，「言葉による見方・考え方」という新しい文言が加えられていることに気付かされます。ただ，文部科学省が解説しているように「言葉による見方・考え方を働かせるとは，児童が学習の中で，対象と言葉，言葉と言葉との関係を，言葉の意味，働き，使い方等に着目して捉えたり問い直したりして，言葉への自覚を高めること」とあり，決して新しい考え方ではないことがわかります。従来の学習指導要領でもいわれてきたことを整理し，より明確に打ち出したものだと理解できるでしょう。2008年版の目標にも記載されていた「国語で正確に理解し適切に表現する」「伝え合う力」「思考力や想像力」「言語感覚」などは，2017年版でも目標に掲げられています。このことから，国語科の目標は，表現としての見せ方には少なからず変化が見られますが，内容としては従来と限りなく同じものだと考えられます。

▷2　文部科学省（2018）『小学校学習指導要領（平成29年告示）解説　国語編』東洋館出版社，12。

2　「多様性を包摂することばの力」の獲得に向けて

インクルーシブ教育は，多様性を包摂することをめざす教育を意味します。国語科という教科においては，「多様性を包摂することばの力」を獲得できる

▷3　「立場性（positionality）」とは，「政治的権力的位置」を意味する。詳しくは次の文献を参照されたい。
上野千鶴子（2018）「アカデミズムと当事者ポジ

授業を展開したいものです。2017年版『小学校学習指導要領』の目標にもあるように、国語科は「国語で正確に理解し適切に表現する資質・能力」を育成する教科です。しかし、「正確に理解し適切に表現」とは、わかりやすいようで、とてもわかりにくい文言です。たとえば、近年様々な場で議論されている「ヘイトスピーチ」をもとに考えてみましょう。「ヘイトスピーチ」とは、外国とつながりのある子どもや大人に対して、「日本人」であるという立場から、排外的・差別的なことばで相手の非を主張する行為のことです。ヘイトスピーチに賛同する立場であれば、その行為は「適切な表現」であり、そのことばを賛同する立場から「正確に理解」するでしょう。反対に、ヘイトスピーチに異論を唱える立場であれば、その表現は「適切」どころか強く間違ったものであり、内容こそ「正確に理解」しようとするものの、聞くに堪えないものでしょう。

このように、国語科の目標として第一に掲げられている「国語で正確に理解し適切に表現する資質・能力」とは、漢字や文法、辞書的なレベルでの意味のやり取りでは確かに当てはまりますが、私たち一人ひとりがもつ価値観や信念までを想定したものだとはいえません。誰にとって「適切な表現」なのか、どのような立場において「正確に理解」できるのか。学習指導要領という性格の限界でもありますが、一般性を追究した目標を掲げようとしたばかりに、発話者の「立場性（positionality）」の問題や、当事者性をめぐる議論を等閑視したものとなっていることは否めません。

一方で、希望もあります。それは、目標の(2)にあたる「日常生活における人との関わりの中で伝え合う力を高め、思考力や想像力を養う」という文言と、(3)にある「言語感覚を養い」という文言が記載されている点です。たとえば、国語科でめざしたい「多様性を包摂することばの力」を、いったん「伝え合う力」に置き換えてみましょう。次に、「伝え合う力（多様性を包摂することばの力）」を国語科の目標の基盤に位置づけたうえで、その力の獲得を実現するための手立てとして、「思考力」「想像力」「言語感覚」「適切な表現」「正確な理解」というそれぞれの「力」のあり方と、その力を獲得するための授業方法を、国語科で考えてみるのです。国語科を「伝え合う力（多様性を包摂することばの力）」を獲得するための教科として位置づけ、実践されたとき、少なくとも、「ヘイトスピーチ」を無批判に奨励するような立場の子どもたちに育つことはないでしょう。

インクルーシブ教育を、理想論にしてはいけません。また、教育制度の問題だけのものとして捉えてしまってはいけません。既存の制度的な枠組みにおいて、「多様性を包摂することばの力」を獲得する場を通常の学級で実現するためには、現行の制度や法律を「知的に活用」したり、その解釈を「柔らかくずらす」ことが必要です。教員や研究者には、既存の制度と向き合うための、創造的（creative）で批判的（critical）な態度が求められているのです。　　（原田大介）

ション」熊谷晋一郎編『当事者研究と専門知——生き延びるための知の再配置』金剛出版、112-118。

池田緑（2016）「ポジショナリティ・ポリティクス序説」慶應義塾大学法学研究会編『法学研究』89(2)：317-341。

岡真理（2000）「ポジショナリティ」『現代思想』28(3)：48-51。

千田有紀（2005）「アイデンティティとポジショナリティ——一九九〇年代の「女」の問題の複合性をめぐって」上野千鶴子編『脱アイデンティティ』勁草書房、267-287。

野村浩也（2001）「ポジショナリティ／本質主義／アイデンティフィケーション」姜尚中編『ポストコロニアリズム』作品社、178-179。

▷4　当事者であることや当事者が語ることの可能性など、当事者性をめぐる一連の議論については、次の文献を参照されたい。

綾屋紗月・熊谷晋一郎（2008）『発達障害当事者研究——ゆっくりていねいにつながりたい』医学書院。

石原孝二編（2013）『当事者研究の研究』医学書院。

浦河べてるの家（2005）『べてるの家の「当事者研究」』医学書院。

熊谷晋一郎編（2017）『みんなの当事者研究』金剛出版。

熊谷晋一郎編（2018）『当事者研究と専門知——生き延びるための知の再配置』金剛出版。

IV-3 授業づくりの実際

国語科② 内　容

1 学習指導要領における国語科の内容の位置づけ

2017年版『小学校学習指導要領』において国語科の内容は，「〔知識及び技能〕及び〔思考力，判断力，表現力等〕から構成」されています。それぞれ詳しく見てみましょう。

〔知識及び技能〕の内容は，「(1)言葉の特徴や使い方に関する事項」「(2)情報の扱い方に関する事項」「(3)我が国の言語文化に関する事項」から構成されています。2008年版『小学校学習指導要領』において「3　領域と伝統的な言語文化と国語の特質に関する事項」と言われていた「国語の特質に関する事項」にあたる箇所が，2017年版では〔知識及び技能〕の(1)と(3)に位置づいたと理解できるでしょう。なお，「(2)情報の扱い方に関する事項」については，2008年版『小学校学習指導要領』にある「「A話すこと・聞くこと」「B書くこと」「C読むこと」の各領域において示していた内容も含まれている」と解説されているように，従来言われてきたことも含めて，新たに一つの事項として整理されています。

〔思考力，判断力，表現力等〕の内容は，「「A話すこと・聞くこと」，「B書くこと」及び「C読むこと」」からなる3領域の構成を維持しながら，(1)に指導事項が，(2)に言語活動例がそれぞれ示されています。各領域の指導事項は，次のようにまとめられています。

> 「話すこと・聞くことの指導事項」：
> 「話題の設定，情報の収集，内容の検討」「構成の検討，考えの形成（話すこと）」「表現，共有（話すこと）」「構造と内容の把握，精査・解釈，考えの形成，共有（聞くこと）」「話合いの進め方の検討，考えの形成，共有（話し合うこと）」
>
> 「書くことの指導事項」：
> 「題材の設定，情報の収集，内容の検討」「構成の検討」「考えの形成，記述」「推敲」「共有」
>
> 「読むことの指導事項」：
> 「構造と内容の把握」「精査・解釈」「考えの形成」「共有」

なお，指導事項は，「第1学年及び第2学年」「第3学年及び第4学年」「第5学年及び第6学年」の各まとまりにおいて，さらに詳細に記載されています。

▷1　文部科学省（2018）『小学校学習指導要領（平成29年告示）解説 国語編』東洋館出版社, 16。

▷2　注1と同じ, 23。

▷3　なお, (2)の言語活動例に関しては, 教員が設定する授業方法にあたる箇所でもあるため, IV-3-3 でより深く取り上げている。

▷4　注1と同じ, 28-39。

2 多様性を包摂する観点から内容を問いなおす

　インクルーシブ教育の理念を踏まえたとき，通常の学級で取り組む国語科の教科内容は，「多様性を包摂することばの力」を獲得できる授業に資するようにありたいものです。自己や他者をめぐる多様性を認め，尊重することや，伝え合う力とは何かを考え，話し合うことは，「多様性を包摂することばの力」を育む契機となるでしょう。「多様性を包摂することばの力」の観点から国語科の内容を捉えなおしてみると，文部科学省が提示した指導事項には有効に活用できるものもあります。

　以下，「話すこと・聞くこと」「書くこと」「読むこと」の各領域において，インクルーシブ教育の理念と親和性が高い指導事項を一つずつ抜き出してみましょう。いずれも「学習過程」の「共有」に関連するものです。

「話すこと・聞くことの指導事項」：
「話合いの進め方の検討，考えの形成，共有（話し合うこと）」「第5学年及び第6学年」「オ　互いの立場や意図を明確にしながら計画的に話し合い，考えを広げたりまとめたりすること。」[5]

「書くことの指導事項」：
「共有」「第1学年及び第2学年」「オ　文章に対する感想を伝え合い，自分の文章の内容や表現のよいところを見付けること。」[6]

「読むことの指導事項」：
「共有」「第3学年及び第4学年」「カ　文章を読んで感じたことや考えたことを共有し，一人一人の感じ方などに違いがあることに気付くこと。」[7]

　上記の指導事項では，どの発達段階であれ，子どもたち一人ひとりの考えの形成と，他者との共有を目的としている点に共通しています。また，教員側が求める考え方に集約することを目指すものではなく，子どもたちが多様な価値を見つめ，深め，広げることに目的があります。このことから，「話すこと・聞くこと」「書くこと」「読むこと」の各領域において，「多様性を包摂することばの力」を獲得できる契機があることもわかるでしょう。

　かつて「国語教育実践学」を提唱した有澤俊太郎は，国語科について，「価値の追究過程」を対象とする教科であるべきだと主張しました。[8]教員から一つの価値を押し付けるような展開ではなく，子どもたち一人ひとりに生まれた／生まれつつある価値を丁寧に見とり，それぞれが追究しようとする学びを励ますような展開が求められます。また，文部科学省も，子どもたちの「思いや考えを基に構想し，意味や価値を創造していく過程」[9]の大切さについて，その記述の量は決して多くありませんが，主張しています。国語科の教科内容としての指導事項は，多様性をめぐる「価値の追究過程」の観点から問いなおすことで，少しでも有効に活用したいものです。

（原田大介）

---

[5] 注1と同じ，30。

[6] 注1と同じ，34-35。

[7] 注1と同じ，38。

[8] 有澤俊太郎（2010）「国語科教育の目標・学力論」全国大学国語教育学会編『新たな時代を拓く中学校・高等学校国語科教育研究』学芸図書，14-18。

[9] 文部科学省（2018）『小学校学習指導要領（平成29年告示）解説 総則編』東洋館出版社，38。

Ⅳ-3 授業づくりの実際

国語科③ 方　法

学習指導要領における国語科の方法の位置づけ

　ここでは授業の方法を，教員の指導計画を含む広い概念として捉えてみたいと思います。2017年版『小学校学習指導要領』において，国語科の授業展開，ならびに授業デザインの考え方については，次のように記載されています。

> 1　指導計画の作成に当たっては，次の事項に配慮するものとする。
> (1)　単元など内容は時間のまとまりを見通して，その中で育む資質・能力の育成に向けて，児童の主体的・対話的で深い学びの実現を図るようにすること。その際，言葉による見方・考え方を働かせ，言語活動を通して，言葉の特徴や使い方などを理解し自分の思いや考えを深める学習の充実を図ること。

▶1　文部科学省（2018）『小学校学習指導要領（平成29年告示）』東洋館出版社，38。

　また，「主体的・対話的で深い学び」については，次のように解説されています。

> 主体的・対話的で深い学びは，必ずしも1単位時間の授業の中で全てが実現されるものではない。単元など内容や時間のまとまりの中で，例えば，主体的に学習に取り組めるよう学習の見通しを立てたり学習したことを振り返ったりして自身の学びや変容を自覚できる場面をどこに設定するか，対話によって自分の考えなどを広げたり深めたりする場面をどこに設定するか，学びの深まりをつくりだすために，児童が考える場面と教師が教える場面をどのように組み立てるか，といった視点で授業改善を進めることが求められる。また，<u>児童や学校の実態に応じ，多様な学習活動を組み合わせて授業を組み立てていくことが重要</u>であり，単元のまとまりを見通した学習を行うに当たり基礎となる知識及び技能の習得に課題が見られる場合には，それを身に付けるために，児童の主体性を引き出すなどの工夫を重ね，確実な習得を図ることが必要である。
>
> （注：下線は引用者）

▶2　文部科学省（2018）『小学校学習指導要領（平成29年告示）解説 国語編』東洋館出版社，153-154。

　上記の内容は，主体的・対話的で深い学びについて記載されたものですが，児童の実態に応じて多様な学習活動が推奨されているなど，多様性を包摂することをめざす授業方法を考える手がかりとしても位置づけることが可能です。つまり，児童（や学校）の多様性に応じたことばの授業の方法を考えることは，結果として，「主体的・対話的で深い学び」を豊かに実現することにもつながることを文部科学省も認めていることを意味します。

2017年版学習指導要領に明記されなかったことにより，すでにその存在感が薄くなりつつある「アクティブ・ラーニング（以下，AL）」ですが，『小学校学習指導要領解説 総則編』では「「主体的・対話的で深い学び」の実現に向けた授業改善（アクティブ・ラーニングの視点に立った授業改善）を推進することが求められる」と記載されているため，「AL」という概念が制度的なレベルで消失したわけではないことも事実です。私たちは，通常の学級でインクルーシブ教育を豊かに実現させていくためにも，「主体的・対話的で深い学び」や「AL」の方法をめぐる理論や実践を学び続ける必要があります。

❷ 多様性に拓かれた言語活動の開発へ

　国語科は他の教科・領域と異なり，様々な言語活動が提案されてきた経緯があります。初等中等教育では「言語活動の充実」をめぐる理論や実践が深められてきたために，考え方が近接する「AL」を導入する意義が高等教育と比べて見えにくいことも指摘されてきました。「主体的・対話的で深い学び」や「AL」の観点を導入した授業づくりを考える上で，言語活動をめぐる豊富な実践例やその考え方は示唆に富むものです。2017年版学習指導要領にも，多くの言語活動例が掲載されています。

　しかし残念なのは，提示されている言語活動例が，教員個々の授業方法の考え方を深めたり広げたりするものとして十分に認識されていない点にあります。学習指導要領に記載された言語活動の数々は，国語科はもちろん，他教科・他領域においても活用することができるでしょう。

　教員が取り組む場合であれば，まずは学習指導要領に記載された言語活動例をもとに，自分だけの実践記録を作ることから始めてみましょう。そして，子どもたちの「ことばの学び」を生み出す上で有効に活用できた言語活動や，反対にうまく機能させることができなかった言語活動を整理・記録し，それぞれの背景や理由を見つめ，同僚と共有したり研究会の場に開いていきましょう。

　そして，その先には，学習指導要領で示された言語活動例に満足するのではなく，子どもたちとともに，新たな言語活動を開発し，検証していくことが求められます。特に経験年数の浅い教員の多くは，その業務の多忙さも手伝い，授業方法のマニュアル本に頼りがちです。このこと自体は必ずしも否定されるものではありませんが，子どもたちが何よりも求めているのは，今ここにいる教員を含めたメンバーとともに，言語活動の中で「知的に遊ぶこと」にあります。教員や研究者は，多様性に拓かれ，子どもたちの学びが深まる言語活動を，常に開発していくことが求められています。

（原田大介）

第Ⅳ部　インクルーシブ教育とカリキュラム・授業づくり

Ⅳ-3　授業づくりの実際

　国語科④　評　価

1　2017年版『小学校学習指導要領』における国語科の評価の位置づけ

2017年版『小学校学習指導要領』において、評価の考え方は次のように記載されています。

> 2　学習評価の充実
> 　学習評価の実施に当たっては、次の事項に配慮するものとする。
> (1)　児童のよい点や進歩の状況などを積極的に評価し、学習したことの意義や価値を実感できるようにすること。また、各教科等の目標の実現に向けた学習状況を把握する観点から、単元や題材など内容や時間のまとまりを見通しながら評価の場面や方法を工夫して、学習の過程や成果を評価し、指導の改善や学習意欲の向上を図り、資質・能力の育成に生かすようにすること。
> (2)　創意工夫の中で学習評価の妥当性や信頼性が高められるよう、組織的かつ計画的な取組を推進するとともに、学年や学校段階を越えて児童の学習の成果が円滑に接続されるように工夫すること。

▷1　文部科学省（2018）『小学校学習指導要領（平成29年告示）』東洋館出版社、23。

2017年版『小学校学習指導要領解説　国語編』では、「漢字の標準的な字体」をめぐる評価の考え方が記載されていることや、中学校第三学年の「話すこと・聞くこと」の指導事項に評価ということばを見つけることができますが、それ以外には、特に評価については触れられていません。

上記に挙げた「学習評価の充実」をめぐる内容の場合、評価する主体は常に教員である印象を受けます。当然のことですが、授業という場では児童もまた、評価する主体の一人です。児童は、他の児童の学びや教員の授業展開を評価したり、自身の学びを振り返るかたちで評価したりします。児童の学びを深め、広げるためにも、児童にこそ評価の観点が育まれなければなりません。このことから、児童が行う自己評価や、児童同士で行われる相互評価の観点については、学習指導要領においても十分に記載されるべきでした。なお、上記に挙げた内容の「解説」では、「教師による評価とともに、児童による学習活動としての相互評価や自己評価などを工夫することも大切である」という一文が記載されています。この一文を軸に、子どもたちとかかわる教員や研究者は、評価とは「誰が、誰に対して、何のために行うものであるのか」を絶えず問いなおす必要があります。

▷2　文部科学省（2018）『小学校学習指導要領（平成29年告示）解説　総則編』東洋館出版社、93。

2　価値をめぐる評価の難しさと可能性

国語科の評価については、これまでも多くの実践者や研究者によって論じら

れてきました。特に難しいとされるのが、子どもたちの価値をめぐる評価です。「できた」「わかった」等の結果が見えやすい知識や技能をめぐる評価と比べて、価値をめぐる評価は見えないものや見えにくいものを対象とします。また、2018年度から実施されている「特別の教科 道徳」においても「数値などによる評価は行わないものとする」と明記されているように、細心の注意と配慮が求められることも、価値をめぐる評価の特徴として挙げられます。

評価の問題を考える上で第一に大切なのは、「教員が評価をどう行うか」という方法論に固執することではなく、評価が行われる場を支える教科観や授業観、ならびに目標観を問いなおし、それを実践することにあります。

たとえば大槻和夫は、「価値目標を設定する場合、人々の中で対立したり多様化したりしている価値観については、学習者に様々な価値観の中から価値を選択する自由を保障しなければならない」と述べています。なお、「価値目標」とは、言語活動を通して得られる価値に関する目標のことを意味します。また、有澤俊太郎は、国語科について、「価値の追究過程」を対象とする教科であるべきだと主張しています。大槻と有澤の主張に共通していることは、教材や教師の働きかけ等を介して子どもたち一人ひとりに生まれた「価値の追究過程」を見とることを通して、より豊かなことばの学びが子どもたちに生まれることを示唆している点にあります。

さらに永田麻詠は、価値目標をめぐる議論を踏まえた上で、「多様な「わかる」「できる」を引き出す相互作用の契機」として教員の支援や価値目標を位置づけ、「学習目標と活動目標、価値目標と技能目標を授業者が意識し、それぞれの目標に沿って単元の学びを総合的に評価することが、インクルーシブな国語科授業の条件の一つである」と述べています。多様な目標観や評価観をもつことが、子どもたちの多様性を包摂する上で大切であることがわかります。

このように、既存の教科観や授業観、目標観を問いなおすと、評価をめぐる考え方にも多様な変化が生まれます。「価値の追究過程」を大切にする授業を展開する上では、子どもたち自身が自分の価値を見つめたり、他者（友人・保護者・教員）の価値を意味づけたりすることが求められるため、教員が一方的に評価するスタイルとは異なり、子どもたちが中心となり、時間をかけて「評価のことば」を育むことが大切になります。近年のルーブリックをめぐる一連の議論においても、子どもたちで評価の観点をつくりあげていくことが重要であることに変わりはありません。子どもたちの生活に根ざした問いから生まれた評価の観点は、それぞれの思いや願い、必要性から生まれたものであるからこそ、個々の学びを深め、広げる機能を果たすことになります。

多様性を包摂することをめざす国語科授業においては、子どもたちが豊かな評価の観点をもち、互いに学び合う場を考えたいものです。　　　（原田大介）

▷3　注1と同じ、172。

▷4　大槻和夫（2001）「価値目標」大槻和夫編『国語科重要用語300の基礎知識』明治図書出版、66。

▷5　有澤俊太郎（2010）「国語科教育の目標・学力論」全国大学国語教育学会編『新たな時代を拓く中学校・高等学校国語科教育研究』学芸図書、14-18。

▷6　永田麻詠（2017）「インクルーシブな国語科授業の検討――「サーカスのライオン」の授業実践を手がかりに」日本教科教育学会編『日本教科教育学会誌』40(1)：15-25。

第Ⅳ部　インクルーシブ教育とカリキュラム・授業づくり

Ⅳ-3　授業づくりの実際

国語科⑤　教　材

 学習指導要領における国語科の教材の位置づけ

　2017年版『小学校学習指導要領』では、国語科の教材について「各学年の目標及び内容に示す資質・能力を偏りなく養うことや読書に親しむ態度の育成を通して読書習慣を形成することをねらいとし、児童の発達の段階に即して適切な話題や題材を精選して調和的に取り上げること」と記載されています。また、「教材は次のような観点に配慮して取り上げること」として、以下の10の観点が示されています。

ア　国語に対する関心を高め、国語を尊重する態度を育てるのに役立つこと。
イ　<u>伝え合う力、思考力や想像力及び言語感覚を養うのに役立つこと。</u>
ウ　公正かつ適切に判断する能力や態度を育てるのに役立つこと。
エ　科学的、論理的に物事を捉え考察し、視野を広げるのに役立つこと。
オ　生活を明るくし、強く正しく生きる意志を育てるのに役立つこと。
カ　生命を尊重し、他人を思いやる心を育てるのに役立つこと。
キ　自然を愛し、美しいものに感動する心を育てるのに役立つこと。
ク　我が国の伝統と文化に対する理解と愛情を育てるのに役立つこと。
ケ　日本人としての自覚をもって国を愛し、国家、社会の発展を願う態度を育てるのに役立つこと。
コ　世界の風土や文化などを理解し、国際協調の精神を養うのに役立つこと。

（注：下線は引用者）

　加えて、「各学年の内容の〔思考力、判断力、表現力等〕の「C読むこと」の教材については、各学年で説明的な文章や文学的な文章などの文章形態を調和的に取り扱うこと」が重要であるとし、「説明的な文章については、適宜、図表や写真などを含むものを取り上げること」と説明されています。

▶1　文部科学省（2018）『小学校学習指導要領（平成29年告示）』東洋館出版社，40-41。

　多様性を包摂する授業づくりをめざす上で、上記の中で特に注目すべき文言は、「イ　伝え合う力、思考力や想像力及び言語感覚を養うのに役立つこと」です。子どもたちに自己や他者の多様性を受けとめ、尊重する態度を育むためには、伝え合う力、思考力、想像力、言語感覚を豊かに養うことが欠かせません。
　このような力を育む上で適している教材ジャンルの一つに、絵本があります。残念ながら、絵本には「幼い子どもが読むもの」としてのイメージが社会に根

強くあるため，小学校では学年がすすむにつれて，教室内の本棚に絵本が置かれることは少なくなります。

しかし，私たち大人が絵本を楽しむことができるように，絵本には哲学的な問いが隠されていたり，社会の問題や生きづらさを考える上で大切なことが描かれていたりします。たとえば，絵本では，教科書では採択されにくい「①障害・疾病」「②多様な家族」「③多様な性」などが描かれたものが少なくありません。二冊ずつ例を挙げると，次のようになります。

---

① ・藤井輝明文 亀澤裕也絵（2011）『てるちゃんのかお』金の星社
　・ナン・グレゴリー作 ロンライトバーン絵 岩元綾訳（2001）『スマッジがいるから』あかね書房
② ・森佐智子文 MAYA MAXX 絵（2002）『しろねこしろちゃん』福音館書店
　・酒井駒子（1999）『よるくま』偕成社
③ ・リンダ・ハーン＆スターン・ナイランド絵と文 アンドレア・ゲルマー＆眞野豊訳（2015）『王さまと王さま』ポット出版
　・ジャスティン・リチャードソン＆ピーター・パーネル文 ヘンリー・コール絵 尾辻かな子＆前田和男訳（2008）『タンタンタンゴはパパふたり』ポット出版（※②にも該当）

上に挙げた①②③以外に，子どもたちと考えることのできる絵本として，次のものもあります。④「いのち」とは何かを考える上で『いのちの時間』（新教出版社）。⑤自分とは何かを考える上で『じぶんだけのいろ』（好学社）。⑥いつも怒られている友だちの気もちを考える上で『おこだでませんように』（小学館）。⑦他者を歓待することの意味を考える上で『バルバルさん』（福音館書店）。

このように，絵本は，多様性を包摂する教材としての可能性に拓かれています。扱い方は様々に考えられます。保育所や幼稚園で行われているように，保育室や教室内の本棚にそっと置いておくのも良いでしょう。ある生きづらさをめぐる当事者の子どもが在籍していれば，本人と話し合って絵本の活用の仕方を決めても良いでしょう。『はがぬけたらどうするの？』（フレーベル館）や『手で食べる？』（福音館書店）のように，すでに教科書に採択されている教材を絵本とともに使用することで，外国とのつながりについての学びを深めるのも良いでしょう。

多様性に拓かれた絵本を教室で用いる上では，当事者への配慮を含む，細心の注意が求められることは言うまでもありません。一方で，生きづらさの只中にいる子どもたちの多くは，自己や他者が抱える生きづらさについて学ぶことを切実に求めていることも事実です。

教員や研究者は，子どもたちとともに，多様な絵本を通して，多様な教材開発・授業開発を続けていくことを大切にしたいものです。
　　　　　　　　　　　　　　　　　　　　　　　　　　　　（原田大介）

第Ⅳ部　インクルーシブ教育とカリキュラム・授業づくり

Ⅳ-3　授業づくりの実際

理　科

1　理科とインクルーシブ教育の動向

　2017（平成29）年版の『小学校学習指導要領解説　理科編』では，インクルーシブ教育の構築に向けて指導内容や指導方法を工夫するように明示されています。

▶1　文部科学省（2017）『小学校学習指導要領（平成29年告示）解説 理科編』97。

> 障害のある児童などの指導に当たっては，個々の児童によって，見えにくさ，聞こえにくさ，道具の操作の困難さ，移動上の制約，健康面や安全面での制約，発音のしにくさ，心理的な不安定，人間関係形成の困難さ，読み書きや計算等の困難さ，注意の集中を持続することが苦手であることなど，学習活動を行う場合に生じる困難さが異なることに留意し，個々の児童の困難さに応じた指導内容や指導方法を工夫すること

　理科においては，実験の手順がわからなかったり，見通しをもつことができなかったりする子どもがいることがあります。また，落ち着きがないために，安全面に注意の必要な子どももいます。学級や子どもの実態に応じ，心理的な安定，学習環境などに留意しながら指導をしていく必要があります。健康の保持や心理的な安定，人間関係の形成などは自立活動の項目であり，読み書きや計算の困難さといった学び方はもとより，一人ひとりに合わせた，安心して学ぶことのできる環境づくりが求められているといえるでしょう。

2　インクルーシブ教育と理科の授業づくり

　それでは，理科において考えられる手立てについて述べていきます。

○授業全体の見通しを持たせる

　学習過程を意識して授業を進めることで，見通しがもてず不安になる子どもは安心して学習できるようになります。湯浅恭正は「『振り返る』『つかむ』『調べる・確かめる』『まとめる』といった一般的なリズムをつくることは，発達障害児にとって，見通しを持つ点で有効な方法です」と述べています。理科では多くの場合「課題の提示・把握」→「仮説の検討」→「検証のための観察実験」→「結論」の順で授業を展開します。単に手順を理解させるのではなく，課題に出会わせるときの演出を工夫し，子どもたちの「早くやってみたい」「調べてみたい」という思いを引き出すことで，学習のリズムにのせることが

▶2　湯浅恭正（2008）「発達障害児と集団づくりの展望」湯浅恭正編著『困っている子と集団づくり　発達障害と特別支援教育』かもがわ出版，184。

できます。子どもたちの課題意識が高まったとき「どうしてかな？」「どうなるかな？」と問えば，子どもたちにも授業を鳥瞰的に捉えさせ，ゴールイメージをもたせることができます。

◯具体的な指示をする

子どもに予想を書かせる際に「予想したことをノートに書きましょう」と伝えるだけでは，指示が不明確で何を書けば良いかわからず戸惑う子どもが出てきます。課題を提示した後に，選択肢を示しておき，「どれになると思いますか？」などと問えば，その後の授業展開において対立・分化が起き，議論が生まれます。

また，言葉での指示を聞くことができない視覚優位の子どもは，実験の際に必要な器具を揃えることに難しさを感じたり実験方法が理解できなかったりすることがあります。あらかじめ，教卓に子どもたちの分よりも多く実験器具を用意しておき，器具を動かしながら「試験管を，このようにして温めていきます」と伝えていきます。すると，子どもたちにとってわかりやすい指示になります。班での実験をする場合など，実験器具は，小さな道具箱に一式全て揃えて入れておくことも多いですが，時には，何が必要なのかを自分たちで話し合わせることで主体的に学習を進めることができます。

◯どこからでも参加しやすくする

理科の学習では，予想をさせた後の実験の段階で授業に集中できなかったり，一度の実験だけでは状況を理解できなかったりすることがあります。ゆえに，実験をした後に仮説を検討し直し，再び実験を行ったり電子黒板やタブレットなどのICT機器を用いて実験の様子を何度も振り返ったりすれば，集中力が続かない子どもにとって学びやすくなります。直線的な学習ではなく，授業の後半に，板書を手がかりにして本時の課題を確認したり再度実験したりするような学習をすることによって，授業の途中からでも参加する機会をつくり出すことになります。

◯継続的なノート指導

書くことが苦手な子どもは，見たことや聞いたことを文章にする際に支援が必要になります。実験中に，「今，どうなっているかな？」と声掛けをし，子どもから言葉を引き出したり，考察の際にはヒントカードを用意して括弧の中に単語を入れさせたりすることで，ノートを書く際に支援することができます。授業者が，どのようなノートを子どもに書かせたいのかをはっきりとさせるために，子どもと同じノートを書いておき，それをゴールイメージとして授業を行うのも有効です。結論に直接結びつくようなヒントカードばかりではなく，あえて間違ったキーワードをヒントカードに挿入しておくことで，授業への参加と意見の対立をつくり出すことができます。

◯理科の実験でのルールづくり

火の取り扱いや実験中の立ち位置など基本的な注意事項においては，教師が子どもに教えることになります。しかし細かなルールについては子どものアイデアを生かしながらつくっていくことで，子どもたちが自分たちで話し合い，動くことができるようになります。たとえば，記録や測定，計測を全員が偏りなく経験するためのシステムや，準備や片付けの役割決めなどです。みんなが学級に参加しているという意識は理科の班学習でも育てることができます。

●授業の準備と片付けを子どもたちと行う

観察や実験に対して意欲的な子どもは，授業前の準備や授業後の片付けを一緒にすると，授業への参加意識をもたせることができます。準備をしていると「今日は何をするんですか？」「これは何に使うんですか？」と聞いてくる子どもに対してこっそり教えるなどして，参加することへの意欲を高めます。ただし，薬品を使用する場合などは十分な注意が必要です。

 授業の実際

■対象　　　小学校4年生
■単元名　「ものの温度と体積」
■目標　水は空気と同じように温めると体積が大きくなり冷やすと体積が小さくなることを，水の温度変化と体積変化を関係付けながら調べることで理解できるようにする。
■授業の様子
　実践をした学級には，支援を要するA児が在籍していました。A児は特別に仕事を任されると責任を持って果たそうと頑張ることが多く，授業前から実験で使う氷やお湯などの準備の手伝いをしていました。
　授業が始まり，導入で空気の膨張及び収縮の様子を見せ，本時は水を取り扱うことを伝えると，子どもたちは「今日は水の体積を調べるんですか？」と尋ねてきました。そこで，「どうなるか，考えましょう。」と進行し，授業は予想場面に移りました。予想場面では温めた時，冷やした時のそれぞれについて考えさせ，選択肢として「大きくなる」「小さくなる」「変わらない」を示しました。すると学級の半数が「大きくなる」を，半数が「変わらない」を選択しました。A児は「水は大きくなったり，小さくなったりしない」と主張しました。
　水の体積の変わり方は空気の体積の変わり方に比べて非常に小さいため，子どもにとって確認しにくく，A児は実験に集中できませんでした。実験の準備段階までは，スムーズに行うことができていましたが，水のわずかな体積変化を見ることができず，実験中に「わからん」とつぶやいた後は離席を繰り返していました。そのあとは，結果をまとめることをせずに，授業からエスケープしてしまいました。そこで，結果をまとめる段階で実験の様子を撮影した動画を視聴させることにしました。A児は起き上がり，水の体積が変わる様子を見ていました。A児には，見たことを図に描かせた後，文字で書き表させました。授業後のノートには，まとめとして「水は温めると体積が増える。冷やすと体積がへる」ことが書かれていました。
　A児が，「水は大きくなったり，小さくなったりしない」と主張したのは，そのような現象を実際に目にしたことがなかったからだと予想できます。この発言によって，「動画に撮ってじっくりと何度も変化を観察する」きっかけが生まれました。A児のニーズに応答し，動画を視聴して確かめたことで，他の子どもたちの理解も深まりました。また，今回は行いませんでしたが，支援を必要とする子どもには，個別のカリキュラムを授業において構想するという手立ても必要です。たとえば，A児は実験中に集中力が切れるとエスケープすることがあるので集中力が切れるときに「みんなとは異なる資料をみて学習する」というカリ

キュラムが考えられます。さらに授業の後半で，文字で表わせないことを図で書き，その図を説明するように文字で書かせるという指導を行いました。それでも書けない時には教師が代弁しながら文字化することも必要でしょう。ただし大切なのは考えることであって，書くことが目的化しないように注意しなくてはなりません。

❹ 理科の授業と集団指導

　一人ひとりが安心して学べる環境を目指し，読み書きが苦手な子どものために，普段から板書にルビを打ったり，理科の学習でも音読（追い読み）を増やしたりしていました。理科は，班を基本とした活動の多い教科だといえます。そこで子ども同士をつなぐことを意識し，観察・実験の際にはあえて準備しすぎないことで関わらざるを得ない状況を意図的に仕組むようにしました。うまくいかない場合は，教師が積極的に関わり，アイデアを出しました。また，助け合っている班があればほめ，班学習におけるルールを子どもが中心となって徐々につくっていきました。子どもたちが安心して学べる環境は，すべて教師が準備するのではなく，共同的につくっていく必要があります。こうした取り組みは理科の学習でこそできることだと考えます。

❺ これからの理科の授業づくりに求められるもの

　インクルーシブな理科の学習を目指していく上で，どの子も参加しやすい小さな工夫を積み重ねていかなくてはなりません。たとえば今回の実践で行っている授業の見通しをもたせることや具体的な指示などは，理科以外の教科で行ってきました。

　理科は班を基本として学習することの多い教科ですから，常に協力し合うという雰囲気づくり，ルールづくりが大切になります。「実験が始まったらどんな方法で役割を決めるのか」「実験後はどのように話し合いを進めるのか」教師はしっかりと評価し，子どもたちに学習の進め方を具体的に言葉で伝えていく必要があります。そして，教師の授業のリズムを，徐々に子どもたち自身が感じ，自分たちで学びのリズムをつくっていくことができるように支援していきます。

　また理科学習において一定の効果があった指導方法について，個別の指導計画に書き込んでおくなど引き継ぎをすることで，さらに効果を上げることができきます。

（甲斐昌平）

参考文献
藤川大佑編著（2017）『授業づくりネットワーク No. 25（通巻333号）──「インクルーシブ教育を実践する！」』学事出版。

宮内主斗（2017）『子どもが育つ5つの原則　特別支援教育の視点を生かして』さくら社。

宮内主斗（2017）『理科教室 No. 750　どの子にもわかる理科授業』科学教育研究協議会編集。

湯浅恭正・新井英靖・吉田茂孝編（2013）『特別支援教育のための子ども理解と授業づくり──豊かな授業を創造するための50の視点』ミネルヴァ書房。

第Ⅳ部　インクルーシブ教育とカリキュラム・授業づくり

Ⅳ-3　授業づくりの実際

7 表現教科①　音楽科

1 集団の中で学習するということ

　学校教育と家庭教育との大きな違いは「集団」があるかないかの違いではないでしょうか。音楽の授業の中でも，人との関わりの中で学習していく場面が多々あります。子どもたちは集団の中で学び，自己を振り返り，力を付けていったり伸ばしていったりしているのです。

　集団とは学級（クラス）単位だけではありません。もちろん担任の学級経営に助けられることもたくさんあります。しかし音楽科の授業の場面でも，皆が前向きに学習していける雰囲気を作り出すことができます。

　そこで，集団をより良い集団にすることが最も大切であり，そのために音楽の授業を通してどのようにしたら良い集団が作れるかを常に考えています。これは，特別に支援を必要としている子どもに対してという理由ではなく，すべての子どもたちにも関係していることだからです。皆と違うから集団から外れてしまう，友達関係が上手く築けずいつの間にか学級の中で孤立してしまう，そんな子どもたちも，良い集団であれば排除されることもなく，一緒に学習していこうという仲間にめぐり合えます。一人一人が安心して学習できるという環境をつくることによって，一人一人が生かされ，集団の力も高まります。

2 座席を配慮する

　「気になる児童は常に目が届くように前の方の座席で」という訳ではありません。心を許せる，親しい友だちの傍は心が安定し，教え合ったり学び合ったりするには一番です。時には遊んでしまう，ふざけてしまう場面もありますが，全体が学習しようという雰囲気の中では，そのようなことは周りが許しません。これも集団の力だと思います。また，中には，近い距離に人がいない方が落ち着く子どももいます。その時は，本人の希望で端の席にしたり後ろの席にしたりします。大切なのは，子どものわがままだと誤解されないようにし，「皆が気持ちよく学習できるようにいろいろ考えてこの席にしました」という教師の姿勢を崩さないことです。

3 視覚的に全体像を示す

　学習の進め方ですが，本時のめあての提示をするだけではなく，学習の流れ，

学習活動を視覚的に表します。今日の授業の流れが大まかにわかると学習しやすいという子どももいます。先が見通せないと不安になるのです。たとえば，常時活動を導入として位置付け，毎回の授業には欠かさず取り入れるようにします。既習曲をつくり，毎回演奏したり鑑賞したりすることで，学習に入っていく準備をします。慣れていることに対しては抵抗なく活動できるからです。そして，次が○○，そして次に○○，最後に振り返り…というようないくつかのパターンを決め，学習がどのように進んでいくのか，学習内容が一目でわかるような提示をします。後○分，○分以内でというような場合でも，声掛けではなく板書するのが有効だったりします。

4 歌う環境づくり

　先程，「集団」について述べましたが，歌唱の場面ではまさしく「環境」が大切です。「歌う環境」という人的な環境です。「皆が歌えば怖くない」ではないですが，皆が歌う環境の中では自然に歌い出したくなります。皆が大きな声で歌っていたら，自分も大きな声で歌いたくなるのです。そのためにはまず，自分を出しても，表現しても周りが笑ったり馬鹿にしたりしない，という約束をし，友だちとの関係をつくります。頑張っていることに対して一緒に応援してあげるという仲間作りをしていきます。そして，何よりもまずはとにかく歌ってみることです。その時の周りの反応に対して，指導していけばいいのです。

　音楽室は「歌う場所」という環境です。ただ「歌う」だけではなく「思いっきり歌う場所」「思いっきり歌っていい場所」という環境こそが，歌唱の力を伸ばしていく第一歩であると考えています。

5 自分の居場所

　音程が上手くとれないという子どもに対して，ここでも座席の配慮をします。両隣よりも斜め後ろや真後ろに音程の正しい子どもや，声量のある子どもを配置すると自然に正しい音で歌えるようになっていくことがあります。実は，音程が正しいかどうかは，自分ではわからないものです。周りの子どもたちや教師が感じているだけなので，「違う」と言って自信を無くさせないように気を付けながら，座席を配慮しながら歌っていくようにします。

　以前，音程が悪いというのではなく，大音量で歌ってしまい，周りから耳をふさがれてしまう子どもがいました。日頃，思いっきりのびのびと歌おうと指導しているので，大きな声で歌うことが当たり前になってきた頃です。本人は全身を使い，実に気持ち良さそうに歌っています。けれども，あまりにも大きすぎる声に，周りは自分の声が聞こえなくなるので嫌がりました。その時は「周りを聴いて」と声を掛けましたが，本人にはその意味がわかりませんでし

た。録音をして客観的に聴いたら，自分の声が飛び出ているということに初め
て気付きました。しかし，そう簡単には声量のコントロールができるわけでは
ありません。歌唱指導では，歌詞の意味を考えさせたり，音の高さで強弱を工
夫してみるように促したりしましたが，特に，強く歌うところは思いっきり声
を出せるので，強く歌っていくと発声が磨かれ，ますます声量が増していきま
した。

　このとき，いちばん効果的だったのは，アルトのパートなど，低音域でハー
モニーをつくる役割で自分が活躍できる場面ができたことでした。周りからは，
難しいパートをしっかり歌ってくれているという尊敬のまなざしが向けられ，
本人も，声量を落とさずおおらかにのびのびと歌えるという「自分の居場所」
を見つけることができたのです。

　このようにして，歌唱の場では，思いっきり歌うことはいいことであるとい
う環境の中で，声量が増すことで美しい発声になりました。そして，音程を気
にして周りの音を聴きながら歌うという活動を通して，友だちのことを考えた
り周りの気持ちに気付いたりできる思いやりの心が育っていきました。友だち
を思いやる優しい子どもがつくる「歌う集団」の力は大きく，そんな中で歌唱
の力がついていきます。

⑥ 合奏の編曲で全員参加

　指先を使った細かな動きがスムーズにできない子どもがいます。また，集中
力が持続せず，じっくりと取り組むこと自体が難しい子どももいます。すると，
個人楽器として習得していく鍵盤ハーモニカ・リコーダー等では，一斉学習に
ついて行けないことがあります。他の楽器においても，最初は意欲をもって取
り組んでいても，思い通りにできないとイライラしたり，人や物にあたってし
まったりすることもあります。もちろん，個別指導は欠かせませんが，器楽合
奏の場面では，その子に合ったパートをつくってあげるなど，編曲の工夫をし
ます。同じ音で伸ばすだけでよいとか，同じリズムを何度か繰り返すだけでよ
いとか，難易度を下げます（このときすぐにできてしまうものだと集中が持続しな
いこともあるので，その子がちょっとだけ頑張ればできるような音符に変えます）。こ
うして，学級や学年など，集団の中で自分もしっかり参加できる，参加してい
るという体験を通して，達成感や成就感を味わわせるようにします。

　また，楽器の好みが顕著に表れる子がいます。「好み」というよりも，「嫌な
音」があるようです。特に，大きな音の出る楽器，大太鼓や，キンキン響くグ
ロッケンなど。その子がどんな場面でどんな音を嫌がるのかを把握し，代用で
きるものを探しますが，合奏などではその楽器の近くで演奏しないようにした
り，部屋を替えてグループ練習したりして，同じ空間にいることを無理強いし
ないようにします。そして，いちばん大切なことは，自分たちにも苦手な音が

あるということを思い出させるなど，周りの友だちにも本人のつらさに共感して協力してもらうようにすることです。

7 音楽朝会・集会・音楽会

　全校児童が一堂に会する朝会や集会での音楽では，常に6年生が手本になるような場の設定をします。6年生だけオブリガートを歌ったり，全校合奏では，目立つ高い音を出す場面をつくったり，発声の見本として6年生だけに歌ってもらったりして，この学校では6年生にかなう者はいない，6年生がいちばん素敵，と思わせるように6年生を輝かせるようにします。そうすることで，下の学年が憧れをもってこれからの音楽に意欲をもつことができるのです。苦手としている子どもも，学年合同となると，全校で称賛を浴びた喜びを一緒に味わうことができ，一つの自信につながっていきます。

　音楽会や学習発表会，連合音楽会などでは，お客様に見てもらうという点で，人に注目されることが苦手だったり，過度の緊張状態に耐えられなくなったりする子どももいます。本番にステージに立つかどうかは決して強制しないようにします。少しでもいいので，参加できることから始めて，部分参加でも可とします。そして，このような発表の場では本番よりも，発表に向かっていく過程を大切にし，懸命に努力したことが力になるので，それに向けた練習を一生懸命やっていれば本番に間違えてしまってもいいという風土をつくります。そうすることで，本番に体調不良で急な欠席をしてしまった子も救われます。

8 生涯にわたって音楽を愛好するには

　過去30年以上もの間，音楽科の目標として示されてきた「音楽を愛好する心情を養う」。新学習指導要領では，直接の目標ではなく「音楽活動の楽しさを体験することを通して，音楽を愛好する心情」を育むことになりました。そこで音楽活動の楽しさとは何かについて考えました。音楽には，できるようになることやできることを増やすこと等，技能を習得する楽しさもありますが，いろいろな子どもたちがいて，時には，練習して解決できるわけではないことに気づいたり，周りからはやる気がない，努力不足，わがままと勘違いされてしまったりという場面を見ると，できるようになるだけがすべてではないと感じます。それよりも，できたと思わせること，無理やりやらせて嫌いにさせないことの方がずっと重要なことではないでしょうか。生涯にわたって音楽を愛好するには，上手か下手かよりも，音楽のある空間は心地よい，という気持ちになることや，美しいメロディーや楽しいリズムに浸って，いい音楽だなと思いをはせることの方がずっと価値あることだと思います。

(日尾裕子)

参考文献

上野和彦・月森久江（2010）『発達障害を考える・心をつなぐ　ケース別発達障害のある子へのサポート実例集　小学校編』ナツメ社。

月森久江（2008）『教室でできる特別支援教育のアイディア　小学校編』図書文化。

第Ⅳ部　インクルーシブ教育とカリキュラム・授業づくり

Ⅳ-3　授業づくりの実際

表現教科②　体育科

 器械運動（マット運動）

　器械運動は，「できる」「できない」がはっきりした運動です。また，できなくても困ることがない領域です。しかし，問題は，倒立や逆上がり，開脚跳びそれ自体ではなく，それができない「からだ」の状態です。また，それらの能力習得に不可欠な運動経験そのものが欠落していることです。

　器械運動は自分自身の身体に意識を向けさせ，自分の意志でからだ全体をコントロールする能力を養います。意のままにならない不自由なからだに働きかけ，からだ自体が自由になっていく過程を見事に実感させてくれる教材です。力の入れ方，脱力の仕方，手・胴体・脚の協応のさせ方が課題になります。端的に人間の基本的な「動きづくり」の観点からみて優れた教材なのです。[1]

　そこで，すべての児童が技を身につける楽しさや喜びを味わうことができるように，練習の場や段階を工夫することが大切です。

(1) 感覚づくり

　教える内容によって，その技の基となる感覚を身につけている必要があります。小学校3年生から始まるマット運動では，1，2年生で行ってきた「マットを使った運動遊び」で取り上げてきた内容を1単位時間の初めに毎時間取り上げることが大切です。また，どこに気を付けて運動するかも示すことが大切です。しかし，同じことを毎時間行っていては，児童の意欲もなくなります。実態を見ながら少しずつできることを広げていくことが大切です。

　具体的には，下記のようになります。

▷1　高橋健夫（2000）「全国体育実技研修会資料」。

（例） ゆりかご	→	アンテナ～起き上がり	→	大きなゆりかご
・体を順序よくマットに接触させる。 ・両足のけり出しの勢いを利用し起き上がる。 ・腰の角度の増減によって転がりの勢いが生み出されることをつかませる。		・腰角を開いた背支持倒立（アンテナ）から起き上がる。 ・体を大きく使い，最後にかかとをお尻に近づけるようにすると勢いがつく。 ・慣れてきたら耳の横でマットに手を着けて行う。		・後方に転がり，アンテナのように腰を上げながら耳の横でマットにタッチする。 ・前方へ転がり，足がマットに近づいたら，かかとをお尻に引きつける。 ・起き上がる時，両手を前方に振り出すようにすると腰を浮かせやすくなる。

　さらに，大きなゆりかごからジャンプをしてまた大きなゆりかごをする，起き上がる時に開脚で起き上がるなど，バリエーションを変えて示すのも効果的

です。大事なのは，マット運動で大切な順次接触の感覚を身につけさせることになります。他にも，支持感覚（犬歩き・熊歩きなど）や倒立感覚（かえるの足打ち・壁のぼり逆立ちなど）の感覚づくりも大切です。

(2) やさしい場の設定

○坂道マットの場

　回転に勢いをつけることができるので，接点技群（回転系の背中をマットに接して回転する）の苦手な児童の練習の場として学習指導要領解説にも示されています。

○上履きや紅白玉を活用した場

　後転の練習の場としては上履きや紅白玉の活用が考えられます。お尻を遠くに着き，一気に後転することで回転力を得るために，お尻をつく場の目安として上履きや紅白玉を置き，「紅白玉の向こう側にお尻を着こう」と具体的に示してあげます。

○丸めたマットや重ねたマットの場

　開脚前転や開脚後転など，体の柔らかさや体型等で平場のマットで上手くできない場合，マットを丸めて高さを出したり，マットの上に細いマットを何枚か重ねて段を作ったりしてあげるとやさしく行うことができるようになります。また，重ねた場では，できるようになったらマットを少しずつ減らしていくと児童もめあてをもって取り組むことができるようになります。

○肋木を使った場

　壁倒立や頭倒立などの（平均立ち技群）の苦手な児童には，感覚づくりで行う壁のぼり倒立や，肋木を使う場を設定します。「今日はどこまでのぼれるかな」と声がけしながら取り組むことで，めあてをもって学習を進めることができます。

(3) やさしい運動から始める

　前転のできない児童に「手をこうついて，頭の後ろがつくように……」とポイントをいくら説明してもなかなかできないものです。「手をついてまたの間から後ろを見てごらん」と言ってそこからまたのぞき前転に補助をしながらもっていき，徐々に補助を軽くしていくやり方もあります。

　運動をやさしくすることでめあても明確になり，意欲的に取り組めるようになります。

2 体つくり運動

　2008（平成20）年度の改訂で，運動することそうでない子の二極化の傾向が見られることや生活習慣の乱れが小学校低学年にも見られるとの指摘を踏まえ，「体つくり運動」の一層の充実が求められました。そのため，それまで小学校高学年から位置付けられていた「体つくり運動」が小学校1年生から位置付け

▶2　文部科学省（2018）『小学校学習指導要領（平成29年告示）解説　体育編』東洋館出版社。

第Ⅳ部　インクルーシブ教育とカリキュラム・授業づくり

▶3　文部科学省（2013）『体つくり運動授業の考え方と進め方　改訂版』（学校体育実技指導資料第7集）東洋館出版社．

られるとともに，発達の段階を踏まえた新たな内容として，多様な動きをつくる運動（遊び）が，小学校低学年及び中学年で示されました。また，中学校，高等学校では，指導内容が改善されました。

　体つくり運動は，他の領域において扱いにくい様々な体の基本的な動きを培う運動が示されています。「体つくり運動」は「動きつくり」であり，動きを獲得するだけでなく，動きを獲得する過程も他の領域に生きる内容となっています。また，体の動きは個々の児童によって違うため，みんなと同じことをするのではなく，児童一人ひとりがどのように動きを獲得するかを大切に授業を進めることが大切です。

　体つくり運動は，「多様な動きをつくる運動（遊び）」「体の動きを高める運動」「体ほぐしの運動」で構成されていますが，ここでは「体の動きを高める運動」を中心に考えます。

(1)　動きのポイントを知る

　児童が様々な動きを身につけていくためには，教師が動きのポイントやこつを知って指導に当たる必要があります。たとえば，長なわに入るにはどのタイミングで入ればよいか，逆回しになると何が変わるのかを知って指導することが大切です。そのことで，跳べない子が入るタイミングをつかむために背中を押してあげたり，「次はこうしてみよう」というアドバイスにつながったりします。

　フープを転がし，回転しているフープの中をくぐり抜けたり，跳び越したりする動きでは，手首を柔らかく使ってスナップを利かせることがポイントです。それを知っていると，児童の手首の動きを見たり，力の入り具合を見たりしてアドバイスをすることができます。

　また，友だちが見つけたポイントやこつを紹介することでできるようになったり，一つの動きに対しいろいろな表現の仕方のこつを教えてあげたりすることでできるようになることもあります。

　短なわの二重跳びができない児童には，ジャンピングボードで感覚をつかんだり，ジャンプしたときに2回手をたたいたりするなどのリズム感が大切です。二重跳びができることが必ずしも目標ではありませんが，どのようにするとできるようになるかを知っていることは教えるうえでの引き出しになります。

(2)　やさしい動きから徐々に高めていく

　「ボールをコントロールしながら投げる，捕る」という動きに取り組む場合，ボールが難しければ新聞紙を丸めたものから始めたり，投げ上げてキャッチするのが苦手であれば，ワンバウンドさせてからとったりとやさしい動きを示し，できるところから始めることが大切です。「様々な姿勢での伏臥腕屈伸」も膝立状態から，次に足を伸ばして太ももより先を付けた状態で，最後は腕立て状態でというように負荷を徐々に大きくしながら取り組ませます。フープを転

がし，回転しているフープの中をくぐり抜けたり，跳び越したりする動きでは，自分で転がし跳ぶことが難しければ，友だちや教師が転がしたフープを跳び越えるようにするところから始めるとよいと思います。

このようにどの動きでも，低・中学年の内容に戻って取り組んだり，動きをシンプルにして取り組ませることが大切です。また，どの場合も一回できれば「できた！」のハイタッチも大事ですが，何度か繰り返してできるように「意味のある繰り返し[14]」をさせて運動の獲得をより確実なものにしていくことも大切です。

▶4 文部科学省（2011）『教師用指導資料 小学校体育（運動領域）まるわかりハンドブック』。

(3) 児童の学び合いを生かす

単元の学習をグループで進めることが多い体つくり運動の学習で，グループの教え合いを活用することも運動が苦手な児童への配慮になります。

たとえば，長なわを跳びながら，長なわの外にいる児童とキャッチボールをする動きをするときに，どのタイミングでパスを投げればいいか気付いた児童のアドバイスや，縄の外で跳びながら一緒に練習したりする活動を通してできるようになります。また，よくあるように長なわの入るタイミングで「ハイ！ハイ！」と声をかけてあげることも手助けとなります。

同じ動きを一緒に行ってくれることで，大人と違う児童のタイミングをつかむこともできます。子どもならではのタイミングを学び取り，まねをすることが動きの獲得につながります。

3 体育科を通して

体育科を通して考えると，どの領域においても教材の工夫・場の工夫・言葉かけの工夫などが，運動の苦手な児童への配慮をする上で考えなければならない視点となります。さらに教師が運動の構造を捉え，どこがポイントかを知った上で指導することも必要です。そのことが運動の苦手な児童にどこまで戻って，どこから何に取り組ませるか，最初のルールはどうするかなどを考える上で役に立ちます。

児童にとって「頑張れは最大のプレッシャー」という言葉があります。児童はわかりたい，できるようになりたいという思いをもっています。より具体的なアドバイスで児童がわかった・できたという経験をさせてあげたいものです。

失敗しても恥ずかしくないような肯定的な雰囲気づくりを心がけ，アドバイスや称賛の声の響き合うダイナミックなコミュニケーションのある，動きのランクアップをする授業をめざしたいものです。

（谷口恒宏）

第Ⅳ部　インクルーシブ教育とカリキュラム・授業づくり

Ⅳ-3　授業づくりの実際

 外国語活動・英語科

1　国際化からグローバル化への社会の変化と英語の教育

　昭和から平成の時代に向かって，世界は大きく変化をしてきました。たとえば，英語教育にとって，JET（Japan Exchange Teaching）プログラムが始まったのは，その最も顕著なものといえるでしょう。英米人やオセアニアの英語を母語とする青年たちが中・高等学校の英語の授業を改善したり小学校の国際交流事業を促進するために学校を訪問することになり，現在も続けられています。

2　新しい学習指導要領と各教科等の目標の設け方

　そうした国際化の波を受けて以来30年の年月が過ぎ，新しい時代を見越した学校教育が示されました。その特徴の一つは各教科の目標が各校種において共通して「知識・技能」「思考力・判断力・表現力」，及び「学び方・生き方」に大別されたことです。各教科間，各学校種間で統一的に目標達成が目指されていることがわかります。

3　外国語活動・外国語科が目指す教育の方向

　今回紹介する事例は，現行学習指導要領下の小学校の特別支援学級の低中学年の児童の交流及び共同学習の実践です。
（1）単元名「いくつかな」
（2）使用する英語表現

　　How many (leaves) do you have?　Five.
　　What do you want? I want this one.　　　　What color do you want?

（3）本単元の目標

　現行学習指導要領外国語活動編「話すこと」の（イ）「自分の考えや気持ち，事実等を聞き手に正しく伝えること」を中心とした指導。

コミュニケーションへの関心・意欲・態度	"OK?" 等の表現を用いて，聞き手が理解していることを確認しながら話そうとしている
話すことの技能	・話題：身近な生活について ・内容：話し手や聞き手になり七夕飾り ・言語材料：手に入れるためのやりとりする表現など

▷1　JETプログラムについては，和田稔（1987）『国際化時代における英語教育』山口書店，を参照。導入の経緯などがまとめられている。

▷2　新しい目標の考え方については，文部科学省（2018）『小学校学習指導要領（平成29年告示）解説　外国語活動・外国語科編』東洋館出版社，参照。

▷3　この事例は，教育課程の特例をうけた文部科学省教育課程課の研究開発学校における事例である。

▷4　交流や合同学習については，様々な編成の工夫がなされているが，児童の特徴を生かすことができるような教育課程の編成やカリキュラム・マネジメントが一層必要になる。

▷5　評価は観察できる表現で表す必要がある。そのため，関心・意欲・態度の目標は「〜しようとしている」といった表現で示している。

	：1から20までの数 ・表現の方法：聞き手に伝わる音量と明瞭な音声で ・程度：2文程度の英語で正しく伝えることができる ▷6
言語・文化の知識・理解	売ったり買ったりする問答に関する表現を知っている ▷7

　単元の目標は，単元全体を通して学習することを示しています。力は1回の授業を行ったら身につくものではなく，あるまとまりで集中的に学びを重ねたときに身につくと考えます。そのためには，単位時間の見通しよりもまとまりのある単元において力が養成されると考えるべきでしょう。▷8

（4）教員の児童理解と学習指導過程の結びつき

指導への期待 →	指導過程への組み込み
・コミュニケーションを行う必然を生む問題解決的な活動がしたい	・買い物ごっこ 　自分の作った飾りを友だちに売る 　友達の作った飾りを買う 　　　　↓ 　自分が作ったものが売れる喜び 　友だちの作品のすばらしさの認識 　　　　↓ 　「購入してほしい・購入したい」が英語の口頭表現活動への必然性を生む
・伝え合う内容を柔軟に広げたい	・既習の英語表現やなじみの表現を使う
・基礎基本を本当に学びに近づけ定着を図りたい	・葉のない竹に，飾り付けがなされることで意欲が喚起される ・紙の竹の葉でなく本物を用いることによる喜びや本当らしさの喚起 ▷9 ・仲間との英語のやりとりによるよりよい学級集団の認識と醸成

　このように授業者の思いが指導過程への期待となって表れています。児童にとっては「自分たちが作った」からこそ「売りたい，買ってほしい」という学習への必然が生まれ，▷10「欲しい」という要望を満たすために「自分の」七夕を飾りたいので，「欲しい＝買いたい」が生まれます。そこに，売ったり買ったりする英語の表現の学習に励み・意欲が出てくるといえます。

　また，この事例を英語授業の優れた活動として紹介するのは，英語の応答がうまくできているだけでなく，聞きにくい場合や言いにくい場合に他の児童が補完したり，言い換えたり繰り返したりする場面が見られるからです。つまり，この交流・合同学習を受けた児童がそれぞれの「学びにくい」部分を相互に補完し合う授業になったということです。

▷6　注5と異なり，技能については，「～できる」といった表記で示している。

▷7　注5，6と同様の考え方に立って，知識については「知っている」といった表記で示している。

▷8　カリキュラムデザインの考え方は，北尾倫彦監修（2011）『観点別学習状況の評価規準と判定基準　中学校外国語』図書文化，56-58，参照。

▷9　教室をできる限り，現実に近づける努力が必要となる。そのため，言語を扱う場面や機能をできるだけ実践的にする必要があり，教具等についても，「本物」志向が大切になる。

▷10　注9と同様，形式的な言語操作の繰り返しにならないようにするための「言語活動の必然性」は，学習者の意欲を高める重要なポイントになる。

(5) 指導過程（本時は5時間扱いの5時間目の指導の要点を抜粋）

学習の目的	教師の指導・支援（＊は，教師の意図・期待など）
挨拶と導入の歌	・Let's enjoy English. OK. (Hands up.) ・動作や振り付けを添えて，歌わせる　　　　　　　　　　　　　　① 　＊リズムやからだの動きがことばとつながるように 　＊この活動が楽しいとわかるように，わかるまで　　　　　　② 　＊児童に近づき，大きなアクションを伴うように　　　　　　③
カードに示された数が言える	・絵を見せて数を言わせる 　＊「学んだことがある」を呼び起こすように　　　　　　　　⑪ ・自信をもって言えている姿を「褒める」 　＊常に「学ぶ喜び」を与えられるように　　　　　　　　　　④ ・What number?　One. Two. Three.… 　＊間違えやすい場合は，ゆっくり確かめながら　　　　　　　⑤
タイル当てクイズをして正しく数が数えられる	・A：I like Seven. B：OK. …Seven. ・箱の中からつかみ取った小粒のタイルを別に配付した紙の枠の中に1個ずつ収めながら数えなさい（実際の場面では，ゆっくりと区切って指示） 　＊「数える」活動を急がせないで確実に行えるように　　　　⑥ 　＊タイルは小さな手でもつかめるように，怪我をしないように，丸く厚みがあり取やすいように　　　　　　　　　　　　⑫⑦
	目標：七夕かざりをたくさんかって，ささにかざりつけしよう。
教師のデモをみて買い物活動の流れをつかむ	・A：What do you want ?　→　B：This one. ・A：OK.　　　B：How many tickets? ・A：Four. OK?　　B：OK. Here you are. ・A：Thank you. 　＊黒板の見本を参考にして言いやすくなるように　　　　　　⑧ 　＊お店の人と一緒になって活動できるように　　　　　　　　⑨ 　＊繰り返して確かめるように　　　　　　　　　　　　　　　② 　＊相手の目を見ながら役割を演じられるように　　　　　　　⑩ 　＊数は，お客さんと一緒に数えるように　　　　　　　　　　⑩ 　＊迷っても，活動が続けられるように　　　　　　　　　　　⑧ （中略）
活動の中間の認め合い	・仲間の良さを認め合おう ・定着していない表現は練習しよう ・飾り付けが進んだかどうかを確認しよう 　＊仲間の出来具合を認め合えられるように　　　　　　　　　⑩ 　＊後半の活動への「励み」になるように　　　　　　　　　　④ （中略）
振り返りコメント	・はっきりと言えましたね　　　　　　　　　　　　　　　　　⑥ ・数を正しく言えましたね　　　　　　　　　　　　　　　　⑥ ・聞き手に伝わるように話せましたね　　　　　　　　　　　⑨ ・友達が話せたことを認めてあげれましたね　　　　　　　　⑩

| 挨拶 | ・That's all for today. |

(注) 表に付された丸数字は授業者の工夫例，＊印部分は，授業の様子を説明するための著者による補足で，次の（6）の番号と一致させている。

（6）本事例における授業者の意図

　授業者は，指示や質問をしたりして授業を進めます。その際に用いられる教師のことばは，授業を作り教育に携わる理念の現れです。（5）の「指導過程」に付された①～⑩についてその意図や思いを説明します。

　① ことばと馴染んだ動作の感覚は，→積極的な動機を誘発します
　② 徹底した繰り返しを継続することは，→いつか，どこかでの既習感覚を導きます。
　③ 動作は大きくすることは，→子どもに近づいて緊張感をもたらします。
　④ 「褒める」ことは，→学習姿勢を高めることにつながります。
　⑤ 学習経歴を知ることは，→授業から曖昧な見過ごしや重複を避けます。
　⑥ 教師の形成的な評価は，→学習の確実性を担保し，同時に学習への意欲を高めます。
　⑦ 健康安全への配慮は，→児童に安心・安定した学習を保障します。
　⑧ 学習へのヒントを明示することは，→支える補助となり安心した学びを保障します。
　⑨ 「お店の人」と「お客さん」の立場の理解は，→学級における社会性を育てます。
　⑩ 仲間への気遣いを認めることは，→相手意識の醸成や仲間意識の育成を育てます。

　教師の行うすべての言葉がけが何らかの意味をもち，何らかの意図があることがわかります。本授業例における教師が，毎日の授業の中で，児童への語りかけによって，その教師の意図・想いを児童の言動や行為の発達につながるように，実践を重ねていることがよくわかります。

❹ 教師が心に描く願い・期待と教え育てるという行為

　この授業を公開した教師は，次のような考え方を教える際の根本的な理念とし，大切にして教壇に立っていると説明しています。

　　・児童にとって，わかりやすい授業になることが最優先事項。
　　・どこかで見たり聞いたりというような既習事項や経験と結びつけること。
　　・学習事項の基礎基本の獲得と社会的に自立できるように。

　授業の実施と自立支援の両軸が満たされるよう授業づくりが進んでいます。

（加納幹雄）

▷11　学習の進捗状況を学習者が自らメタ認知する機会を意図的に設ける積極的な教師の姿勢が表れている。

▷12　安全の確保については，「心のバリアフリー」「施設・設備」といった大きな視点からだけでなく，教材・教具の安全確保にも努める必要がある。

▷13　教員の立ち位置や備えるべき力については，武田信子・金井香里・横須賀聡子編著（2016）『教員のためのリフレクション・ワークブック――往還する理論と実践』学事出版，参照。

参考文献
インクルーシブ授業研究会編（2015）『インクルーシブ授業をつくる』ミネルヴァ書房。
湯浅恭正（2009）『自立への挑戦と授業づくり・学級づくり』明治図書。

Ⅳ-4　保幼小中の連携と授業づくり

1　保幼小中をつなぐカリキュラムづくりの課題

① 「驚き」と「不思議」に支えられた理科の授業

　一般的なイメージでは，小学校の学習は，机に座って，教科書を開き，黒板に向かって課題を解いていくというようなものであるかもしれません。特に，小学校高学年になると，中学生に近い抽象的な内容を理解しなければならなくなるので，そうしたイメージはさらに強くなり，幼児期の教育はそうした学習ができる子どもを育てるための準備期間であると考える人も，いまだ根強くいると思われます。

　しかし，小学校の学習は本当に座学ばかりなのでしょうか。

　筆者が参観した4年生の理科の授業では，「電流のはたらき」について学習していました。4年生の子どもたちの中には，「見えない電流の流れ」を頭のなかで想像するということはまだ難しい子どもも多くいました。そのため，この授業は電極をつないでプロペラをまわす様子をみんなで見たり，各自にモーターを使ってプロペラをまわし，プロペラの推進力を使って車を動かすという活動を中心に展開していて，小学生が興味をもつ内容となっていました。

　このように，子どもに合わせた授業を展開するためには，当該学年の発達段階（たとえば，小学校4年生であれば，10歳の発達）を考慮しなければなりませんが，それだけでなく，当該学年の子どもの興味・関心にも配慮が必要です。小学校4年生の子どもであれば，「電流」といった「見えないもの」に興味があるのではなく，目の前のプロペラが回るかどうかのほうにまだ興味・関心があると考えられます。

　筆者が参観した4年生の理科の授業では，こうした興味・関心に働きかけるように進められていました。ただし，単に遊んでいただけでなく，時計回りに回っていたプロペラが電流の回路を逆にすると，プロペラも反対に回るということなども取り上げていました。また，電池を2つにしてまわすとプロペラが速くなるなど，子どもたちにとって「不思議な現象」を目の当たりにして，「なぜ？」と考える授業が展開されていました。

② 学習困難児の「わかる」につながる授業設計

　こうした授業展開であったので，この授業は学習困難のある子どもでも「わかる」と思える点がたくさんありました。たとえば，筆者が参観した理科の授

業では，学習内容を多くの子どもが理解できるように，次のように手続きがわかりやすく示されていました。

- 回路をつないでプロペラをまわすデモンストレーションを見せる。
- 自分でつないでみる。
  ① ＋と－を入れ替えて，プロペラの回り方を調べる。
  ② 電池を2つつなぐとプロペラの回り方がどうなるか調べる。
- タイヤのついた車にプロペラを装着し，車を動かしてみる。

もちろん，学習困難児は，電流の流れや，回路・スイッチの仕組みなどは十分に理解できているわけではありませんでした。そのため，教師は近くにいる人のやり方をみることなども推奨していて，回路のつなぎ方がわからないときに「どうするの？」と隣の友だちに聞いている児童も何名かいました。

また，学習困難児のなかには，とにかくタイヤを付けて動かしたいという気持ちが強い子どももいました。こうした子どもは電流のことはまったく気に留めず工作の時間のようになっている子どももいましたが，モーターで車が動くということがとても面白かったようで，学習から離脱することはありませんでした。特に，回り方が速いプロペラを見て，「うわっ，速すぎる〜」と言ったり，プロペラを自分でまわす場面では，「羽を折ったら速さは倍になるの？」というような疑問をもつなど，部分的には科学的な見方が発言されていました。

３ 子どもの学び（カリキュラム）の連続性を考える

以上のような（理科の）授業づくりは，幼児期に動くおもちゃで遊んでいる子どもの「学び」に近いものがあります。つまり，幼児期の子どもは学ぶ課題があって遊びに取り組んでいるのではなく，目の前にある物や状況のなかで違和感や不都合とぶつかりあい，一緒に遊んでいる友だちと試行錯誤しながらそれを乗り越えていくものです。

幼児教育から小学校教育へとつなぐカリキュラムとは，本来，こうした遊びの延長線上に小学校の学びを位置づけることだと考えます。すなわち，幼児期の子どもでも楽しめる遊び的要素を小学校での学習のなかに取り入れ，そこから疑問につなげ，「学び」を深めていくことが幼小接続の授業づくりのポイントです。

そして，幼稚園・保育園から小学校へのこうした学びの連続性が保たれている学習は，共同的な学びを生み出しやすくなり，インクルーシブ授業の基盤を形成することができると考えます。

（新井英靖）

▶1　近年では，保幼小の連携カリキュラムの重要性が指摘されるようになり，幼児期から小学校へのアプローチカリキュラム，幼児教育を意識した小学校のスタートカリキュラムが重要であると考えられている。

第Ⅳ部　インクルーシブ教育とカリキュラム・授業づくり

Ⅳ-4　保幼小中の連携と授業づくり

 保幼・小をつなぐ算数の授業づくり

保幼・小をつなぐ算数の授業づくりの課題

　前節で検討した幼児教育の遊び的要素を小学校での授業に織り交ぜ，学習していくことが子どもの学びを促進するという考え方は，算数の授業においても同様です。ただし，こうした遊びを通して学習を展開していく場合には，小・中学校の先生から次のような疑問の声が上がると思います。

　一つは，いつも楽しく遊ぶ活動を行っていたのでは，算数の時間が足りなくなり，当該学年のすべての内容を学習できないという意見です。もう一つは，楽しく遊ぶことも大切であるが，遊んでばかりでは基礎的な力が定着しないのではないか，という意見です。こうした時間的制約と反復学習の必要性といった２つの課題をどのように実践するかが保幼・小の連携カリキュラムでは問われています。このことは，学習が苦手な子どもを授業の中にどのように楽しく参加させるかという点と，学習の基礎的内容をどのように定着させるかという点を統一することが求められるインクルーシブ授業において，とても重要な課題となります。

学びの必然性を感じられる教材開発

　こうした実践課題に応える授業を展開するためには，教材開発が極めて重要です。すなわち，「楽しさ」と「内容理解」の両面を統一する授業づくりでは，理解につながる学びに楽しく参加できる教材を子どもの前にどのように提示するかが問われるのだと考えます。

　たとえば，「繰り上がりの足し算」を学ぶ際には「子どもたちがどうしても10以上の数を計算してみたい」と思うような授業を設定することが必要です。たとえば，的当てをして，チームで２回投げて当たった数の合計を数えるというような授業を展開したら，子どもたちは自分たちのチームの合計得点を計算して，勝ったのかどうかを早く知りたいと思うでしょう。

　こうしたゲームを何度か行っているうちに，相手の合計得点をみて，自分たちのチームが２投目で何点以上取れば逆転できるか，を計算し始める子どもも出てきます。このように，遊びを通して楽しく学ぶと，２回投げて合計が何点であるかを計算する子どもから，相手の合計得点と自分たちの得点の差を計算する子どもまで多様な学びが生まれます。

▶１　遊びながら算数を学ぶことができる具体的な内容が記されている書籍として，算数あそび研究会編（2015）『誰でもできる算数あそび60』東洋館出版社，を参照した。

3 学びを支える教師の指導技術

　一方で,「的当てゲームをして楽しかった」というだけで終わらないように,教師は子どもの学びを支えなければなりません。このとき,教師には授業準備の段階から,実際の授業展開に至るまで,様々な道具やしかけを用意して授業に臨むことが求められます。たとえば,的当てゲームを通して繰り上がりの足し算を学ぶ算数の授業を例にして考えてみましょう。

　このとき,的にはいくつのマスをつくり,そのマスには何点を記すべきでしょうか。

　右図のように,4分割して6以上の数を示す的と,8分割して2より大きい数を示した的はどちらが良いでしょうか。これは,学ぶ子どもの実態によって異なることであり,絶対的な結論が存在するわけではありません。たとえば,図Ⅳ-4-1のほうは的に当たれば確実に繰り上がりのある計算になりますが,足し算の組み合わせは多くあり

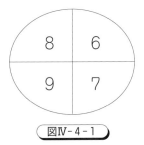

図Ⅳ-4-1

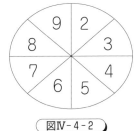

図Ⅳ-4-2

ません。一方で,図Ⅳ-4-2のほうは,「9+2」など,図Ⅳ-4-1ではできない計算ができますが,「3+4」などのように繰り上がりにならない計算も含まれてきます。

　一概にどちらが良いといえないのは,図Ⅳ-4-2のように繰り上がりにならない計算が含まれていたほうが,学習が苦手な子どもが多いクラスなどでは一桁の足し算の復習をさせることもでき,多様な学びとなることがあるからです。

　また,ゲームを通した学びだと,教師のしかけや問いかけなども多様に考えられます。たとえば,図Ⅳ-7-2のような的を使用したときに,「ぴったり10点になったら,ボーナスポイントが10点与えられます」などというルールにすれば,子どもたちは「(繰り上がりの足し算でとても重要な)10のかたまり」を意識するようになります。あるいは,相手が15点取ったときに,「15点以上になるには,何点以上の枠を狙わないといけないかな？」と子どもたちに問いかければ,「7+8」「8+8」「9+8」というような左上の数字の組み合わせを考えるようになります。

　このように,幼児期の「遊び」的な学びで終始せず,小学校の学習内容を理解できるように楽しく学ぶためには,用意された教材を教師が授業でどのように活用するかという点がとても重要となります。これは教師の指導技術の一つであり,多様な子どもの学びを支えるインクルーシブ授業の展開にとってとても重要な点です。

(新井英靖)

▶2　算数教育では子どもがどこでつまずくかという研究はかなり進められてきた。小島宏(2005)『算数授業つまずきの原因と支援』教育出版,中村亨史(2004)『つまずき撃退！補充学習シート1・2年』図書文化,などを参照。

第Ⅳ部　インクルーシブ教育とカリキュラム・授業づくり

Ⅳ-4　保幼小中の連携と授業づくり

3　小・中をつなぐ社会科の授業づくり

1　歴史という異次元の空間に誘う授業の工夫

　学習内容がさらに抽象化する小学校6年生の授業になると，それまでの生活経験をもとにイメージしていた小学校の学習のしかたとは異なってきます。これは，小学校6年生で取り扱う歴史の授業において顕著であると考えます。

　歴史の学習は実際に行ったり，見たりすることが難しいことから，当時の状況を想像する力が求められます。そのため，資料集や映像教材などを駆使して，当時の様子をできる限り具体的に示すことが必要です。しかし，歴史に関しては単に見やすい資料を提示すれば社会科で求められる歴史的なものの見方・考え方ができるようになるというわけではないでしょう。

　たとえば，筆者が参観した社会科（歴史）の授業「武士の世の中へ」を例にして考えてみます。この授業では，平安時代の貴族の生活と鎌倉時代の武士の生活を資料などから見比べて，「武士の世の中は貴族の時代と何が違うのか」を考えることが目標でした。しかし，「貴族の時代から武士の世の中へ変化した」という事実は，極端に言えば，6年生の児童にとってはどちらでも良い内容です。それでは，どのように児童に問いかければこの主題に迫ることができるのでしょうか。

　筆者が参観した授業では，次のように授業を展開していました。

> ① 貴族と武士の暮らしを資料集で見比べさせながら，「みんなだったら貴族と武士のどちらの暮らしのほうがいい？」と問いかける。
> ② 武士の暮らしを学習した上で，最終的には「武士の心得」をみんなに考えてもらって，巻物に記してみるという言語活動を用意する。

　前者（①）の二者択一の「問い」は，資料集をみたときに得られる印象だけでも答えられるものであり，多くの子どもが参加できる問いでした。また，後者（②）の巻物を作るという活動については，教師が簡易的に制作した巻物を実際に子どもたちに見せ，課題を具体的に示していました。この提示によって，古い家の掛け軸にかけてあるような巻物をつくるということが子どもたちにはわかり，昔の世界をイメージしてみようという雰囲気になっていました（ただし，「心得」という言葉は馴染みがなかったので，辞書などを使ってどのような意味であるかを確認していました）。

▷1　小学校社会科は小学校5年生までは地理に関することがらが多く，身近な内容が多いが，歴史はテレビの時代劇などで目にしている程度で，学習内容をイメージすることが難しいという特徴がある。

IV-4-3 小・中をつなぐ社会科の授業づくり

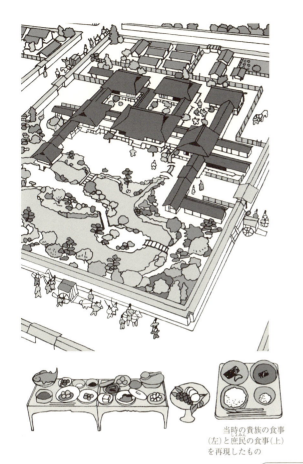

当時の貴族の食事
(左)と庶民の食事(上)
を再現したもの

図IV-4-3

教育出版『小学社会6上』P23・P28・PP36-37および日本文教出版『小学社会6年上』P27・P31・PP36-37などを参考にしてイメージをイラスト化した。

　こうした歴史的な世界に入り込むことを可能にする学習活動（課題）を提示したので，学習困難のある事例対象児Cを含めて，子どもたちは資料集を良くみていました。

2　歴史的な見方や考え方をどのように指導するか？

　ただし，貴族と武士の違いについては，「家が広くて鬼ごっこをしても大丈夫だから貴族がいい」という児童がいたり，「ごはんがいろいろ食べられるから貴族のほうがいい」という児童もいました。これは，資料集を見た印象から抜け出せず，「武士の世の中へ」と変化するきっかけに結びつくような見方や考え方になっていなかったということです。

　筆者が参観した授業でも，学習困難のあるC児は，資料集をよく見ていましたが，「見ている」という以上に理解が深まっている様子ではありませんでした。こうした中で教師は，「歴史を考えるときには，衣・食・住とか文化の変化を見るんだったよね」というように，社会科を学ぶときの視点（見方・考え方）を児童に提示していました。こうした「認識的な整理」につながる問いか

183

けのなかで、貴族と武士の暮らしを比較することができる児童が出てきました。

たとえば、「セキュリティからすると武士の家のほうがいい」というような意見が出されました。こうした発言に前後して、「貴族の家にはやぐらはない。広いのにないね」というような意見も出ていました。このように、小学生は歴史を考えるときに、いきなり歴史的な事実をもとに、「歴史の流れを考える」のではなく、「今を生きる個人」として歴史的事実（資料集の写真など）を見ているので、そこから抜け出すための授業展開の工夫が必要であると考えます。

また、「貴族の家にはやぐらがない」ことや「セキュリティ面」に着目した児童に対して、どうしてそういう家に変化したのかを問いかけてみると、「武士の世の中へ」と変化したことを実感できるのではないかと考えます。

また、「貴族の食事は早死にしそう」と言っている児童がいました。これは、武士の食事は質素で嫌だけど、貴族の食事を食べ続けると生き延びられないのではないかという主旨の発言であると解釈できます。「武士の食事はバランスが取れている」とつぶやいていた子どもの発言と合わせると、戦う集団である武士の特徴が浮き彫りになり、「武士の心得」を考えるヒントとなるでしょう。加えて、武士が身に付けている鎧を見て「重そう」と発言した児童がいました。こうした発言を拾い上げ、「どうして貴族のようにきれいな服を着ないで、こんなに重そうな鎧を着ていたの？」と問いかければ、戦いに備える時代が訪れたことが理解できるのではないかと考えます。

以上のように、資料集の情報から想像される子どもの歴史のイメージには、現在の生活の常識が混ざり合っています。そのため、歴史を通史的に教えるのではなく、トピックス的に教える小学校の歴史については、こうした子どもたちの生活的視点から生じた「つぶやき」を拾い、歴史と結びつけるように授業を展開していくことが重要です。

❸ 今を生きる個人から抜け出す切迫感のある授業展開

一方で、この授業に参加していた学習困難のある子どもは、こうした発言にはなかなか加われないでいました。やはり、学習が苦手な子どもたちは、資料を見ただけでは当時の状況をイメージすることが難しく、もっと彼らの想像力をかき立てるような問いが必要でした。

すなわち、「セキュリティ面がしっかりした家」「バランスの取れた食事」「重たそうな衣服」といった今の時代の感覚でも十分に想像できる「暮らしぶり」をていねいに伝えた上で、「貴族と武士の暮らしのどちらがよいか」という二者択一を迫っていくことが必要です。その際に、貴族はのちに武士に支配されてしまうことと結びつけて授業を展開すれば、学習困難のある子どもでも「死にたくないから武士の生活のほうがよい」と考えることはできないかと考えます。

このように，（油断していると襲撃され，滅ぼされるというような）「生」を揺さぶる問いを立てて，思考を迫ることができれば，小学生でも経験したことのない世界を想像することができます。そして，筆者は，学習内容が徐々に抽象的になってくる教科学習を楽しく，理解できるインクルーシブ授業とはこうした授業づくりの工夫によって可能となるのではないかと考えています。

❹ 保幼・小・中をつなぐカリキュラム開発の視点

本章で取り上げてきたいくつかの実践から，クラスにいる多様な子どもが共同的に学ぶ授業には，教材開発や教師の問いの質が大きく関係していることがわかります。これは，インクルーシブ授業を展開する際には，子どもの障害特性や困難をどのように改善するかといった視点が前面にでるのではなく，通常の学級のなかで提供できる効果的な教授・学習方法を模索することが重要であるということを示唆していると考えます。

また，教師の指導技術が重要であるといっても，それはすべての教科において共通するユニバーサルな技術の提供ではなく，教科によってその活用の方法は様々でした。たとえば，算数の授業でいえば，的の枠をいくつ設定し，そこに何の数字を記載するか，歴史の授業でいえば，歴史を動かす生のありようをどのように問うかといった「教科の本質」と結びつく検討が教師に求められていたと考えます。

特に，生活に直結しない抽象的な学習内容が多くなる中学校の教科指導では，単に楽しい活動を用意すれば共同的に学べるというものではありません。むしろ，教師が子どもひとりひとりの疑問や「つぶやき」を拾いあげ，子どもの生活と教科を「つなぐ」技術が重要でした。

こうした指導技術を駆使するためには，子どもの発達段階をふまえることも必要です。すなわち，幼児期は思考よりも先に活動（遊び）があり，身体的・感覚的に学ぶ特徴がありますが，中学生は思考するための問いが必要です。そのため，中学校の教科学習の多くが現実にはありえない一種の虚構世界のなかで問われ，虚構のなかだからこそ中学生は楽しく学び，他者と交流しようとするという点をふまえた指導が教師に求められます。

もちろん，幼児期から小学生，中学生と時期に応じて次の思考形式に順調に移行していく子どもばかりではなく，こうした発展は行きつ戻りつしながら徐々に変化していくものです。そのため，小学校1年生の前後や中学校1年生の前後は子どもの学びの過程（カリキュラム）が断絶しやすいということを意識して，授業を展開することが，重要となります。

（新井英靖）

▶2 学習困難児に対する中学生の教科学習の意義と方法については，以下の文献を参照。
新井英靖（2018）「中学校におけるインクルーシブ授業と教科学習の意義——情緒不安定な中学生に対する教科学習の指導から」湯浅恭正・新井英靖『インクルーシブ授業の国際比較研究』福村出版，145-156。

▶3 形式的にアプローチカリキュラムやスタートカリキュラムを考えて，幼児教育と小学校での教育を結合させようとするのでは，小1プロブレムや中1ギャップを解消することは難しい。

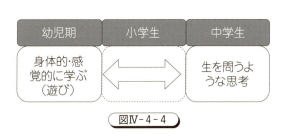

図Ⅳ-4-4

第 V 部

21世紀の教育改革とインクルーシブ教育

第Ⅴ部　21世紀の教育改革とインクルーシブ教育

Ⅴ-1　学力問題とインクルーシブ教育

1　学力テストとインクルーシブ教育

1　今日行われている学力テストとその背景

　今日の日本では，経済協力開発機構（OECD）が実施する国際学力調査「生徒の学力到達度調査（PISA）」などに大きく影響され，「全国学力・学習状況調査」といった悉皆調査としての学力テストが行われています。PISA 調査は，読解リテラシー，数学的リテラシー，科学的リテラシーを主な調査対象としており，たとえば読解リテラシーの国際順位が15位まで低下した2003年の結果を受けて，2005年には「読解力向上に関するプログラム」が策定されるなど，PISA 調査結果が日本の教育政策を左右する一面が見られます。

　OECD が調査する３つのリテラシーは，DeSeCo（Definition and Selection of Competencies）プロジェクトが整理した３つのキー・コンピテンシー(1)「相互作用的に道具を用いる」，(2)「異質な集団で交流する」，(3)「自律的に活動する」のうち，(1)を測定したものとされています。こうした考え方に基づき，学習指導要領では知識・技能の習得に加え，活用や探究といった学びの側面が重視されるようになりました。さらには現在，「学士力」や「社会人基礎力」「21世紀型スキル」といった，高等教育や経済の文脈において求められる能力についても，キー・コンピテンシーを意識した形で描かれています。

　もともと，OECD が提案するキー・コンピテンシーやリテラシーは，W・S グレイの「機能的リテラシー」や，P・フレイレの「批判的リテラシー」の概念が前提となっていました▷1。ですが，グローバル経済や人的資本開発という国際社会の要求から内実が徐々に変質し，「内容的知識やポリティクスの視点を捨象し，グローバルに共通すると仮想された機能的リテラシー」となってしまったのです▷2。こうした，「学力の社会規定」から「全国学力・学習状況調査」といった悉皆調査が行われています▷3。

2　学力テストにふりまわされる学校現場

　「全国学力・学習状況調査」は，基礎的・基本的な知識を問う「A問題」と，知識の活用を求める「B問題」があり，「B問題」はPISA 調査の影響を受けた内容となっています。こうした「学力の社会規定」に伴った学力テストに対し結果を公表する自治体がほとんどです。そのため，「全国学力・学習状況調査」に加えて区市町村独自の学力テストも実施され，「全国学力・学習状況調

▷1　W・S・グレイは，リテラシーを単なる読み書き能力として捉えるのではなく，社会参加に必要な力であるとして，「機能的リテラシー」の重要性を主張した。またP・フレイレは，被抑圧者が識字能力を通して自らの置かれた状況を意識化し，既存社会を批判的に捉えることのできる「批判的リテラシー」を重視した。

▷2　松下佳代（2014）「PISA リテラシーを飼いならす――グローバルな機能的リテラシーとナショナルな教育内容」日本教育学会編『教育学研究』81(2)：150-163, を参照。

▷3　佐貫浩（2017）「「学力」概念の再把握――「学力の権力的規定」批判」民主教育研究所編『季刊人間と教育』96：20-29, を参照。

査」の結果向上に翻弄される学校現場の姿がうかがえます。

③ 学力テストから排除される子ども

　こうした状況をインクルーシブ教育の観点から捉えたとき，どのような問題が浮かび上がるでしょうか。たとえば，文部科学省は「全国学力・学習状況調査」において，特別支援学校や特別支援学級に在籍している者で「下学年の内容などに代替して指導を受けている児童生徒」や，「知的障害者である児童生徒に対する教育を行う特別支援学校の教科内容の指導を受けている児童生徒」は調査対象外とするとしています。また，大阪府が中学生に実施するチャレンジテストについて濱元は，大阪府チャレンジテストでは「全国学力・学習状況調査」と同様の規定がなされ，特別支援学級に在籍する生徒の保護者がテスト当日，「頑張って受験しておいで」と声をかけたものの，その生徒はチャレンジテストを受けることなく別室で違う活動を行ったという事例を報告しています。濱元は，「学校平均点を上げるため，学力テストで点数がとりにくい子どもを排除しようとする考えに立つものなのか，非常に気になる」と疑念を呈しています。

　以上のような問題は，経済の論理や人的資本の立場から社会規定された限定的な学力のなかでも，ペーパーテストで測れるような，狭い学力への評価に学校教育が呑み込まれていっている危機的状況のなかで生じています。本来，子どもの学びは限定的で狭い学力にはとどまらないものです。知的障害のある子どもをはじめ，特別な教育的配慮を必要とする児童生徒は，広く豊かな観点からその学びを見取ることができるはずです。ですが，測定可能な狭い学力観に立つ学力テストを重視する姿勢は，インクルーシブ教育を阻害する働きとして機能するでしょう。

　濱元は，大阪府チャレンジテストで点数が取れない生徒についても言及しています。それは，「基本的に学習姿勢は真面目だが，テストで点が取れないタイプの生徒」であり，「観点別評価で，提出物や授業内の活動等の評価を総合してある評定に到達できた生徒が，チャレンジテストで点数を取れなかったために，そうしたテスト以外の「頑張り」が剝ぎとられてしまう」生徒だそうです。広く豊かな観点から見取ることのできる学び，多様な子ども一人ひとりの学びは，学力テストのみでは捉えられません。学力テストは，子どもの学びのなかでも限定的で狭い部分しか測定できないという前提が非常に重要です。この前提に立たなければ，インクルーシブ教育の実現は難しいでしょう。

（永田麻詠）

▶4　詳しくは，濱元伸彦（2017）「大阪における統一学テの学校教育への影響——チャレンジテストを軸にした内申点評定システムの諸問題」民主教育研究所編『季刊人間と教育』96：38-47．を参照。

第Ⅴ部　21世紀の教育改革とインクルーシブ教育

Ⅴ-1　学力問題とインクルーシブ教育

 学力観の転換

1　2017年度版学習指導要領に見られる学力観

　2017年度版学習指導要領では，「知識の理解の質を高め，資質・能力を育む「主体的・対話的で深い学び」」がめざされ，「何ができるようになるのか」という観点が重視されています。また，資質・能力として「知識・技能」「思考力・判断力・表現力等」「学びに向かう力，人間性等」といった3つの柱が示されました。そして資質・能力の3つの柱をよりよく育むために，「社会に開かれた教育課程」という立場から各学校がカリキュラム・マネジメントに取り組み，「主体的・対話的で深い学び」を実現していくことが求められています。

▷1　Ⅴ-1-1 を参照。

　このような改訂には，OECD が示すキー・コンピテンシーの影響が見られます。たとえば，「小学校学習指導要領解説」では今回の改訂について，「一人一人の児童が，自分のよさや可能性を認識するとともに，あらゆる他者を価値のある存在として尊重し，多様な人々と協働しながら様々な社会的変化を乗り越え，豊かな人生を切り拓き，持続可能な社会の創り手となることができるようにすることが求められる」と述べています。特に，「異質な集団で交流する」と対応する「多様な他者との協働」は，多様な教育的ニーズのある子どもの包摂をめざすインクルーシブ教育にとっては欠かせない重要な点だと考えられます。「今後いっそう求められる学力は，インクルーシブ教育と方向性の重なりが見られる」と期待したいところです。

▷2　文部科学省（2018）『小学校学習指導要領』東洋館出版社，15。

2　2017年度版学習指導要領の学力観への批判

　ですが，2017年度版学習指導要領で示された学力観には，OECD 批判とも合わせてすでに様々な懸念の声が上がっています。たとえばキー・コンピテンシーについて，OECD 自体が「ビジネス部門や企業側からの発想であり，生産性や市場競争力を高め，企業の求めに見合う労働力などの能力であると本音を語っています」と確認したうえで，「「論点整理」（2015年に発表された，中央教育審議会教育課程企画特別部会による2017年度版学習指導要領の骨子をまとめたもの──引用者注）では，企業が求める能力ということは伏せて，複雑な社会の変化に対応する能力として説明しています」という指摘があります。学習指導要領をめぐる一連の動きは，経済の論理が背景として存在しているにもかかわらず，「社会の変化と主体的に向き合う」「多様な他者と協働する」「よりよい人生と

▷3　鶴田敦子（2016）「世界で始まった PISA テスト批判」子どもと教科書全国ネット21編『合同ブックレット⑨ 大問題！子ども不在の新学習指導要領──学校が人間を育てる場でなくなる?!』合同出版，36-37，を参照。

幸福な社会を切り拓く」といった言葉が並び，一見すると多様な子どもたちの育ちや学びに目を向けていると感じるかもしれません。ですが，本音の部分ではやはり，子どもの多様性よりも経済の論理が優先されています。

③ 子どもの多様性から学力観を転換する

　それは，中央教育審議会答申で示された補足資料にも表れています。補足資料では，育成すべき資質・能力について「自立した人格をもつ人間として，他者と協働しながら，新しい価値を創造する力を育成するため，たとえば，「主体性・自律性に関わる力」「対人関係能力」「課題解決力」「学びに向かう力」「情報活用能力」「グローバル化に対応する力」「持続可能な社会づくりに関わる実践力」などを重視する」としています。多様な他者との協働は，あくまで「主体性・自律性に関わる力」など示された7つの力，すなわち今日の社会が求める力を育てるための手段であるように感じます。手段である以上，子どもの多様性はその目的の前では漂白されることもあるでしょう。

　また，同じく補足資料では「多様な評価方法の例」としてルーブリック評価を紹介していますが，ⅣからⅡの到達尺度については「できる／している」，Ⅰの到達尺度では「できない／していない」という表現が見られます。これらの表現には，社会が求める経済の論理を前提とした，垂直的・単一的な「できる」「している」の立場がうかがえます。到達尺度として考えるのであれば，「……」部分に各到達度を反映させ，Ⅳ～Ⅰのすべてを「……できる／している」と表現することもできるはずです。つまり，Ⅳの到達度であろうがⅠの到達度であろうが，すべては子ども一人ひとりの多様な「できる」「している」として学力を捉えることも可能であるのです。インクルーシブ教育を行っていくためには，こうした垂直的・単一的な学力観を転換し，多様な「わかる」「している」を学力として捉える姿勢が必要となります。2017年度版学習指導要領が示す建前の多様な学力観に振り回されることなく，「多様な他者との協働」が実現できる学力観を描くことが重要なのです。

（永田麻詠）

▷4　文部科学省ホームページ「幼稚園，小学校，中学校，高等学校及び特別支援学校の学習指導要領の改善及び必要な方策等について（答申）補足資料」（http://www.mext.go.jp/component/b_menu/shingi/toushin/__icsFiles/afieldfile/2017/01/20/1380902_4_1_1.pdf）（最終閲覧2018年1月16日）。

▷5　成功の度合いを示す数レベル程度の尺度と，それぞれのレベルに対応するパフォーマンスの特徴を示した記述語（評価規準）からなる評価基準表のことである（文部科学省「幼稚園，小学校，中学校，高等学校及び特別支援学校の学習指導要領の改善及び必要な方策等について（答申）補足資料」より）。

第Ⅴ部　21世紀の教育改革とインクルーシブ教育

Ⅴ-1　学力問題とインクルーシブ教育

教科論を問い直す

1　今日の教科論

　2017年度版『小学校学習指導要領解説　総則編』では、「言語能力、情報活用能力（情報モラルを含む。）、問題発見・解決能力等の学習の基盤となる資質・能力」や「豊かな人生の実現や災害等を乗り越えて次代の社会を形成することに向けた現代的な諸課題に対応して求められる資質・能力」の育成のために「教科横断的な視点」が重視されています。これからの学校教育では、「知識・技能」「思考力・判断力・表現力等」「学びに向かう力、人間性等」という資質・能力の3つの柱について、アクティブ・ラーニングや、「社会に開かれた教育課程」およびカリキュラム・マネジメントと併せながら教科横断的に育むことが求められます。従来の教科論が新たな局面を迎えているともいえるでしょう。

▷1　文部科学省（2018）『小学校学習指導要領』東洋館出版社、19、を参照。

2　教科か生活か

　教科はそもそもヨーロッパにおいて、社会生活や職業生活において必要な知識、技能の教育を教科化した、いわゆる「生活の教科化」から成立したと言われています。ですが、「よりよい人生や社会の在り方」「現代的な諸課題」などと「解説　総則編」でもふれられたとおり、現在では「実生活との結びつきや応用可能性を重視した「教科の生活化」の方向に向かっている」という見方もあります。知的障害教育の分野でも、「教科か生活か」ではなく「教科も生活も」という姿勢が見受けられ、2017年度版学習指導要領のみならず、教科について改めて考える機会がもたらされています。

▷2　詳しくは、深澤清治（2015）「教科の教育は今どのような課題に直面しているか」日本教科教育学会編『今なぜ、教科教育なのか──教科の本質を踏まえた授業づくり』文溪堂、7-12、を参照。

　ただし、たとえば「教科内容の系統的な知識、技能を十分に育成できないのではないか」というアクティブ・ラーニングへの批判があるように、教科横断的な視点を重視するあまり、各教科の枠組みをなくし、教科の専門性を軽んじてよいわけではないことも明らかでしょう。教科横断的な視点に立った教育と、教科の系統性・専門性を重視した教育は二項対立的に捉えるのではなく、その両者を往還しながら、多様な子どもの実態に合わせて資質・能力の育成が図られるべきだと思われます。このことについて鶴田清司は、「教科内容論的アプローチと社会文化的アプローチの二元論の克服が大きな課題となっている」として、「学びの共同体」づくりの拠点校での授業実践を紹介しつつ、両アプローチの統合の必要性を説明しています。

▷3　渡邉健治（2014）「知的障害教育における学力問題を問う」渡邉健治監修、丹羽登・岩井雄一・半澤嘉博・中西都編『知的障害教育における学力問題』ジアース教育新社、8-26、を参照。

▷4　鶴田清司（2012）「授業をどうデザインするか」田中耕治・鶴田清司・橋本美保・藤村宣之『新しい時代の教育方法』有斐閣、166-196、を参照。

3 インクルーシブ教育から教科を考える

　翻って，インクルーシブ教育から教科横断的な視点に立った教育と，教科の系統性・専門性を重視した教育の往還について考えると，その往還を促進するのがインクルーシブ教育であり，多様な教育的ニーズのある子どもたちの存在ではないでしょうか。たとえば，数字にこだわりのある子どもにとっては，算数・数学科の系統性・専門性からの授業づくりによって当該児童の知的好奇心が充足され，より充実した授業参加を見込むことができるでしょう。いっぽう学校での学びに必要性を感じ，自らの生活や人生，社会との関連性が見出せなければ，学習意欲が減退する子どもにとっては，「教科も生活も」といった，教科横断的で社会文化的なアプローチからの授業づくりが有効だと考えられます。こうした子どもの多様な学びや育ちに目を向けることは簡単ではありません。すべての子どもの教育的ニーズに完璧に応えることも難しいでしょう。ですが，多様な子どもの多様な学びや育ちの姿を想定して，柔軟に教育を行っていくことは，新しい学習指導要領のよさを活用し，また，学習指導要領の課題を乗り越えるような教科観，学力観の形成につながるのではないでしょうか。

　多様な子どもの包摂をめざすインクルーシブ教育は，多様性を重視する立場からの取り組みがなされるからこそ，教科横断的であったり教科の系統性・専門性の重視であったり，様々なアプローチを往還する契機となります。多様な教育的ニーズのある児童生徒ほど，教科横断的な視点に立った教育と，教科の系統性・専門性を重視した教育の両立の必要性を突きつけてくれます。多様な子どもたちの多様な学びや育ちを想定してインクルーシブ教育をめざすことが，二項的な教科論を問い直す契機を提供してくれるでしょう。　　　（永田麻詠）

V-2　教師の資質向上とインクルーシブ教育

1 教員養成とインクルーシブ教育

① 教員養成段階においてインクルーシブ教育への理解を促す重要性

インクルーシブ教育の推進に向け、すべての教員が教員養成段階において障害についての知識やスキルを獲得しておくことは喫緊の課題です。2012年における文部科学省による調査によれば、通常学級に在籍する発達障害の可能性のある児童生徒は6.5%にのぼります。発達障害のある子どもたちに対する教育的対応の多くが通常学級担任により実施されていることからも、すべての教員が特別支援教育について理解することの重要性は言を待たないといえるでしょう。

Forlinらが「効果的なインクルーシブ教育の実践の基盤は、ほぼ完全に、それを実行するスタッフの準備状況にかかっている」と指摘するように、教員のインクルーシブ教育への理解やトレーニングを欠いたところに、インクルーシブ教育実践は存在しえないともいいうるでしょう。小・中学校等の教員は教職1年目からこうした子どもたちを担任することはほぼ確実であり、「全ての教員」が「一定の知識・技能」を有した上で教育にあたるためにも、教員養成段階における改革は必須でした。

② 教職課程における「特別の支援を必要とする幼児・児童及び生徒に対する理解」単位の必修化

では、これまでの教員養成において、障害のある児童生徒についての単位はどのように設定されてきたのでしょうか。加藤によれば、すでに1998（平成10）年の教育職員免許法改正において、教職課程を履修するすべての学生が教職科目の中で「障害のある幼児、児童及び生徒の心身の発達及び学習の過程」を「含む」科目を必ず学ぶことが教育職員免許法施行規則に明記されていました。しかし、この「含む」の表記では、特別支援教育に特化した科目は必修とはなっておらず、関連する科目の中に、いわば薄められるような形で配置され、形骸化していたことが報告されています。しかし、2016（平成28）年から施行された教育職員免許法及び教育職員免許法施行規則の改正の中で、教育の基礎的理解に関する科目群の一部として「特別の支援を必要とする幼児、児童及び生徒に対する理解（1単位以上習得）」が明記されており、教員免許を取得する際に「特別の支援を必要とする」子どもたちの理解に関する単位を必ず履修することが求められることとなりました。

▷1　Forlin, Chris・川合紀宗・落合俊郎・蘆田智絵・樋口聡（2014）「日本におけるインクルーシブ教育システム構築にむけての今後の課題——大学に課せられた役割を考える」『広島大学大学院教育学研究科附属特別支援教育実践センター研究紀要』12：25-37。

▷2　もちろん、インクルーシブ教育実現に向けた環境整備も合わせて極めて重要な課題である。

▷3　加藤宏（2016）「教職課程での特別支援教科の必修化の意味するもの」『筑波技術大学テクノレポート』23(2)：27-32。

▷4　注3に同じ。

❸ 教員養成段階において学ぶことが期待される内容

では，教員養成段階では，どのような内容を学ぶことが期待されているのでしょうか。

笠原ら[5]は，全国の教育委員会を対象としたアンケート調査のなかで通常学級担任として，大学等での養成段階でつけておくべき専門性について尋ねたところ，「学級経営」に関しては「障害特性の知識・理解（発達障害等）」が最も多く，「授業づくり」に関しては「UD（ユニバーサルデザイン）による授業づくり」が最も多かったことを報告しました。また，三谷ら[6]による愛知県内の教職員に対する質問紙調査からも，概ね同様の結果が得られています。具体的には，通常の学級における特別支援教育に関して大学在学中に開講するとよいと思われる講義や実習について選択回答を求めたところ，最も多かった回答は「通常の学級における発達障害のある児童生徒の理解と支援」（17.40％）であり，「通常の学級における発達障害のある児童生徒の事例検討」（14.40％），「学級内での問題行動への対応」（12.23％）と続いています。

今後は，大学の授業において，事例検討や現職の教員からの講話を取り入れる，教育実習との関連性を図るなど，授業内容及び方法のさらなる充実も求められています。

❹ 大学における教育のみで良いか？

ここまで，教員養成段階における動向等について述べてきました。大まかに言えば，発達障害を念頭に置きながら，入職前である教員養成段階において特別支援教育についての単位を必修として学ぶことが構想され，実現した経緯がありました。発達障害についての理解や基本的な支援方法について知ることに大きな意義があることを承知しつつも，インクルーシブ教育の観点から見た，いくつかの懸念を挙げます。

第一は，「障害」について教えることが，子どもの困難さと「障害」との関連を必要以上に結びつけて結論づけることになりかねないのではないかという懸念です。指導の困難さの原因を子どもの発達障害に求め，子どもの多様な側面に思いを致すことを忘れないようにしなくてはならないでしょう。

第二に，通常学級における障害のある子どもたちへの支援＝「発達障害」のある子どもたちへの支援と理解されてはいないでしょうか。発達障害が疑われる子どもの割合は高く，対応が急務であるものの，本来インクルーシブ教育は「多様なニーズのある子どもたち」を対象としています。通常学級での対応のみを取り上げても，発達障害のみならず，貧困，不登校など，多様なニーズがあることも見逃してはいけません。

（石橋由紀子）

▶5 笠原芳隆（研究代表者）（2017）『特別な支援が必要な子どもの教科指導推進のための教員養成プログラム検討に関する基礎的研究』（平成27年度〜平成28年度上越教育大学学内プロジェクト研究成果報告書）。

▶6 三谷聖也・松原正明・板倉憲政・三谷理絵（2015）「通常の学級における特別支援教育に関するカリキュラム開発の課題と展望―現職教員への質問紙調査から―」『愛知教育大学教育臨床総合センター紀要』6：1-7。

Ⅴ-2 教師の資質向上とインクルーシブ教育

2 ミドル・リーダーの育成とインクルーシブ教育

1 ミドル・リーダーが必要とされる背景

　学校が抱える大きな課題の一つに，教師の年齢構成の不均衡が挙げられます。ベテラン教師の大量退職，若手教師の増加という実態があり，すでに学級担任の中心的な世代が20代という学校も少なくないでしょう。教師の同僚性が希薄になりつつあるといわれる学校において，ベテラン教師が培ってきた実践知をどのように若手教師に継承していくのか，学校の様々な意思決定に若手教師をどのように巻き込んでいくのか等，年齢構成の不均衡を一因とする構造的な課題への対応が求められています。

　さらに，様々な教育改革の波が押し寄せる中，学校自身が「問」を見つけ，「問」を定義し，それについての「答え」を模索し，前進していかなければならない時代です。そのためには，教師が個々に研鑽を積み重ねるだけではなく，学校がチームとして一丸となって取り組んでいく必要があります。インクルーシブ教育も，そうして取り組む必要のある重要課題として挙げられるでしょう。

2 ミドル・リーダーとは

　このような中，活躍が期待されているのが30～40代のミドル世代であり，とりわけ研究主任，主幹教諭，学年主任といった分掌を担いながら，実質的にも若手教師とベテラン教師，管理職との繋ぎ手となりうるミドル・リーダーの育成が求められています。

　2015（平成27）年に中央教育審議会により答申された「チームとしての学校の在り方と今後の充実方策について（答申）」において，チームとしての学校の充実方策の一つとして「主幹教諭の充実」が挙げられました。そこでは，「主幹教諭には，学校を一つのチームとして機能させるため，全体をマネジメントする管理職と教職員，専門スタッフとの間に立って，『チームとしての学校』のビジョンを始めとした意識の共有を図る，いわばミドルリーダーとしての役割が期待されている」と述べられています。

　主幹教諭の役割を述べる中で，ミドル・リーダーについて管理職と教師集団，専門スタッフとのつながりや意思疎通を図りながら，目的を共有し，実現に向けた協働体制を構築する上で一翼を担うものと整理されています。

3 インクルーシブ教育とミドル・リーダーの育成

　インクルーシブ教育の推進においてミドル・リーダーとしての役割を果たすことがまず期待されるのは，特別支援教育コーディネーターでしょう。インクルーシブ教育を推進するためのミドル・リーダーの育成については，特別支援教育コーディネーターの養成研修にミドル・リーダーについての知見を組み込み，研修を実施することが現実的ではないでしょうか。

　インクルーシブ教育についてミドル・リーダーとしての役割を果たすためには，学級担任としてニーズのある子どもに適切な支援を行うこと，ニーズのある子どもの保護者と良好な関係を保つことができること，ニーズのある子どもの支援について同僚にアドバイスができること等の特別支援教育についての基本的なスキルは必要でしょう。こうしたことについて校内から信頼を寄せられていなければ，インクルーシブ教育について校内に発信しても，十分に受け止められにくいと考えられるからです。また，インクルーシブ教育がもたらすであろう「よい未来」について自身が思い描いていなければ，インクルーシブ教育を推進していくことは難しいでしょう。

　学校現場においては，インクルーシブ教育システム，合理的配慮といった用語については認知されつつあるものの，インクルーシブ教育の内実については必ずしも熟議がなされていないといえるでしょう。ニーズのある子どもへの指導経験が教師にとって成功体験であったかどうか，交流及び共同学習の効果を教師がどれほど実感しているか，といったこれまでの経験は個々の教師のインクルーシブ教育についての認識に影響するでしょう。また，学級経営で悪戦苦闘する若手教員と，多くの校務分掌を担いながら学級担任もこなすベテランとの間には，意識の違いがあるかもしれません。さらに，校内でニーズのある子どもがどのような形で話題にされてきたか，どのような研修会が開催されてきたか等，コーディネーターがどのように機能してきたかによっても受け止め方は異なるでしょう。

　多様な意見がある中でミドル・リーダーが果たすべき役割とは何でしょうか。吉村・中原は，学校改善活動の組織化におけるミドルリーダーの行動プロセスについて研究し，「ミドルリーダーは学校課題の『他人事から自分ごとへの転換促進』を図りながら『複数解決案の練り上げ』，『共通実践の推進』をしている」ことを示唆点の一つとして挙げました。この知見を借りれば，インクルーシブ教育について教職員に「どう思う？」と問いかけ，同僚が，ひいては学校集団が自分ごととして捉えられるように，共に「問」に対する「答え」を模索する道を歩めるようにサポートすること。ミドル・リーダーとしての役割は，まずここから一歩が始まるように思います。

（石橋由紀子）

▷1　吉村春美・中原淳（2017）「学校改善を目指したミドルリーダーの行動プロセスに関する実証的研究」『日本教育工学会論文誌』40(4)：277-289。

参考文献
大阪府教育委員会（2010）『平成21年度「育成支援チーム」事業報告書兼研修用資料　ミドルリーダー育成プログラム―学校の組織力向上のために―』。
北神正行・木原俊行・佐野享子（2010）『学校改善と校内研修の設計（講座現代学校教育の高度化24（小島弘道監修））』学文社。

第Ⅴ部　21世紀の教育改革とインクルーシブ教育

Ⅴ-2　教師の資質向上とインクルーシブ教育

 「柔軟な教師」がインクルーシブ教育を切り開く

1　学校固有の「学校文化・教師文化」

　学校という教育の場で30年間働いてきた身として，改めて考えてみたいのは，学校固有の「学校文化・教師文化」があるということです。たとえば，校外学習などの下見に行くことを学校では「実踏」と呼びます。これは実地踏査の略ですが，この用語は一般にはなかなか理解されないように思います。「下見」でいいのではないか，ということです。似たような事例は他にもあり，「机間指導」＝教師が児童の机を回って歩いて指導する，「週案」＝１週間の学習指導の計画案，などが挙げられるでしょう。この節は，こうした学校固有の「学校文化・教師文化」をまずは疑ってかかろう，というところからスタートしたいと思います。

◯集団一斉指導

　学校という場は集団があり，集団指導が原則になっています。たしかに少人数指導や個別指導という言い方もあり，集団一斉指導だけが学校にあるわけではありませんが，やはり主流は「集団一斉指導」であるということはいえるでしょう。したがって，「集団一斉指導」が成り立つためにどのような工夫が必要か，といった観点で授業が見られてきたこともまた事実ではないかと思います。

◯学習態度

　「集団一斉指導」が成り立つために，よくいわれるのが「学習態度」です。まずは「姿勢」をよくすること。「先生におへそを向けましょう」という声かけ，「背筋ピン」というように合言葉にするケースもありますね。「正しい姿勢」という絵が教室に貼ってある，ということもあります。「お腹と机の間はこぶし一つ分空ける」などという指導が入ることもあります。さらに，授業の始まりと終わりは挨拶をする，挨拶をするときは立つ，立ったら机の中に椅子を入れる，など，「態度」面での様々な約束事があったりするわけです。

◯教師の中にある基準

　筆者としては，「学習のねらいが達成できれば態度など問題ではない」という立場に立ちたいところですが，教師の中にある基準に照らすと，どうもそうはいっていられない状況が学校現場にはあります。一例を挙げます。児童が椅子に寝そべりながら，指導者の話を聞いているのをある教師が目撃したとしま

しょう。ほぼ間違いなく「なんですかその態度は」と「態度」を注意します。これは、教師の中に「先生の話は姿勢よく聞くものだ」という基準があるからではないでしょうか。

❷ 固定的観念にとらわれない柔軟性を

◯「学校文化・教師文化」はすべて悪か

これまで述べてきた学校固有の「学校文化・教師文化」がすべて悪いとは思いません。教材研究や児童の生活指導など、優れた「学校文化・教師文化」が教育を充実させてきた面も確かにあるからです。その点では「学校文化・教師文化」を一方的に悪者に仕立ててしまうのはまずいと感じています。

しかし、児童の実態は一人一人違いがあります。教師の中に固定的観念にとらわれた基準があると、どうしても学校に（あるいは指導に）児童を合わせる、というやり方になってしまいます。そしてそういうやり方に慣れてしまえばしまうほど、指導が硬直化してきます。「できない子が悪い」「やらない子が悪い」となります。やっかいなのは、その指導自体が必ずしも間違っているとはいえない、ということです。「できないことをできるようにさせる」「やらないことをやらせるように仕向ける」ということは、方法論の一つとしては、確かに在りうるだろうと思います。

◯教師の柔軟性が指導の限界を超える

こうした欠点、あるいは誤りを指摘し、正しいことに導く指導は、どこでも目にする指導の光景のように思います。しかしながら、この指導には限界があるということも自覚する必要があると思います。ポイントは、教師が指導に対してどこまで柔軟性をもつことができるか、ということではないかと思います。筆者は以前「特別扱い」することの検討をしたことがありましたが[1]、児童をどこまで「特別扱い」するか、というところに教師の指導の柔軟性が試されているように思います。

❸ 大切なのはその子にとって何が大事なのかを明らかにすること

やはりまずは「児童は一人一人違う」という当たり前の原則に戻ることが鍵ではないかと思います。そのときに「その子にとって何が大事なのか」ということを一番に考えたいと思います。一番にくるのが「授業を静かに聞く」「授業態度をよくする」ということでは必ずしもない、ということを教師間で共有できるかどうかが、インクルーシブ教育を進めるときに、重要な視点ではないでしょうか。

（高橋浩平）

▷1 高橋浩平（2018）「子どもを特別扱いすること」湯浅恭正・新井英靖編著『インクルーシブ教育の国際比較研究』福村出版。

V-3 新学習指導要領とインクルーシブ教育

アクティブ・ラーニングの可能性と課題

1 アクティブ・ラーニングとは

　アクティブ・ラーニングは高等教育に端を発し，今では初等・中等教育において看過できない広がりをみせている教育方法です。アクティブ・ラーニングは語義通り能動的学習を指し，「話す」「書く」「発表する」などといった表現活動を通して，自らの学び（認知プロセス）を可視化することが求められます。また，アクティブ・ラーニングを成立させるうえでは協同学習が重要だとされています。2017年に告示された新しい学習指導要領では，アクティブ・ラーニングという語そのものは見られなかったものの，「主体的・対話的で深い学び」として，アクティブ・ラーニングを取り入れた教育改革が志向されることになりました。

　アクティブ・ラーニングに関しては，「活動あって学びなし」に陥りやすいという課題や，教科内容など体系的な知が形成されにくいという疑念，「アクティブ」という語を見た目の活発さと捉え，静的な学習形態を否定する方法であるという誤解などが指摘されています。またアクティブ・ラーニングにせよ，「主体的・対話的で深い学び」にせよ，抽象的で実践しづらいという意見や，「これまでの取り組みを辞めて，新しい手法をなぜ採らねばならないのか」「これまでの授業とどこが違うのか」といった声も学校現場から聞こえてきます。

2 インクルーシブ教育からみた可能性

　以上のようなアクティブ・ラーニングの課題に注意しつつも，インクルーシブ教育の観点からアクティブ・ラーニングを概観すると，特別な教育的配慮を必要とする児童生徒にとっては可能性も見えてきます。それは，アクティブ・ラーニングという教育方法を導入することによって，学習者の能動性と協同性が改めて注目される点です。小学校3年生のなおと（仮名）の例で考えてみましょう。

　アスペルガー症候群と診断されているなおとは，国語の授業，特に文学的文章の読解を苦手としていました。「このときの登場人物の気持ちについて考えましょう」という発問だけでは授業に参加できず，国語の時間は机に伏したままのなおとがたびたび見られました。ですが，「物語を読んで，お気に入りの場面をリーフレットで紹介しよう」という単元を行ったとき，なおとはリーフ

レットづくりを通して学習に参加できました。お気に入りの場面の挿絵をリーフレットに描き，色を塗ることによって，なおとは挿絵に描かれた登場人物の気持ちについて考えようとすることができたのです。また担任教員は従来のように，場面分けし登場人物の気持ちを考えさせるような静的な授業展開だと，特別な教育的配慮を必要とする児童は本時で何をしなければならないかわかりにくかったが，リーフレットづくりのような能動的学習を中心に授業を行えば，「今日の授業はリーフレットの左のページを完成させればいいのだ」などと，本時の授業内容を理解しやすくなることに気づいたと言います。

　また本授業では，登場人物の心情を読み取る授業では協同学習が行われていました。そこでは，なおとの独創性豊かな発言が学級を揺さぶり，読解が深まる場面が見られました。協同学習はアクティブ・ラーニングにおける重要な学習形態ですが，そこでは異質な意見や，異質さから引き起こされる葛藤が学びの促進剤となります。この点から多様な児童の独創性や，授業のねらいとはずれていると一見捉えられがちな思考や感性は，実は協同学習には欠かせないものであるといえます。アクティブ・ラーニングにおける協同性は，特別な教育的配慮を必要とする子どもにこそ活躍の場を提供するのです。

3　課　題

　しかし，インクルーシブ教育の観点からアクティブ・ラーニングを考えると，当然課題もあります。それは，アクティブ・ラーニングが高等教育に端を発し，「学士力」や「社会人基礎力」などと高い親和性がある点です。こうした前提はインクルーシブ教育に不要であるというわけではありません。ですが，アクティブ・ラーニングが「立派な社会人になるために」垂直的・単一的な「わかる」「できる」観のもとで進められがちな点は無視できません。すなわち，アクティブ・ラーニングは目の前の子どもの実態から選択されていない教育方法という課題に陥りがちなのです。このように考えると，アクティブ・ラーニングの可能性であった「能動性」も，垂直的・単一的「わかる」「できる」で見取られてしまい，そうした評価で子どもの学びが切り取られることになります。「協同性」も，支援の必要な子どもは「わからない」「できない」という位置づけで，いつまでも支援対象として他の子どもが捉えるでしょう。アクティブ・ラーニングのこうした課題をふまえ，あくまで方法の一つとして，子どもの実態に合わせて選択する／しないを考えることが必要です。

（永田麻詠）

▶1　永田麻詠（2016）「インクルーシブな国語科授業の検討——「サーカスのライオン」の授業実践を手がかりに」日本教科教育学会編『日本教科教育学会誌』40(1)：15-25，を参照。

Ⅴ-3 新学習指導要領とインクルーシブ教育

❷ 特別の教科「道徳」とインクルーシブ教育

❶ 特別の教科「道徳」の成立

　2017年に告示された新しい学習指導要領では、道徳が教科化されました。小学校では2018年度から、中学校では2019年度から特別の教科「道徳」が全面実施されます。新学習指導要領は、道徳教育の目標について「よりよく生きるための基盤となる道徳性を養うため、道徳的諸価値についての理解を基に、自己を見つめ、物事を多面的・多角的に考え、自己の生き方についての考えを深める学習を通して、道徳的な判断力、心情、実践意欲と態度を育てる」としています。注目すべきは、「物事を多面的・多角的に考え」という文言が目標に新しく盛り込まれた点です。また2015年の中央教育審議会答申では、「考え、議論する道徳」の重要性が指摘されています。特別の教科「道徳」は、インクルーシブ教育の観点からどのように捉えることができるのでしょうか。

▷1　文部科学省（2018）『小学校学習指導要領』東洋館出版社、165、を参照。

❷ 特別な教育的配慮を必要とする子どもと特別の教科「道徳」

　特別な教育的配慮の必要な児童生徒は、道徳を行ううえで「相手の気持ちを想像することが苦手で字義通りの解釈をしてしまうことがあることや、暗黙のルールや一般的な常識が理解できないことがあることなどの困難さ」が指摘されています。たとえば自閉症スペクトラム障害と診断されている小学校4年生のはるき（仮名）は、「守らなければならない学校のきまりは何ですか」という発問に対して、「人を殺してはいけないことです」と元気よく答えました。授業者ははるきの発言に戸惑い、この発言は本授業でのねらいとずれると判断しました。「人を殺してはいけない」という発言は授業で取り上げられることはなく、はるきは授業に参加できないまま道徳の授業は終わりました。
　「インクルーシブ教育時代の道徳授業──必ず押さえるべき視点27」という特集を組んだ雑誌でも、「相手の気持ちを理解することが苦手な子」や「指示を理解することが苦手な子」などをまきこむ道徳授業の実践が提案されています。ただし、ここでの提案は「体験的な学習を取り入れる」「指示は具体的に」といった授業方法の提示にとどまっています。本特集ではその他の紙面でも、「視覚支援」「指示代名詞を減らす」などの方法論が述べられていますが、こうした方法論だけでははるきの発言が包摂される道徳の授業とはなりにくいでしょう。

▷2　栗林芳樹（2016）「Q18 子どもたちの学習上の困難さに応じてどんな配慮をすればいいの？（困難さの状況に応じた配慮）」松本美奈・貝塚茂樹・西野真由美・合田哲雄編『特別の教科道徳Q&A』ミネルヴァ書房、118-119、を参照。

▷3　『道徳教育　特集　インクルーシブ教育時代の道徳授業──必ず押さえるべき視点27』713、明治図書、827、を参照。

3 インクルーシブ教育と特別の教科「道徳」を結ぶ

　この特集で取り上げられていた，具体的な指示や視覚支援等の提案は，授業者，あるいは文部科学省が定めた道徳的価値に特別な教育的配慮を必要とする子どもを到達させるためのものです。子どもの多様な思いや考えを，文部科学省や教員によって予め決められた道徳に同化させるためのものということもできます。同じように，はるきの発言は決められた道徳に同化させづらいと授業者によって判断され，授業で取り上げられなかったと考えることができます。

　このように，文部科学省や教員によって定められた道徳的価値を絶対的な前提として授業を行えば，特別な教育的配慮を必要とする子どもは道徳において排除されてしまうでしょう。ここで，特別の教科「道徳」の「物事を多面的・多角的に考え」るという目標を再確認すると，新しい道徳をインクルーシブ化する手がかりが見えてきます。はるきのような，一見すると授業のねらいとずれると判断されるものの見方・考え方こそ「物事を多面的・多角的に考え」ることであると捉えれば，特別の教科「道徳」はインクルーシブ教育となる可能性があります。「人を殺してはいけない」というものの見方は，「学校のきまり」としては適当とはいえないかもしれません。ですが，「人を殺してはいけない」というはるきの発言から，私たちが守るべき価値とは何かを「考え，議論する道徳」として展開を拡げるきっかけとなるでしょう。このように考えるとき，インクルーシブ教育と特別の教科「道徳」を結ぶためには次の点が重要になります。それは，「相手の気持ちを想像することが苦手」「暗黙のルールや一般的な常識が理解できないことがある」などといった特性を「困難」としてのみ捉えず，「物事を多面的・多角的に考え」ることのできる「よさ」としても捉えることです。そのためにも，文部科学省等が示す道徳の価値を絶対的前提とせず，子どもたちと「道徳とは何か」をともに問い直していく姿勢を大切にすることです。特別の教科「道徳」の新しい側面を活かし，道徳をインクルーシブ教育として成立させるために，子どもの多様な特性をどのように捉えるか。インクルーシブ教育の実現はこの点にかかっています。　　　（永田麻詠）

V-3　新学習指導要領とインクルーシブ教育

3　カリキュラム・マネジメントとインクルーシブ教育

① 学習指導要領改訂とカリキュラム・マネジメント

　2017年度版学習指導要領では，「主体的・対話的で深い学び」，いわゆるアクティブ・ラーニングや「社会に開かれた教育課程」と併せて，カリキュラム・マネジメントが重視されています。カリキュラム・マネジメントについては，「各教科等の教育内容を相互の関係で捉え，学校教育目標を踏まえた教科等横断的な視点で，その目標の達成に必要な教育の内容を組織的に配列していくこと」「教育内容の質の向上に向けて，子供たちの姿や地域の現状等に関するデータ等に基づき，教育課程を編成し，実施し，評価して改善を図る一連のPDCAサイクルを確立すること」「教育内容と，教育活動に必要な人的・物的資源等を，地域等の外部の資源も含めて活用しながら効果的に組み合わせること」の３点に留意しつつ学校全体で取り組んでいくものとされています[1]。

　「主体的・対話的で深い学び」を実現するためにも，まずは学校教育目標を前提にどのような児童生徒を育てたいのかを教職員で共有し，めざす子どもの姿を各教科内容と合わせつつも，教科横断的に教育課程を考える必要があります。また，そのために必要な人的・物的資源を活用し，年間授業日数や週当たりの授業時数，短時間または長時間の授業時間設定など，弾力的な授業設定も各学校に求められることとなります。

② カリキュラム・マネジメントへの期待

　カリキュラム・マネジメントに期待されるのは，目の前の児童生徒の実態把握について，今まで以上に力が注がれる点です。地域と連携しながら，各学校独自に「社会に開かれた教育課程」を編成するためには，子どもの多様な実態を理解し，かれらに寄り添うことが肝要です。また学校教育目標と児童生徒の多様な実態をふまえ，めざす児童生徒の姿を教職員一人ひとりが明確化することは，すべての児童生徒をまなざすことにつながり，インクルーシブ教育の契機となります。特に，特別支援教育では「一人一人の障害の状態を適切に把握した個別の指導計画や，障害の特性に応じた指導方法の改善等の充実が図られてきた」側面があり，こうした成果にも学びながら，インクルーシブ教育が実現するカリキュラム・マネジメントを行っていきたいものです[2]。

▷1　文部科学省ホームページ「小学校におけるカリキュラム・マネジメントの在り方に関する検討会議報告書」
http://www.mext.go.jp/a_menu/shotou/new-cs/new/__icsFiles/afieldfile/2017/02/14/1382237_1_1.pdf（最終閲覧2018年1月10日）

▷2　山中ともえ（2017）「カリキュラム・マネジメントの実現による「教育課程」と「指導計画」の接続について」『特別支援教育研究』715：19-21，を参照。

3 インクルーシブ教育からみたカリキュラム・マネジメントの注意点

　ただし，インクルーシブ教育に向けたカリキュラム・マネジメントを行うには注意が必要な点もあります。それは，カリキュラム・マネジメントが「学校全体で行うべきもの」という考え方です。文部科学省はカリキュラム・マネジメントの説明で，「学校全体としての児童の生活を念頭に，それを特定の学級や学年のみで行うのではなく，学校全体の時間割として検討していくことになる」「児童の発達の段階を踏まえつつ，学校全体として望ましい時間割とは何かを検討をし，実施していく体制が不可欠である」と提言しています。このこと自体は当然留意すべきことであり，教職員一人ひとりが教育課程を編成するうえで「学校全体のものとして構築していく」という姿勢は，重視されるべきです。しかし，気をつけたいのは「学校全体としての児童の生活を念頭」におくさいに，特別な教育的配慮を必要とする児童生徒など，多様な子どもたちがこぼれ落ちていくことです。「現実の特別支援学級は，通常学校の中でマージナル（周縁的）な位置に置かれやすい」といった指摘もあるように，少数者に位置づけられる子どもたちの存在は「忘れられやすい」のが現状です。

　この点については，文部科学省も「各教室には，発達障害も含めた多様な学習ニーズを抱えた児童が存在することを踏まえれば，時間的な見通しが立てやすい時間割が望ましい」と言及しています。ですがそのうえで，たとえば弾力的な時間割編成の前提として，「学習規律が確立されており，弾力的な時間割の設定に対応できる児童の集中力，持続力等があること」と述べます。多様な学習ニーズへの配慮を見せつつも，実は「学校全体としての児童の生活」を優先する姿がうかがえます。カリキュラム・マネジメントを行っていくなかで，多数者中心に進めなくてはならない側面はあるでしょう。しかし多様な学習者をはじめから周縁に位置づけ，多数者に合わせることを前提にカリキュラム・マネジメントが行われていくことがないよう，慎重な姿勢がインクルーシブ教育には求められます。インクルーシブ教育を実現するためには，意識的・無意識的に働く多数者中心の考え方をつねに問い直すことが必要です。

（永田麻詠）

▶3　堤英俊（2015）「知的障害特別支援学級への「居場所見出し」の過程——通常学級出身の生徒たちの事例から」『都留文科大学研究紀要』81：33-54，を参照。

V-4　21世紀の教育課題とインクルーシブ教育

ESDとインクルーシブ教育

1　ESDの背景

　21世紀の今，ESD（Education for Sustainable Development）＝持続可能な発展（開発）のための教育が問われる背景には，地球規模の環境問題（温暖化等）や経済分野でのグローバリゼーションによる格差問題，そして政治的には平和や民主主義を脅かす偏見や差別問題など，多岐にわたる社会の危機的状況があります。この状況に対して持続的な発展を維持できる社会を構築することが人類的な課題として差し迫っています。

　こうした課題は教育の分野に限定されないものですが，特に教育に問われているのは，世代を超えて社会の持続可能な発展を担う力を子どもたちにどう形成するかということです。それを学校教育の課題として積極的に位置づけようとするのがESDです。もともとSD（持続可能な開発）の考え方は，1972年のストックホルム会議（国連人間環境会議）を端緒として出発しました。その後2002年のヨハネスブルグサミットで採択された「国連ESDの10年」が展開の契機になったものです。日本では，ユネスコスクールを中心に認定校が広がり，ネットワークが各地に形成されてきています。

2　インクルーシブ教育の基盤としてのESD

　日本では，1994年のサラマンカ声明・2006年の障害者権利条約などの提起をもとにインクルーシブ教育が推進され，共生社会の実現をめざすとした中央教育審議会答申（2012）を踏まえたインクルーシブ教育が本格的に実践され始めています。インクルーシブ教育の理念は，子どもたちを地域はもちろん広く世界における多元的な価値を承認する社会を形成する力を育てようとするものです。「異質・共同」の世界に子どもたちを開こうとするインクルーシブ教育は，持続可能な社会を形成する重要な基盤だといえます。

　新しい学習指導要領においても，ESDの考え方が位置づけられて，持続可能な社会を形成する課題が教育課程で強調されています。しかし，ESDと呼ばなくても，日本の教育では，20世紀の末頃から特に提起された総合的な学習において，人権教育・福祉教育・環境教育・平和教育等として取り組まれてきています。Think Globally, Act Locallyのかけ声とともに展開された学び論など，ESDにつながる考え方が提起され，実践されてきています。このような

▷1　2002年にヨハネスブルグにおいて開催された「持続可能な開発に関する世界首脳会議」。

▷2　 I-2-1 を参照。

▷3　ユネスコが提唱したグローバル・エデュケーションを参照。

ESDに連なる学びの展開がインクルーシブ教育の追究する理念（どの子どもにも開かれた社会をつくる）を実現するための基盤になっているのです。

3 障害児を世界に開くESDとインクルージョン

特別なニーズのある子どもの中で，障害児が世界を探究していく学びを体験する試みが進められています。2016年には文部科学省ユネスコ活動費補助金の事業「グローバル人材の育成に向けたESDの推進事業」の一環として**全国特別支援学校ESDフォーラム**が開催されています。そこでは地域に根ざすESDの実践が展開されました。新潟県見付特別支援学校では地域の小学校との交流や居住地交流を積極的に実践しています。福岡県大牟田特別支援学校でも近隣の中学校との交流活動が進められています。地域との交流は愛知教育大学附属特別支援学校でも進められています。

こうした交流活動を通して「自分の気持ちや考えを伝える」力の形成（大牟田特別支援学校）のように自己を形成し，自己に開かれた世界をつくることが目指されています。愛知県みあい特別支援学校においても，「自分の力を発揮する活動」として全校で取り組む清掃が取り上げられています。インクルーシブ教育は，障害のある子どもたちが自己に向き合い，自己に開かれることを目指すものです。この目標を目指す取り組みによって地域に開かれ，地域を持続的に発展させていく力を育てるという点でESDに位置づけることができるのです。さらに文化の世界に障害児を開く取り組みもESDの課題として取り上げられてきました。広島県西条特別支援学校では平和学習を中心にしたESDに取り組み，「はだしのげん」をもとにした平和学習やピースキャンドル等を通して平和の文化を探究する試みがなされています。また環境文化については，愛知県豊橋聾学校が海ガメを題材にした環境保護の取り組みを進めています。国際的な交流については，千葉県桜ヶ丘特別支援学校が「つながり，発信という共生社会の構築」というESDの理念にそってフィリピンやアメリカとの交流を積極的に展開しています。

こうした近年の試みには，障害児教育が大切にしてきた生活単元学習が位置づいています。ESDの視点をもつことによって世界と自己に開かれ，自立を目指す生活単元学習を実践することができるのです。そこには教師集団が持続可能な社会を形成する活動に参加する姿勢が不可欠です。特別支援学校からの発信は通常の学校の活動に対しても持続可能な社会形成という人類的な課題を意識した実践を求めています。「交流及び共同学習」という学習課題を，ともに生きる社会形成・主体形成の課題として問い直すことが必要です。

（湯浅恭正）

▶4　全国特別支援学校ESDフォーラム
2016年8月に愛知県みあい特別支援学校・ESDコンソーシアム愛知が主催し，日本ユネスコ国内委員会，公益財団法人ユネスコ・アジア文化センター，独立行政法人国際協力機構（JICA）の後援で開催された。以下の事例はこのフォーラムでの発表資料による。

▶5　学習指導要領で特に強調されている教育実践の課題。

参考文献
佐藤学・木曽功・多田孝志・諏訪哲郎編（2015）『持続可能性の教育』教育出版。

V-4　21世紀の教育課題とインクルーシブ教育

ICTとインクルーシブ教育

1 障害のある子どもの参加とICT

　ICT（Information and Communication Technology）は人々の間のコミュニケーションを支援する手段として開発されてきました。特に障害児・者への支援で重視されてきた背景には，国際生活機能分類（ICF）が提起したように，障害のある人々を活動と社会参加の主体として捉えようとするからです。能動的に世界と交わり，発信する主体的な能力を発揮するための支援に有効な手段がICTです。

　ICTによる支援方法は多岐にわたりますが，その一つにVOCA（Voice Output Communication Aid）があります。自分の気持ちを伝え，相手とのコミュニケーションを成立させる上で困難な状態に対して，情報を伝達し，交流する代替的な機能をもつ道具として開発されてきました。

　この道具は，障害の当事者である子どもにとっては思いが相手に伝わり，相手と出会う生活を成立させる有効な手段です。同時に，たとえば障害のある子どもの保護者にとっても，VOCAを使って発信している子どもに出会うことによって，家族としての交わりを感じることができる機会を提供することにもなるのです。相互に出会う一つの手段としてICTを位置づけてみたいものです。

　VOCAなどAAC（Augmentative Alternative Communication）＝代替・拡大コミュニケーションの手段がもつ意味は，障害児が体験を拡大し，「通常」の代替手段を用いてコミュニケーションを成立させることにあります。しかし，「代替」とは「通常」に代わって補うというだけではなく，それを使用する側の立場に「通常」の側の人々が参加するという意味でもあることを見逃してはなりません。「代替」というよりも，相互に交わる世界を選択する手段なのです。ICTの機能に当事者が習熟すればするほどコミュニケーションの質は変化し，それに伴って支援する側が関わり方を変えていかなくてはならないからです。

2 授業づくりとICT

　2016年に施行された「障害者差別解消法」のもとで合理的配慮が要請されるようになり，学校教育においてもICT機器を活用して障害児が授業に参加す

▷1　2001年に国連が示したInternational Classification of Functioning, Disability and Health。ICFについては，西村修一（2009）『子どもの見方がかわるICF――特別支援教育への活用』クリエイツかもがわ。

るための支援が積極的に進められています。文部科学省も「教育の情報化に関する手引き」を作成し，授業での教材・教具を情報化の次元で作成する方向を示しています。

　ICT機器の中でも多くの授業で活用されているのがタブレット端末です。主に特別支援学校・学級の教科指導において，たとえば，計算や言葉の理解を促進するソフトによって興味を引き出す支援，自然の様子や社会の出来事を鮮明な画像で示す支援，さらに動画によって図工で作成した作品を再生する，また体育での自分の運動の仕方を確かめて評価するといった活用がなされてきています。通常の学校で言語の理解に困難さのある子どもにパワーポイントによって学習活動の焦点を指示する工夫や，授業の流れを視覚的に示して学習への興味を持続させる工夫もされてきています。ICT機器の活用が「ユニバーサルデザイン」の授業づくりの事例として多く取り上げられているのもこうした効果を期待するからです。

　ICT機器を活用した授業で問われるのは個々の子どもの「わかる」「できる」活動の楽しさを引き出し，集団によって教材の世界をより深く探究する学びを展開することです。タブレットの支援で学習に挑み，動き出した後で，活動の質を教師は読み取り，評価しながら「わかる」「できる」学びの質を子どもたちとともに共有する指導が不可欠です。体験的な学習の多い障害児教育では，たとえば校外の学習を画像で振り返る学習がよく見られますが，支援として有効な画像によって何を焦点化して「校外の体験を経験にする」のか，そこに留意した指導が求められています。

③ インクルーシブな世界とICT

　ICT機器の活用は障害のある子どもが健常な子どもと交流する活動にも有効です。また，ESDの取り組みとして地域や外国の学校の子どもたちと交流する事例が増えてきています。その手段としてもICTが大切な役割を果たしています。もちろんそこにはタブレット端末などの操作やHPの活用などの技能を習得する指導が欠かせません。こうしてインクルーシブな世界を探究するためには障害のある子どもには外に向かって発信する自信がなくてはなりません。さらに，障害のある子どもが自分の学習や生活の履歴をみつめるというキャリア形成にとってICTの活用が果たす役割に注目したいと思います。こうした取り組みは子どもを取り巻く関係をさらに広げていくという意味でもインクルーシブな世界を創造することに繋がっていくのです。その手段としてタブレット等の利用が求められています。

　なお，ICTの活用に伴うリスク等を含めた倫理の世界にも目を向けた指導がこれからの時代にはいっそう課題となります。

（湯浅恭正）

▶2　文部科学省が2010（平成22）年に公表した手引きで，学習指導要領における位置づけ，教科指導でのICT活用，情報モラル教育等を掲載している。

▶3　V-4-1 を参照。

V-4 21世紀の教育課題とインクルーシブ教育

生涯学習とインクルーシブ教育

1 生涯学習とキャリア教育

　学校教育は学齢期だけではなく子どもの生涯にわたる生活を見通して生きる力を育てることを課題にしています。この課題は，生涯学習社会の到来といわれた時代から問われてきましたが，2011年に中教審の答申「今後の学校におけるキャリア教育・職業教育の在り方」が示されてから，キャリア形成が教育の課題として盛んに議論され出したのです。

　特別支援教育では従来から作業学習が展開され，職業に結びつく指導が重視されてきました。最近では農耕や園芸といった作業に加えて，流通や接客等のサービス業の就労に重点を置く学校も増えてきています。障害のある子どものキャリア形成の課題を時代の変化の中で捉えることが必要です。

　人々にとってキャリアとは生きていく道筋や経路です。そのため進路指導を通して生涯を生きていく力を育てる課題が特別支援学校の高等部では問われてきました。単に職業的自立に必要な力だけではなく，主体的に生き方を選択する人格的自立に必要な能力や態度の形成が大切にされてきたからです。

　しかし，キャリア形成は幼児期から青年期までを見通した長いスパンで取り組まれるものです。幼時期には自己形成の基盤である基本信頼感を丁寧に育てていく課題，少年期には思いっきり自己の力を発揮して社会性を育てる課題などが問われています。そこで必要なのが障害のある子どもたちが居場所を見つけ，安心して自己を形成していくことのできる場——インクルーシブな空間——を学校に創造することです。自分づくりのプロセスを指導することがキャリア教育の任務だとすれば，それを支える居場所をつくる指導が求められています。

2 生涯学習を支援する学びの場づくり

　生涯学習を支援する課題は，「学校から仕事へ」という社会的な自立への移行（トランジット）の段階での学びのあり方を問いかけることです。この問いは障害のある子どもにとって極めて重要なものであるにもかかわらず，これまで本格的には取り上げられてきませんでした。しかし，思春期から青年期にかけて自分のキャリアを丁寧に形成する学びの場の意義が盛んに議論されるようになり，2017年には，「全国障がい者生涯学習支援研究会」が立ち上げられて，

▷1 「一人ひとりの社会的・職業的自立に向け，必要な基礎となる能力や態度を育てることを通して，キャリア発達を促す教育」とされたもの。

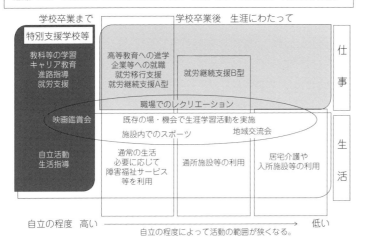

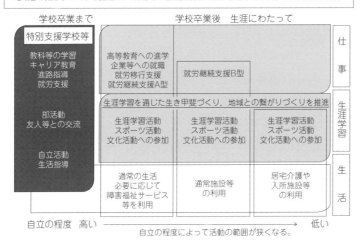

図V-4-1　障害者施策の動向

そこでは、主権者としての投票行動、恋愛の課題、地域での「共生・共育」の課題など、障害のある青年の学びを支援する事例が取り上げられています。

生涯学習としての学びの場づくりの取り組みが本格化した背景には、第二の誕生といわれる青年期に共通する精神的自立の課題が障害のある青年にとってこそ不可欠なものであるとする理念が浸透してきたからです。学校からすぐに職業へという道筋だけでは、障害のある青年が長い人生を生きていくための力を形成できないという認識が高まってきたのです。

こうした認識に立った生涯学習の学びの場づくりが全国で展開されるように

▶2　全国障がい者生涯学習支援研究会（2017）『障がい者生涯学習支援研究』創刊号。V-4-1の図は、本号7頁より引用したものである。

なり，高等学校段階の上に，「専攻科を設置する特別支援学校」「専攻科を設置する高等学校」「福祉型専攻科の設置」が盛んに進められ，18歳以降に高等教育を経験する多くの青年と同様に学びの場を提供することによって，障害のある青年のキャリア形成を豊かにする試みが本格的になってきています。[13]「くらし」「労働」「余暇」といったカリキュラムが開発され，またクラブ活動やゼミ活動も展開されて，青年期らしい学びが展開され，最近では，障害の重い青年の学びの場も創造されています。こうした場での学びは，仲間との生活の共有をめざし，自分づくりに必要な集団での交わりが大切にされてきているのが特徴です。そして，学びの場が地域の人々の支援と理解のもとにつくられてきているのです。文部科学省も，「生涯学習を通じた生き甲斐づくり，地域との繋がりづくりを推進し，「障害者の自己実現を目指す生涯学習政策」を総合的に展開する」という方向を示すまでになりました（図V-4-1）。21世紀の中盤にかけてこうした学びの意義がさらに広げられていくことが期待され，インクルーシブな社会形成という日本の課題の一翼を担う取り組みになっているのです。

▷3 鳥取大学附属特別支援学校（2017）『七転び八起きの「自分づくり」知的障害青年期教育と高等部専攻科の挑戦』今井出版。

❸ 生涯学習を支援するネットワークと専門性

　生涯学習支援を支援する学びの場づくりが展開されたのは，関係者のネットが急速につくられてきたからです。全国専攻科研究会などのネットワークが，実践と運動の方向を確かめる場になっています。

　こうした学びの場での支援者の多くは特別支援教育の教員です。学びの場では，学校での障害児への指導の経験を生かしつつ，青年期にいる障害者のリアルの課題や家族・地域の人々との共同などに直面して支援の専門性を問い直すことが求められています。支援者自身にとってもキャリア形成の場になり，自らの専門を問い直し，医療や福祉の機関との協働する課題を探究するという学びの場でもあるのです。その意味で，生涯学習の場づくりは人々の間にインクルーシブな世界をつくる創造的な営みだと考えます。

❹ 生涯学習とソーシャル・インクルージョン

　これまで述べてきた障害のある子ども・青年の生涯にわたる支援の取り組みは，近年になって盛んに展開されてきたものです。それは学びの権利を生涯にわたって保障する運動です。障害のある子ども・青年の学びの権利＝教育権保障の運動を振り返ってみると，1979（昭和54）年の養護学校義務制の実施，さらに1980（昭和55）年代以降の後期中等教育の保障の歴史を忘れることはできません。こうした二つの大きな運動に続いて，今問われているのが，学校卒業後の生涯学習の権利保障の課題です。愛知県の見晴台学園大学のような大学教育の試みや，専攻科4年制の試みなど，学びの権利保障をめざす場づくりの新

しい展開が進められています。こうした課題は，障害のある青年を社会に包摂するというソーシャル・インクルージョンの一環に位置づくものです。オープン・カレッジなど障害のある青年の学びの場が，地域に開かれ，同世代の青年との交流を進めるインクルーシブな場に広がる試みが今後いっそう期待されています。

　インクルーシブ教育は，障害のある子ども・青年だけではなく，学校に適応しづらい不登校の子どもや，家庭における貧困・被虐待など特別な支援を必要としている子ども・青年のソーシャル・インクルージョンの実現をめざすことに接続しなくてはなりません。「ひきこもり」の青年の生涯をどう支援するのか等，多様な生きづらさを抱える青年の自立の課題を視野に入れた学びの場づくりが問われています。

（湯浅恭正）

参考文献

全国専攻科研究会編（2008）『もっと勉強したい！』クリエイツかもがわ。

田中良三・大竹みちよ・平子輝美・見晴台学園大学編（2016）『障がい青年の大学を拓く――インクルーシブな学びの創造』クリエイツかもがわ。

V-4 21世紀の教育課題とインクルーシブ教育

4 教育の市場化とインクルーシブ教育

1 特別支援教育と市場化

　公教育という学校への市場原理の導入が本格化したのは近年のことではありません。20世紀の末頃からの「合校論」[1]のように経済界からの要請によって学校を再編し，そこに市場原理の導入を図ろうとする考え方が進められてきました。そこには，新自由主義によるモノやヒトの商品化と，そこにおける市場化が人々の暮らしを支配する原理が働いてきたのです。多面にわたって子どもたちの発達を促してきた学校の任務をスリム化し，市場化＝民間の参入による学校の種別化と商品化によるサービス機関として学校を再編しようとするものです。

　特別支援教育の分野においても，発達と障害特性に応じた指導を当事者のニーズに応えるサービスとして位置づけようとする傾向が強くなってきています。経済の論理にそって，学校での指導は，消費者である子ども（保護者）のニーズにどれだけ応えたかが問われるようになってきました。2007年の特別支援教育制度の開始以降，特に発達障害に焦点が当てられ出した通常の学校では，学校に適応することに困難さをもつ子どもの行動を改善するための多様な対策が技法として導入され，そのサービスの質がニーズに応えたかどうかで実践が評価される傾向にあります。子ども（保護者）という利用者のニーズに選択される商品＝指導の提供という論理が特別支援教育に浸透しつつあります。学校のみならず，放課後の子どもの生活についても放課後等のデイサービスでの障害児の支援において，市場化による民間事業参入が盛んに進められています。登校時はスクールバスの利用，下校時には民間の事業によるサービス機関が待ち受けているという状況は少なくありません。

　公共的性格をもつ学校での指導は，子どもの学習要求を大切にし，子どもとともに自立の課題を探る相互主体的な関係の中で成立するものです。学校の教師は，「顧客」のニーズに応える「主体者」として教育実践の場に立っているのではないのです。

2 インクルーシブ教育のエビデンス

　教育の市場化の原理は，学校の性格を改編するとともにインクルーシブ教育の在り方を規定することになります。通常の学級の授業や学級づくりにおいて

▷1　1995年に経済同友会が示した「学校から『合校』へ」の提起。

強調されてきている「ユニバーサルデザイン」論は，どのような子どもを育てるのかという教育目標や内容の次元を精緻に検討することなく，子どもたちが授業での学習活動や学級の活動にスムーズに適応する状況をつくり出すことに重点が置かれます。インクルーシブ教育のエビデンスもそこに示されることになるのです。

このような考え方の根底には先に指摘したように，顧客のニーズに応じて指導する限りでの主体者として教師を位置づける発想があります。発達障害を含めて子どもの多様な差異を承認しつつ，どう共同の世界を授業づくりや学級づくりの実践で展開するかを問いかけるインクルーシブ教育では，暮らす子どもとともに何をどのように学ぶのかを合意しながら取り組むことが求められています。「エビデンスに基づく教育」という考え方には，サービスに応じた成果を出すことを第一義的に据え，その延長線上で教育のあり方を議論するという傾向を生み出しています。むしろ問われているのは，「教育実践に基づいたエビデンス」論であり，教育目標や学習内容を固定的に捉えるのではなく吟味し，その営みから展開される教育実践の質を問い直し，何がエビデンスなのかさえも問いかける視点が不可欠です。

３ 教育実践の専門性とインクルーシブ教育

近年の教育実践の動向を方向づけているのはカリキュラム・マネジメントを進め，アクティブ・ラーニングを展開する議論です。カリキュラムを効率よく経営する人材としての資質が教師には要請されるようになりました。子どもたちをグローバルな人材として育成するための能動的・対話的な学習を展開する力が教師の専門性として期待されています。多様な差異を見せる子どもを排除するのではなく，ともに学び，生活する空間を創造するインクルーシブ教育の展開には，何よりも育てるべき子ども像・青年像の検討が必要であり，また「差異と共同」という哲学的知のあり方を探りながら，それを教育実践の方針として具体化する力が教師には求められています。

市場化の原理に立ち，平準的な教育実践が展開できる人材（それは人材の流動化が可能な教育の管理主義を生む）育成を図る動向に対して，教育実践を創造的に展開できる教師の専門性とは何かが問われています。そして，学級定数の改善など通常学校での教育条件の整備，インクルーシブ教育の場でもある特別支援学級・学校における指導体制の改善など，公教育としての基盤を整えることが求められています。教育実践は，その時代に暮らす子どもを含めた人々の生活の在り方に目を向け，次世代を担う子どもたちとともにどのような生活を志向するのかを先取りする専門性に支えられてこそ成立するからです。

（湯浅恭正）

▷2 V-3-3 を参照

▷3 V-3-1 を参照

参考文献
日本教育学会編（2015）「特集 教育研究にとってのエビデンス」『教育学研究』82(2)。

第V部　21世紀の教育改革とインクルーシブ教育

V-5　インクルーシブ教育のゆくえ

 インクルーシブ教育の魅力

1　まずは原点に立ち返ろう

で指摘した通り「児童は一人一人違う」という当たり前の原則に戻ることがまずは大事ではないか，と思います。

　障害のあるなしだけではなく，これまでこの本で語られてきた多様な性の問題，吃音の児童，外国とつながりのある児童，「多様なニーズ」のある児童，あるいは不登校，非行問題，ひきこもりなど，多くの種類の「支援を必要としている」児童がいるという現実をしっかりと認識したいと思います。そのうえで，「一人一人違うのだから，指導も一人一人異なって当たり前だ」という視点に立てるかどうか，が大切です。このことに困難を覚える人にはインクルーシブ教育は「難しくてできない」ということになるのかもしれません。しかし，見方を変えれば，「その子に応じた教育ができる」ということでもあります。その子に応じた教育をすることができたときに，その子の成長があります。まさにその子が「育つ」のです。教育の原点ともいえる「指導によって児童が育つ」ということが魅力の一つといっていいのではないでしょうか。

2　児童と共に学ぶ

　さきほど「支援を必要としている」児童，という言い方をしましたが，では逆に「支援を必要としない」児童とはどういう児童でしょう。筆者はこれを「一斉指導を理解し，動ける」児童と位置づけました。

　ところが，学年が上がるにしたがって，学習が理解できなくなる児童は，徐々に「支援を必要としない」児童から「支援を必要とする」児童になっていく，そんなケースがあります。漢字の獲得が中学年からうまくいかなくなるケース，繰り上がりの足し算や繰り下がりの引き算でつまずくケース，分数や小数の概念がわからずに先に進めないケースなど，学習面では数多くそんな事例があります。

　つまり「支援を必要するのかしないのか」ということは，必ずしも永続的ではない，ということです。

　肢体不自由があり，車いすの生活を送っていると，「車いすでの生活」は永遠に続くかのように思われることがあります。しかし，障害の概念が変わり，このような認識に修正を迫っています。環境のバリアフリー化が進められると

▶1　1980年のWHO（世界保健機構）の「障害の定義」では，障害の概念を，①機能障害，②能力障害，③社会的不利の3つのレベルとしていた。これが2001年にICF（国際生活機能分類）として，人間の生活機能の軸へ変わった。健康状態，心身機能，身体構造，活動と参加，環境因子，個人因子から構成される。

やがては車いすなしの生活になるかもしれないように，本人にある「支援を必要とする状態」は，外部環境や周囲の状況によって「支援を必要としない状態」になりうるということに留意する必要があります。

　教室での場面に戻りましょう。「支援を必要とする」児童と「支援を必要としない」児童が混在し，しかも，その必要か否かは永続的ではない，つまり，支援の必要な児童が支援の必要がなくなる時もあるし，その逆もありうる，ということが教室にある現実であるといってよいでしょう。

　そうすると，結論は今の児童の現実をしっかりと見とる，ということだと考えます。ただ単に児童の様子を見る，ということだけではありません。児童とやりとりをしていく，かかわる中で見えてくるものがあります。「こんなやり方をしたらこんな結果になったから，次はまた違うやり方をしてみよう」と試行錯誤しながら，その児童と付き合うこともあるでしょう。積極的なかかわりが必要なこともあります。そんなかかわりの中で見えてくるもの，そうしたことを児童と付き合う，かかわることから学ぶ，一緒に活動しながら児童とともに学ぶ，そういう教師の姿勢が大切ではないかと思います。「指導する側―される側」という一方通行になるのではなく，ある時には一緒に学ぶ，児童から学ぶ，ということが大事であると思います。

3 困難があるからこそおもしろい

　最初に「一人一人違うのだから，指導も一人一人異なって当たり前だ」という視点に立てるかどうかが大切，という指摘をしました。しかし「一人一人の異なった指導」を保障することは，今の学校現場ではなかなか難しい，ということも承知しています。その意味では，「インクルーシブ教育は困難だ，実現不可能だ」と言われても仕方がないとも思います。

　そんな状況はわかったうえで，それでもあえて「困難があるからこそおもしろい」と筆者は訴えたいと思います。特別支援教育を長くフィールドとしてきた筆者は，よく「どういうやり方をすればうまく指導ができるのか」ということを問われました。そのたびに「指導方法に王道はない」と言ってきました。「ある指導方法がA君にとってとても有効だったが，B君にはとんでもないことになった」ということは往々にしてあり，やはり，その子と本気で丸ごと付き合う，かかわる，というところから地道に進めていくことが大切だと考えています。

　そうした経験を踏まえて，「インクルーシブ教育の魅力とは何か」と問われれば，「困難があるからこそやりがいがあり，おもしろさがある」ということではないか，と思っています。

〈高橋浩平〉

第Ⅴ部　21世紀の教育改革とインクルーシブ教育

Ⅴ-5　インクルーシブ教育のゆくえ

教職を学び続ける人へ

1　教師は学び続ける存在である

　いわずもがな、という話ですが、教育基本法第9条には「法律に定める学校の教員は、自己の崇高な使命を深く自覚し、絶えず研究と修養に励み、その職責の遂行に努めなければならない」とあります。また教育公務員特例法第21条には「教育公務員は、その職責を遂行するために、絶えず研究と修養に努めなければならない」とあります。すなわち、少なくとも法律的には努力義務として「絶えない研究と修養」に努めなければならない訳です。

　一方で、新しい学習指導要領が告示され、小学校でも「特別の教科道徳」や「教科外国語」「プログラミング教育」といった新しいものが入ってきました。こうした新しい学習を教師の「研究と修養」によってのみ実施していこうという流れはすでに破たんしているともいえます。また教員の働き方改革がいわれる昨今、教員の多忙化が非常に問題になっており、研修の多さも指摘されています。

　そうした法的な根拠、今ある現実を踏まえたうえで、インクルーシブ教育を進めていくためには、やはり教師は「学び続けなければならない」と思います。

　それは具体的にはどうすればいいのか、これはあくまで私見ではありますが、「外部（自分とは異なるもの）との接触、そこでの思考経験」ということではないかと考えます。それはたとえば本を読むこともそうです。教員以外の人と付き合うこともそうです。講演会に行って話を聞く、映画を見る、コンサートに行く、ということも入ってくるでしょう。「外部との接触」とは自分自身の視野を広げることになると思っています。そのうえで大切なのは「思考経験」です。

　研修会に行き、ただ聞き流し、その場にいたということだけで終わってしまうケースが多くはないでしょうか。これはあまりにもったいない、と思います。自分の意に沿わぬものだろうが、自分の頭で「思考すること」、このことが最も重要です。「思考すること」「思考し続けること」が学びになる、そう筆者は考えます。

2　改めて「学校」の存在とは

　ブルーハーツの「TRAIN-TRAIN」という曲に「いいやつばかりじゃない

▷1　2017（平成29）年告示の学習指導要領。「主体的・対話的で深い学び（アクティブ・ラーニング）」「社会に開かれた教育課程」「カリキュラム・マネジメント」等が特徴としていわれる。

▷2　1985年結成の日本のパンク・ロックバンド。1987年メジャーデビュー。1995年解散。

▷3　1988年リリース。TBS系の学園ドラマ「はいすくーる落書」の主題歌として使用される。

218

けど悪いやつばかりでもない」という一節があります。これは、学校という場を端的に表していると筆者は感じています。

学校という場は集団があり、たくさんの人がいます。そのすべての人が自分にとって「いいやつ」ばかりではないし、逆に「悪いやつ」ばかりでもないでしょう。

実は、学校という場がもつイメージは、ある意味共通していると同時に、ある意味一人一人にとって「そうであればいいな」という幻想の中にもある、といえるのではないでしょうか。

「飛び出せ青春」「熱中時代」「3年B組金八先生」といったテレビドラマが、学校のイメージを作ってきた一面は確かにあります。そうしたテレビを見て先生にあこがれて先生になった、という人もいます。ただ、やはりそうしたテレビドラマが作ってきたイメージというのは「みんなで一つのことをやり遂げる」とか「協力・連帯・友情」といった側面が強く、そのことが学校という幻想的なイメージを作ってきたということも現実ではないでしょうか。

ただし、やっかいだなと思うのはこの「幻想的」という部分が現実にあったりもする、ということです。組体操の危険性が指摘されて久しいですが、いまだに「みんなで努力して一つのものを作り上げる」ということに美しさを見出す人たちはたくさんいます。運動会や学芸会において、こうした「一致団結して」というフレーズは心地よいものですし、児童自体も、そのことに満足感や成就感を覚えたりします。だから一方的に「幻想的」といえない部分があるわけです。改めて学校の存在とは何かをしっかりと議論する必要を感じます。筆者は「学校とは教育の場、児童が育ち賢くなる場」と考えていますが、どうでしょうか。

3 チャレンジし続ける力を

「インクルーシブ教育のゆくえ」を考えたときに、① 教師は学び続けなければならない、② 学校という存在を改めて再考する、と指摘しました。また、前節では「困難があるからこそおもしろい」とも書かせていただきました。

たしかに、インクルーシブ教育を進めるうえで、困難は山ほどある、というのが実情でしょう。インクルーシブ教育とは、あらかじめ目指すべきモデルや定義があるわけではないからです。しかし難しい課題だからこそ、あきらめずにチャレンジし続けることが大事だと思っています。「教師の限界を児童の限界にしない」ことが求められています。そして、自分自身の限界を自覚することが、他者との協働を進める原動力になりうると思っています。教師の集団性、今日的にいえば「チーム学校」の成長こそが、インクルーシブ教育を進める手掛かりになるのではないでしょうか。その一員となる人たちが一人でも多く教職を目指してくれることを心から期待しています。

(高橋浩平)

▷4 1972年、日本テレビ系列で放映された学園ドラマ。村野武範主演。

▷5 1978年、日本テレビ系列で放映された学園ドラマ。水谷豊主演。

▷6 1979年から2011年までTBS系列で断続的に制作・放映された学園ドラマ。武田鉄矢主演。

▷7 内田良(2015)『教育という病——子どもと教師を苦しめる「教育リスク」』光文社新書、に組体操の危険性が指摘されている。

参考文献

インクルーシブ授業研究会編(2015)『インクルーシブ授業をつくる——すべての子どもが豊かに学ぶ授業の方法』ミネルヴァ書房。

人名索引

赤木和重　47
ヴィゴツキー，L.S.　135
倉石一郎　36
グレイ，W.S.　188
佐藤学　45, 107
志水宏吉　38

シュタイナー，R.　47
高木憲次　80
デューイ，J.　47
永田佳之　46
ニイル，A.S.　47
ノディングス，N.　44

バーンステテイン，B.　114
羽間京子　121
バンクス，J.　40
バンク-ミケルセン，N.E.　16
フレイレ，P.　188
フレネ，C.　47

事項索引

A-Z

AAC（Augmentative Alternative Communication）　208
ICT機器　28
JSLカリキュラム　108
　「教科志向型」――　108
　「トピック型」――　108
LGBT　16
MBD（Minimal Brain Dysfunction）　10
RBO　62
SN比　77
Think Globally, Act Locally　206
UD　195
VOCA（Voice Output Communication Aid）　208

あ行

愛着形成　15
アクティブ・ラーニング　157, 192, 200
アジール　39
アタッチメント　126
アプローチカリキュラム　179
生きづらさ　161
いじめ　128
異性愛　99
一斉共同体主義　39
居場所　115, 167
インクルーシブ授業　22, 23, 147, 150, 151
院内学級　84
ウォーノック報告　18
英語　174
エビデンスに基づく教育　215

か行

絵本　160
オルタナティブ教育　46
音圧　74
音楽　166
音読　103, 165
外国語活動　174
外国人児童生徒等に対する日本語指導　108
外国籍　106
解離性症状　130
学習規律　150, 151
学習指導要領　136, 138, 169, 171, 174, 190, 218
学習集団づくり　90, 150
学習集団の自己運動　15
学習態度　198
学童保育　66
隠れたカリキュラム　37
課題の調整　20
価値　105
価値目標　159
学級経営　195
学級内クラブ　11, 55
学校評議会　12
学校文化　36, 37, 38, 55
体つくり運動　171
カリキュラム・マネジメント　135, 138, 149, 192, 204
カリキュラム開発　185
カリキュラムづくり　141, 178
感音難聴　74
考え、議論する道徳　202

感覚過敏　52
感覚づくり　170
感情調節障害　130
キー・コンピテンシー　188, 190
きこえの困難　75
帰国・外国人児童生徒等　106
技術　146
基礎集団　13
吃音　102
技能目標　159
ギフテッド　110
基本的信頼感　210
虐待　130
教育課程　94
教育支援（委員会）　25
教育職員免許法　194
教員養成　194
教師文化　37
協同学習　200
グループメンバーの配慮　19
グローバリゼーション　206
ケアリング　44
形式的平等主義　38, 39
言語活動の充実　157
言語感覚　152
顕在的カリキュラム　37
権力構造　101
校内委員会　26, 33
校内暴力　120
合理的配慮　7, 14, 28, 59
交流及び共同学習　42, 95, 207
語音明瞭度　76
心のバリアフリー　42

221

さ行

個人指導　51
子どもの権利条約　59, 140
個別の指導計画　109
個別の配慮　90
困り感　2, 88
コミュニティ・スクール　114

作業学習　210
サステイナブル・スクール　45
座席の配慮　20
サラマンカ声明　16, 134, 148
参加　53, 54, 144
参加方法の保障　19
ジェンダー　40, 43
視覚支援学校　73
視覚障害児　70
自己肯定感　116
シスジェンダー　100
肢体不自由　80
肢体不自由者　80
指導技術　146, 147, 181
児童虐待防止法（2000年）　10
指導的評価活動　151
児童発達支援センター　30
地元校　84
社会・経済階層　40, 43
社会・情緒的困難　110
社会科　182
社会制作の実験　14
社会的孤立　124
社会に開かれた教育課程　149
弱視児　71
就学援助　112
就学相談　24
集団　166
集団一斉指導　198
集団指導　51
集団づくり　49
授業のスタンダード化　150
主体的・対話的で深い学び　142, 156, 200, 204
巡回相談　27, 28
小1プロブレム　185
障害　40
生涯学習社会　210
障害疑似体験　43
障害者アート　40
障害者基本法　17
障害者権利条約　22, 23

障害者差別解消法　208
障害者スポーツ　40
障害者の権利に関する条約　17
障害の概念　216
障害の個人モデル　43
障害の社会モデル　43
障害平等研修　43
障害理解教育　42
小児医療　84
自立　48
自立活動　78, 81, 95
人工内耳　75
人種・民族　40, 43
新自由主義　214
スクールソーシャルワーカー　60
スタートカリキュラム　179
ストックホルム会議（国際人間環境会議）　206
生活単元学習　207
生活綴方教育　11
生活保護家庭　112
性自認　98
性的指向　98
生徒起業　63
生徒文化　37
性別違和　98
性別二元論　99
セクシュアリティ　40, 43
ゼロ・トレランス　12, 121
全国学力・学習状況調査　188
センター的機能　78
全盲児　70
専門家チーム　27
騒音　76
相対的貧困　112
ソーシャルワーク　112

た行

体育　170
第二の誕生　211
ダイバーシティ　93
多職種協働　23, 59, 62
立場性　153
脱中心化　40
タブレット端末　209
多文化主義　40, 41
多様性　152
多様な家庭　161
多様な性　161
チーム学校　12, 58

チームとしての学校　58, 196
中1ギャップ　185
聴覚障害児　74
聴覚特別支援学校　77
聴覚の役割　75
重複障害　83
聴力　74
通級指導教室　78
通級による指導　33
伝え合う力　152
低出生体重児　84
デシベル　74
伝音難聴　74
ドイツ　22
同一教材異目的追求の授業　149
統一と分化の原理　149
同化主義　40
動作法　81
当事者　102
当事者性　153
同調圧力　38, 39
同盟者（アライ）　49
同僚性　196
特別教育的促進　22, 62
特別支援学級　81, 88, 205
特別支援教育コーディネーター　26, 197
特別支援教育支援員　28
特別な教育的ニーズ　16
特別ニーズ教育　18
読話　76
トラウマ　130
「取り出し」指導　149

な行

内的分化　23
日本語指導　106
日本語指導教員　106
年齢　40, 43
脳性麻痺　81
ノートテイク　33
ノーマライゼーション　16

は行

配付資料の難易度の調整　20
発達障害　43, 88
発達相談　25
発達段階　104
発達の最近接領域　135
発話　105
馬蹄形　78

事項索引

非行　120
批判的教育学　40
批判的リテラシー　101
病院訪問教育　84
病気による長期欠席　86
病弱児・身体虚弱児　84
貧困家庭　112
不登校　116
不登校による長期欠席　86
フル・インクルージョン　92
文化多元主義　40
放課後児童クラブ運営指針　66
放課後児童支援　13
包摂と排除　121
補聴援助システム　77

補聴器　75
保幼小連携　45, 180

ま行

学びの共同体　192
学びの地図　136
慢性疾患　84
見通し　162
ミドル・リーダー　196
無料塾　114
「問題」行動　50

や行

ユース・アシストチーム　60
ユニバーサルデザイン　215
ユニバーサルデザインによる授業づくり　195

弱さ　44

ら・わ行

ライフストーリー　48
リ・インクルージョン　15
理科　162
流動的異年齢教育　47
療育　30
ルーブリック　159
ルーブリック評価　191
聾学校　77
ろう文化　40
若者文化　37

執筆者紹介（五十音順，執筆担当は本文末に明示）

新井 英靖（あらい・ひでやす，編著者，茨城大学教育学部）

猪狩恵美子（いかり・えみこ，九州産業大学人間科学部）

石橋由紀子（いしばし・ゆきこ，兵庫教育大学大学院）

稲田 八穂（いなだ・やほ，筑紫女学園大学人間科学部）

今井 理恵（いまい・りえ，日本福祉大学子ども発達学部）

上森さくら（うえもり・さくら，金沢大学大学院教育学研究科）

大前 俊夫（おおまえ・としお，元盲学校教師）

小方 朋子（おがた・ともこ，香川大学教育学部）

甲斐 昌平（かい・しょうへい，熊本県小学校教師）

加納 幹雄（かのう・みきお，岐阜聖徳学園大学教育学部）

川崎みゆき（かわさき・みゆき，吹田市学童保育指導員）

窪田 知子（くぼた・ともこ，滋賀大学教育学部）

篠崎 純子（しのざき・じゅんこ，首都大学東京（非常勤講師），元地域若者サポートステーション）

高橋 浩平（たかはし・こうへい，東京都杉並区立杉並第四小学校）

田中 紀子（たなか・のりこ，福山平成大学福祉健康学部）

谷口 恒宏（たにぐち・つねひろ，東京都杉並区立杉並第四小学校）

丹下加代子（たんげ・かよこ，日本福祉大学（非常勤講師）・不登校支援センター）

塚本 明美（つかもと・あけみ，元聾学校教師）

堤　英俊（つつみ・ひでとし，都留文科大学教養学部）

永田 麻詠（ながた・まよ，四天王寺大学教育学部）

原田 大介（はらだ・だいすけ，関西学院大学教育学部）

日尾 裕子（ひお・ゆうこ，東京都杉並区立桃井第四小学校）

福田 敦志（ふくだ・あつし，大阪教育大学教育学部）

藤木 祥史（ふじき・まさふみ，元中学校教師）

宮本 郷子（みやもと・きょうこ，龍谷大学社会学部（非常勤講師））

湯浅 恭正（ゆあさ・たかまさ，編著者，広島都市学園大学子ども教育学部）

吉田 茂孝（よしだ・しげたか，編著者，大阪教育大学教育学部）

やわらかアカデミズム・〈わかる〉シリーズ
よくわかるインクルーシブ教育

2019年5月20日　初版第1刷発行　　　　　　　　〈検印省略〉
2022年3月10日　初版第2刷発行

定価はカバーに
表示しています

編著者	湯　浅　恭　正
	新　井　英　靖
	吉　田　茂　孝
発行者	杉　田　啓　三
印刷者	藤　森　英　夫

発行所　株式会社　ミネルヴァ書房
607-8494　京都市山科区日ノ岡堤谷町1
電話代表(075)581-5191　振替口座01020-0-8076

Ⓒ湯浅，新井，吉田他，2019　　　亜細亜印刷・新生製本
ISBN978-4-623-08409-8
Printed in Japan

新しい発達と障害を考える本（全8巻）

学校や日常生活の中でできる支援を紹介。子どもと大人が一緒に考え，学べる工夫がいっぱいの絵本。
AB判・各56頁　本体1800円

①もっと知りたい！　自閉症のおともだち
　　内山登紀夫監修　伊藤久美編

②もっと知りたい！
　　アスペルガー症候群のおともだち
　　内山登紀夫監修　伊藤久美編

③もっと知りたい！
　　LD（学習障害）のおともだち
　　内山登紀夫監修　神奈川LD協会編

④もっと知りたい！
　　ADHD（注意欠陥多動性障害）のおともだち
　　内山登紀夫監修　伊藤久美編

⑤なにがちがうの？
　　自閉症の子の見え方・感じ方
　　内山登紀夫監修　伊藤久美編

⑥なにがちがうの？
　　アスペルガー症候群の子の見え方・感じ方
　　内山登紀夫監修　尾崎ミオ編

⑦なにがちがうの？
　　LD（学習障害）の子の見え方・感じ方
　　内山登紀夫監修　杉本陽子編

⑧なにがちがうの？
　　ADHD（注意欠陥多動性障害）の子の見え方・感じ方
　　内山登紀夫監修　高山恵子編

やわらかアカデミズム・〈わかる〉シリーズ

よくわかる特別支援教育〔第2版〕
　　湯浅恭正編著　本体2500円

よくわかる障害児教育〔第3版〕
　　石部元雄・上田征三・高橋　実・柳本雄次編
　　本体2400円

よくわかる発達障害〔第2版〕
　　小野次朗・上野一彦・藤田継道編　本体2200円

よくわかる肢体不自由教育
　　安藤隆男・藤田継道編著　本体2500円

よくわかる教育評価〔第2版〕
　　田中耕治編　本体2600円

よくわかる言語発達〔改訂新版〕
　　岩立志津夫・小椋たみ子編　本体2400円

ミネルヴァ書房
https://www.minervashobo.co.jp/